涵養創造未來的智慧
沉淀行走全球的品格

金蘋果錦城第一中學 題存
二零一七年初夏

为天地立心,为生民立命,为往圣继绝学,为万世开太平

岁在丁酉 吴善如

国家社会科学基金"十三五"规划2018年度教育学一般课题
"中国特色的世界一流中学建设研究"（编号BKA180236）研究成果之一

走向新时代的全景德育

何刚 等 著

四川教育出版社

图书在版编目（CIP）数据

走向新时代的全景德育 / 何刚等著. -- 成都：四川教育出版社, 2021.3
ISBN 978-7-5408-7608-1

Ⅰ. ①走… Ⅱ. ①何… Ⅲ. ①德育—教学研究—中学 Ⅳ. ①G631

中国版本图书馆CIP数据核字(2021)第040544号

走向新时代的全景德育
ZOUXIANG XINSHIDAI DE QUANJING DEYU

何刚 等 著

策划组稿	雷　华　余　兰　卢亚兵
责任编辑	高　玲
装帧设计	武　韵
责任校对	李　萌
责任印制	田东洋
出　　版	四川教育出版社
地　　址	四川省成都市黄荆路13号
邮政编码	610225
网　　址	www.chuanjiaoshe.com
发　　行	新华文轩出版传媒股份有限公司
印　　刷	成都市锦慧彩印有限公司
制　　作	四川胜翔数码印务设计有限公司
版　　次	2021年3月第1版
印　　次	2021年3月第1次印刷
成品规格	185mm×260mm
印　　张	20.5
字　　数	340千
书　　号	ISBN 978-7-5408-7608-1
定　　价	69.00元

如发现质量问题，请与本社联系调换。总编室电话：(028)86259381

走向新时代的全景德育

编 委 会

编委会主任　何　刚

编委会副主任　黄　悦　唐　杨　黄晓芳　罗　勇

编委会委员　（以姓氏笔画为序）

王　龙　王　东　王明为　王强强　王德俊
龙　洲　帅必成　史广军　匡全伟　朱　莉
刘　杰　汤　勇　李杰波　李帛阳　李海燕
李　滔　杨　斌　连　晋　吴树青　何耀宏
张亚雄　张　伟　张　宇　张玲莉　张菱芮
张新民　陈子斌　陈玉芳　陈　芃　欧林阳
罗丽容　周　敏　周　密　荣　彬　胡　荣
莫　芮　晏学渊　曹永伟　梁佳斌　程　瑜
谢　琴　雷国亮　蔡远林

总序

培育新时代的"大先生"

顾明远

一

何为"教师"?按《说文解字》的释义,"教者效也,上所施下所效"。即教的本义就是上行下效,在上位者要做好示范,一言一行,要让下位者模仿和效法。师者,韩愈释为"传道授业解惑也"。

古往今来,教师都是学生前行的引导人、栽培者。习近平总书记说:"教师不能只做传授书本知识的教书匠,要成为塑造学生品格、品行、品味的'大先生'。"他还说:"一个人遇到好老师是人生的幸运,一个学校拥有好老师是学校的光荣,一个民族源源不断涌现出一批又一批好老师则是民族的希望。"这就从人生塑造、民族复兴的高度,强调了教师的重要性。

那么什么人才能称为"大先生"呢?我认为就是名师,就是教育家。

我曾说,我们过去认为教育家太神秘了,其实教育家就是你长期从事教育工作,一辈子从事教育工作,你对教育工作有比较高的认识,而且自己有教育的情怀、教育的思想,也受到学生的尊重,能够培养出国家真正需要的人才,我觉得这应该是教育家。

北京师范大学的校园里有一块校训碑，上书启功先生所拟的八字校训：学为人师，行为世范。这既是中国知识分子人格修养的标准和精神追求，又是启功先生数十年从教生涯中的一个感悟。其最基本的含义就是"所学要为世人之师，所行应为世人之范"，对今后北京师范大学乃至我国教师教育的发展，具有示以准绳、匡其趋向的意义。

我是1949年新中国成立前夕进入北京师范大学教育系学习的，此后的70年生涯，都与北师大，与中国教育紧密相连，可以说是新中国教育改革和发展的见证者和参与者。

对于教师的成长，我有一个很深的体会：教师素养就是教育质量。在新时代的背景下，教育要承担起中华民族伟大复兴的使命，要实现中国特色教育现代化，就必须要系统性地培育高素质、专业化、创新型教师队伍，就必须超越陈旧的教师培养理念、成长路径，用新思维、新策略、新路径让教师获得成长、发展。

教师成长的因素涉及方方面面，其中重要的一环是教师的自我学习、终身学习。教育类专业出版社如能坚持致力于为教师成长提供助力，为学术理想提供支撑，我认为是很有意义的一项工程。

二

回想起来，我跟四川是很有缘分的。印象很深刻的，是1990年7月中国教育学会与四川教育出版社在成都联合举办的"全国中青年教育理论工作者学术研讨会"，会议主题是"教育与社会发展"，当时会议是由我主持的。参加会议的除了来自全国各地的中青年教育理论研究精英外，我国教育理论界知名的老专家几乎都到齐了，《光明日报》《求是》杂志等重要媒体参加会议并作报道。在当时，这次会议被认为是教育理论界的空前盛会，影响很大。

20世纪八九十年代，四川教育出版社做了好几套教育学术丛书，包括大型丛书《陶行知全集》，在教育出版史上都是很有影响的。川教社后来还出过一套《中国现代教育家画传》，把老一批的教育家都写到了，这些是我们珍贵的教育遗产，我觉得蛮好。但教育是面向未来的，光是老的不行，我们要关注当下，回归教育现场，采集新的教育成果，这样才是真正地为我们这个时代的教育赋能。

那么，如何聚焦当下的教育现场，讲好新时代的教育故事，为我国的基础教育提供出版推动力呢？

我认为，首先要以"人"为出发点讲述教育故事；其次，要真实呈现教育故事，不粉饰，不刻意拔高；再次，要以问题为导向，展现不同时代教育参与者的矛盾、焦虑与突围，从而将优质的教育经验及时固化。好的故事，要让外行也听得懂，看得进去，人人都能从中获得启发，还要对国内学者、一线学校、教师的改革实践具有指导意义。

这套"大川书系"，把读者对象定位于教师群体，把目光聚焦到教育现场，聚焦到学校和师生的教育生态，我认为是非常有方向感的探索。我跟四川教育的同志们交流时也说，四川是教育大省，中小学生有一千多万，名师名校太多了，有很多优质的教育资源可以挖掘。四川省民族边远地区，也有很多亟待解决的教育难题，实施了很多具有地域特色的教育政策，都是值得研究的课题。最近几年我走了好几个省市，最远到了四川的藏族聚居区，发现这几年乡村学校硬件有了很大改善，但是师资"进不去、留不住"的问题仍在，教师的水平也有待提高。所以我说，要把眼光投向农村，让农村的孩子能享有公平而有质量的教育。这个的首要问题，还是教师队伍的培育、成长。

这套书系的命名，内涵也是很讲究的："大川"从"四川"演变而来，寓意立足本土、放眼全国，把中国教育的涓涓细流汇聚成大江大河，为更多有教育学术追求的教师服务。这个品牌愿景是很值得赞赏的。

四川出版在20世纪80年代出版过"走向未来丛书"，那是引领了全国出版潮流的。我也衷心地希望，四川教育出版社能够通过打造"大川书系"这个教育学术品牌，来实践"教育走向未来"的命题。

当然，一个品牌书系的打造，其工程不可谓不大，过程不可谓不艰辛，四川教育出版社的雄心与出版担当，由此可见一斑。教化之功，于我心有戚戚焉。

是为序。

2020 年 5 月

目录

1 / 第一章
新时代的学校德育新在哪里

一、新的历史方位：新时代学校德育的三大新视点 /2

二、难以突破的现代德育困境：生命的残缺与精神的现代化贫困 /12

三、德育突围的新路径：走向全景德育 /26

41 / 第二章
新时代的全景德育是什么

一、新时代全景德育的时代蕴含与改革攻坚 /42

二、新时代全景德育的实践样态 /46

三、新时代全景德育的学校使命 /54

61 / 第三章
如何建构新时代学校全景德育

一、建构的目标：培育整全的生命 /62

二、建构的标准：多维全景的综合审视 /66

三、新时代学校全景德育的内容框架 /70

四、新时代学校全景德育内容的整合路径 /73

79 第四章
新时代的班会课如何落实全景德育的思想

一、新时代的班会课：新功能与新样态 /80

二、班会课的"全景"：建构策略与内容体系 /84

三、班会课的完整实施：从设计到反思的全程跟进 /106

111 第五章
如何设计和开展新时代的全景德育活动

一、起点：追寻新时代全景德育活动的新功能与新样态 /112

二、三大"全景"的学校德育活动内容 /117

三、新时代全景德育活动的整合实施策略 /126

130 第六章
走向综合实践的全景德育

一、新时代教育改革中的综合实践 /132

二、走向整合的综合实践德育体系 /135

三、综合实践德育的内容框架 /137

四、综合实践德育的实施流程 /163

五、综合实践全景育人的反思与展望 /170

171 第七章
走向全景的学生发展指导

一、走向全景的顶层设计 /172

二、发展指导内容体系建构策略 /186

195 第八章
全景德育中的思想政治课教学

一、中学思想政治教学中的全景育人 /196
二、全景德育中的中学思想政治教学 /198
三、整合与转化：中学思想政治教学改革的主要策略 /200

215 第九章
学科育人的学校全景

一、学科育人的"老"与"新" /216
二、学科育人的全景建构 /222
三、全景德育的课堂渗透 /227

249 第十章
家校共育的全景建构

一、现实：家校共育的全景缺失 /250
二、出路：家校全景共育的多维建构 /252

279 第十一章
走向未来的全景德育

一、未来全景的重要支撑——人工智能 /280
二、人工智能背景下的教育图像 /288
三、人工智能背景下的全景德育 /295

后　记 /311

第一章

新时代的学校德育新在哪里

加快推进教育现代化、建设教育强国、办好人民满意的教育,努力培养担当民族复兴大任的时代新人,培养德智体美劳全面发展的社会主义建设者和接班人。

——习近平

德育是立人之本，立人是社会之本。学校德育是社会文明建设的基础性工程和先导性工作，学校德育质量决定着社会文明建设的成败。习近平总书记提出："要坚持'两手抓，两手都要硬'，以辩证的、全面的、平衡的观点正确处理物质文明和精神文明的关系，把精神文明建设贯穿改革开放和现代化全过程、渗透社会生活各方面……营造全社会崇德向善的浓厚氛围。"[①]社会发展的全过程和社会生活的各方面，构成了社会文明建设的全时空，只有立足社会文明建设的全时空，思考新时代学校德育何去何从，才能把学校德育变为社会的立人之本与发展之基。

要把德育和社会文明建设贯穿社会发展的全过程，渗透到社会生活的各方面，需要"站在时代前沿，引领风气之先……审时度势、因势利导，创新内容和载体，改进方式和方法"[②]，为历史悠久的德育注入时代元素，根据时代的育人要求，促进学校德育的内容创新和样态转型，这样才能把学校德育变为社会文明发展的主心骨。2017年党中央正式提出"新时代"以来，"新时代"成为现在和将来很长一段时间学校德育的历史坐标，只有站在这一历史坐标上创新德育内容和样态，提高德育实效，学校德育质量才能有实质性的提高。

一、新的历史方位：新时代学校德育的三大新视点

历史方位，是社会在特定历史时期体现出的主要发展特征及其变化趋势，这种发展特征与趋势，为社会的整体发展确定了参照系，决定着处于其中的各项事务、人群、团体的前进方向和实践进路。换言之，历史方位决定了社会各要素及其彼此关系的发展方向，社会各要素的前进方向与实践路径让历史方位具体化，使历史方位的前进轨迹更鲜活。新时代呈现出了新的发展特征与变化趋势，新时代的基本构成要素之

---
① 习近平. 习近平谈治国理政：第 2 卷 [M]. 北京：外文出版社，2017：324.
② 习近平. 习近平谈治国理政：第 2 卷 [M]. 北京：外文出版社，2017：324.

——学校德育必须符合新时代的前进方向,形成与之匹配的实践进路,才能有效开展助力新时代发展的学校德育。

(一)德育主题的新变化

学校德育主题具有时代性,学校德育的时代主题,是学校德育聚焦时代发展的主要矛盾后,形成的德育内容建构的逻辑起点,体现了时代对学校德育的迫切呼唤,是学校德育承担时代使命与社会责任的集中反映。学校德育的时代主题是学校德育内容的纲领性原点,确定了学校德育内容的选择方向和主要标准,是学校德育必须重点选择和落实的育人内容。

新时代的学校德育主题,需要聚焦新时代面临的社会主要矛盾。新时代,是2017年10月党的十九大报告提出的"新时代、新使命、新思想、新征程"中的"一新"。新时代没有明确的时间界限,主要以社会主要矛盾发生变化为标志。和过去很长一段时间相比,新时代的社会主要矛盾发生了根本性变化,这一变化给社会发展提出了新的要求,赋予了特定历史时期的发展新使命。要完成这一阶段的历史使命,需要树立发展的新思想,开启发展的新征程。因此,党的十九大提出的"四新",是基于社会主要矛盾的变化提出来的,只有认清这一主要矛盾,才能把握住新时代的根本性特征及其对学校德育主题的时代性规定。

党的十九大报告认为,新时代的社会主要矛盾已经转化为"人民日益增长的美好生活需要"和"不平衡不充分的发展"之间的矛盾,"一方面'更加突出的问题是发展不平衡不充分',另一方面'人民美好生活需要日益广泛,不仅对物质文化生活提出了更高要求,而且在民主、法治、公平、正义、安全、环境等方面的要求日益增长',它们之间的张力日益突出和凸显"[①],并且会在较长时间内存在。因此,新时代面临的新使命,是解决"人民日益增长的美好生活需要"和"不平衡不充分的发展"之间的矛盾;新时代应该树立的发展新思想,是能够有效解决这一矛盾的思想;新时代开启的新征程,是解决"不平衡不充分"与"美好生活需要日益扩大"的矛盾的新征程。面临新时代的新使命、新思想、新征程,学校德育也应立足"不平衡不充

---

① 关锋."新时代中国特色社会主义思想"的多维解读[J].华南师范大学学报(社会科学版),2017(6):53—62.

分"与"美好生活需要"这一对主要矛盾，确立自己的新使命、凝练自己的新思想、开启自己的新征程。

新时代社会主要矛盾的变化，为学校德育带来了新的时代主题，新的时代主题规定了学校德育的新使命、新思想和新征程。新时代学校德育的新使命，是帮助学生获取解决"美好生活需要"与"不平衡不充分的发展"之间的矛盾的精神力量与思想武器，包括学生认识、判别和分析社会主要矛盾的科学思想方法，正确对待和处理这些矛盾的态度、原则，转化和利用这些矛盾促进社会新发展的价值取向、思想准绳和发展智慧等；新时代学校德育的新思想，是帮助学生有效建立解决这一矛盾的精神力量与思想武器的基本观念，包括选择科学思想方法、确立正确态度与原则、凝练价值取向、确定思想准绳等的基本立场、信仰、主张与标准等；新时代学校德育的新征程，就是以获取解决新时代社会主要矛盾的精神力量与思想武器为时代主题，确立改革内容、方式与时间节点，促进学校德育与解决新时代社会主要矛盾相统一的全过程。要确立学校德育的这一时代主题，需要着力解决如下问题：

首先，确立判别尺度。"美好"是一个模糊概念，"美好生活"具有主观与客观的相对性，不同人心目中的美好生活具有不同的特征与标准，不同时代对美好生活的判定具有不同的时代印记。学校德育要体现时代主题，需要首先引导学生认识美好生活的内涵，把握美好生活的时代特征，明确新时代美好生活的尺度，才能朝着美好生活的正确方向前进。围绕时代主题建构学校德育内容时，可以强化如下要点：何为美好生活？美好生活包括什么？衡量美好生活的基本尺度是什么？对美好生活的误解有哪些？学校德育只有根据新时代确立的历史方位思考和回答这些问题，才能帮助学生建构起对美好生活的判别标准，树立起追求美好生活的时代标杆，避免对美好生活的误解与错误追求，在此基础上减少因对美好生活的误解而带来的社会矛盾，才能真正承担起学校德育的时代使命。

其次，引导健康需求。美好生活既可以分为美好的个人生活、家庭生活，也可以分为美好的物质生活、精神生活，还可以分为美好的国内生活与国际生活等，美好生活是个人成长与社会发展的全景式生活。"美好"不是"奢侈""比阔"，更不是物欲的膨胀、肉欲的泛滥、自私的占有与消极的等待，而是对"健康的快乐"与"高尚的幸福"的积极向往与不懈奋斗。美好生活是对生活中的"美好"的发现、孵化、创造、分享与奉献,美好生活是成长和奋斗的体验过程,不是物欲的满足与享受,它既是用美好的眼光看待我们的现实生活,也是用积极的心智创造属于我们和全人类的美好世界,发现、创造、分享、奉献、共荣,构成了"对美好生活的需求"的主体内容。学校德育要在学生正确认识新时代美好生活的基础上,引导学生树立对美好生活的健康需求,着力培育学生对美好生活的发现需求、创造需求、分享需求、奉献需求和共荣需求等,把等待、享受美好生活的需求转化为发现和创造美好生活的需求,才能为解决新时代社会主要矛盾培养出具有丰厚潜能的生力军。

最后,化解主要矛盾。在建立判别尺度、引导健康需求的基础上,我们还需要在学校德育中引导学生增强化解"美好生活需要"与"不平衡不充分的发展"之间的矛盾的意识、精神与能力等。以时代主题为统领建构学校德育内容体系时可突出如下要点:一是直面现实差距。引导学生正确认识和分析社会建设与美好生活需要之间的差距,探寻产生这种差距的原因和解决这种差距的办法,为社会发展建言献策。二是提升理性水平。从唯物史观、"四个自信"、科学发展观等角度,引导学生理性看待和对待我国目前存在的发展不平衡不充分的现实与症结,学会正确认识社会、辩证看待发展中的问题,提高学生理性审思社会发展的水平。三是厚植奋斗精神。不断引导学生培育为解决新时代面临的主要社会矛盾而努力奋斗、艰苦奋斗、智慧奋斗、持续奋斗的决心、毅力等精神与气魄,把对美好生活的追求与化解社会主要矛盾结合起来,实现社会与个人的多赢。四是培育发展潜能。把立德树人摆在德育工作的正中央,保持学生的持续发展张力,注重培育学生的发展潜能,为学生能真正解决社会主要矛盾留足后续发展空间。五是优化全景思维。引导学生把自己、他人、家庭、社会、国家和世界联系起来,以大视角、全景致的思维框架思考化解新时代社会主要矛盾的有关问题。只有这样,才能在德育活动中引导学生强化直面社会主要矛盾的意识,积累化解社会主要矛盾的智慧,才能使新时代的学校德育为新时代的发展服务。

(二)德育任务的新调整

随着德育主题的新变化,学校德育任务也应进行相应调整,才能准确定位学校德育的时代任务。学校德育的时代任务,是学校根据特定历史阶段解决特定社会矛盾需要而确立的育人任务。学校德育的时代任务是对时代主题的进一步细化,是根据德育的时代主题确立的德育目标和与之匹配的德育内容体系。学校德育的时代主题确定学校德育内容建构的逻辑起点、方向和骨架,学校德育的时代任务则规定着德育内容的细化要点和细化程度,是决定德育内容是否符合时代要求的刚性标准。

新时代面临的社会主要矛盾是人民日益增长的美好生活需要和发展不平衡不充分的矛盾,为了解决这一矛盾,我国提出了建设社会主义现代化强国的目标与任务,只有把我国建设成为真正的社会主义现代化强国,才能不断消解发展中的不平衡不充分问题,为满足人民日益增长的美好生活需要提供切实的保障。"按照党的十九大报告规划的蓝图,我国建设社会主义现代化强国分成几个阶段来实现,第一个阶段是到2020年实现决胜全面建成小康社会的目标,在此基础上再经过十五年的奋斗,我们的现代化基本实现;第二个阶段是再经过十五年的努力,把我国建设成为富强民主文明和谐美丽的社会主义现代化国家"[①],而建设社会主义现代化强国的基本理念是以人民为中心,以实现全体人民共同富裕为目标,把建设社会主义现代化强国与在最大限度上满足人民对美好生活的需要结合起来,以更好地缓解和解决新时代面临的主要矛盾。由此看来,党的十九大确立的目标和任务,是由新时代面临的社会主要矛盾确定的。

根据这一思路,新时代学校德育的主要任务应由其时代主题来确定。"发展解决新时代社会主要矛盾的精神力量与思想武器"的德育主题,要求学校把德育力量集中在与社会主义现代化强国建设有关的"精神力量"与"思想武器"上,即构建有利于社会主义现代化强国建设的精神力量和思想观念体系,以建设社会主义现代化强国为依据,细化德育主题,建构较为具体的德育内容,为培养建设社会主义现代化强国的时代新人创造条件。党的十九大报告提出了社会主义现代化强国的五个标志词,即富强、民主、文明、和谐、美丽,这五个标志词既是"美好生活"的基本体现,又是解决不平衡不充分等矛盾要达成的目标;建设社会主义现代化强国的时代新人,应是具备富强、民主、文明、和谐、美丽的建设意识、发展精神与能力等的建设者。学校德育的时代任务,就是培养建设富强、民主、文明、和谐、美丽的强大中国的接班人和后备军,以解决新时代面临的人民日益增长的美好生活需要与发展不平衡

---

① 许艳民."中国特色社会主义新时代":现代化新征程[J].汕头大学学报(人文社会科学版),2018(7):5—10.

不充分的矛盾。

要确立这样的时代任务与德育内容，需要以富强、民主、文明、和谐、美丽为总纲，明确美好生活的判别标准和引导健康需求的内容，丰富化解主要矛盾的德育内容。在明确判别标准的活动中，教师可以与学生一道讨论和明确如下问题：新时代美好生活中的富强、民主、文明、和谐、美丽分别有什么特殊内涵？其主要表现是什么？在学习、生活和今后工作的不同阶段会呈现出哪些不同特征？如何判断、选择和创造富强的生活、民主的生活、文明的生活、和谐的生活与美丽的生活？从党的十九大报告提出的五个标志词看，美好的物质生活与精神生活应如何相辅相成，才能把握住"美好"的内涵，过上真正的美好生活？随着这些问题的不断明晰，与社会主义现代化强国相匹配的美好生活的判断标准就会更加具体清晰。

随着美好生活判别标准的进一步具体和清晰，对美好生活健康需求的引导内容也要变得更加明确。一是引导学生发现社会主义现代化强国建设中的美好生活。可以引导学生探究：如何才能在现实社会生活中发现其隐含的富强、民主、文明、和谐及美丽等美好元素？即使充满挑战或明显感到发展不平衡不充分，也能从中发现"美"的因子，看到"美"的未来。只有在德育活动中引导学生探讨和明确这些问题，发现在社会主义现代化强国的建设过程中隐含的生活之美，以此积累"发现"经验，才能使学生充满激情地投入到社会主义现代化强国的建设中，才能为他们成为建设社会主义现代化强国的时代新人提供不竭的精神动力。二是引导学生积蓄创造和分享美好生活的能量。社会主义现代化强国的建设过程，是所有建设者创造和分享美好生活的过程。学生仅仅发现生活之美还不够，还需要创造和分享生活之美，才能成为自觉的社会主义现代化强国建设者。学校要有效完成新时代的德育任务，需要引导学生通过勤奋学习，打好建设富强、民主、文明、和谐、美丽中国的人格与能力基础，为创造和分享与社会主义现代化强国高度匹配的美好生活积蓄能量，为成为建设社会主义现代化强国的时代新人创造支撑性条件。三是引导学生形塑奉献和共荣的美好品格。奉献，是支撑美好社会和美好生活的个体品质；共荣，是社会主义现代化强国的基本特征，是消除不平衡不充分的发展的基本方式。奉献和共荣构成了解决新时代社会主要矛盾的人格特质。建设社会主义现代化强国需要建设者具有奉献的情怀和促进共荣的境界，养成"为天地立心，为生民立命，为往圣继绝学,为万世开太平"的高尚人格。培养这样的人格,既是学校德育的时代任务,也是建设社会主义现代化强国的呼唤。

要引导学生以富强、民主、文明、和谐、美丽为标杆,理性分析和看待社会发展实际与人民所期盼的美好生活之间的差距,提高正确认识和处理各种社会冲突的能力。厚植的奋斗精神与培厚的发展潜能,也应紧紧围绕富强、民主、文明、和谐、美丽这五个标志词展开,树立与此相关的奋斗精神,发展建设社会主义现代化强国的潜能,才能为建设社会主义现代化强国做好准备。在优化全景思维方面,既要看到我国新时代的发展优势,树立道路自信、理论自信、制度自信和文化自信,在进行伟大斗争、建设伟大工程、推进伟大事业、实现伟大中国梦的过程中,树立建设社会主义现代化强国的主人翁意识,也要与时俱进,提高自我成长的现代性与现代化发展品质,更要在"一带一路"的建设中树立人类命运共同体意识,以天下为己任,和全世界人民一道,建设富强、民主、文明、和谐、美好的世界,只有这样,社会主义现代化强国的建设才会有强大的世界基础,我们也才能心无旁骛地建设社会主义现代化强国。

(三)德育愿景的新高度

随着"立德树人"这一根本任务在学校的确立,不少学校开始反思自身的育人工作。一些研究与实践者认为,目前部分学校的德育存在片面、粗放的弊端,灌输式德育、强制式德育、标准化德育、分数式德育、肢体式德育、形式化德育等甚嚣尘上,导致学校德育的道路越走越荒僻、方式越来越贫乏、空间越来越狭窄、内容越来越虚无、代价越来越沉重、效果越来越差劲,"其最直接、最鲜明、最突出、最形象的表现,就是'虚胖'而不够'精致',大而不强"[1],多而不精,活而不实,从而影响了育人质量。

不少专家认为,学校德育质量低下的症结,是重视学生"短期可视"的片面发展质量导致的。"短期可视",是指学校德育要在短期内促进学生看得见的发展,比如校园的整洁、行为的改变、风貌的提振等;片面发展质量,是指过分强调学生在某一方面的发展变化,如过分强调学生行为上的变化而忽视其内在精神的实质性发展,

---

[1] 韩庆祥,刘雷德.论新时代"历史方位"的鲜明标志[J].马克思主义研究,2019(11):31—39.

过分强调德育对分数增长的效用而忽略人本身的全面进步等。追求"短期可视"的发展质量，注重学生短时间内在某方面发生的变化，就学校德育工作而言本无可厚非，但其割裂了学生短期发展和长远发展、局部发展和整体发展的关系，导致学生难以可持续全面发展，从而降低了学校德育的实质性效益。李政涛教授把这种现象称为关系上的"割裂"。他在《当代教育发展的"全社会教育"路向》一文中对此做了两方面的概述。一方面，是教育实践与其他实践的割裂。前者是以教育为核心职能的学校机构，后者则是承载了其他职能和目标的实践样式，诸如政治实践、经济实践、艺术实践等，它们依托政府、社区、企业、科研机构、少年宫、科技馆、博物馆、图书馆等各种社会机构，它们的价值取向、利益诉求、评价标准均与教育、学校有所不同，即使同样做教育的事情，但时常各行其是、各说各话。另一方面，是教育实践内部的割裂。既有学前教育、基础教育、高等教育等不同学段之间的教育割裂，也有义务教育、职业教育、特殊教育等不同类型教育的割裂，还有德育、智育、体育、美育和劳动教育等教育内容之间的割裂。这些割裂导致整个社会的教育出现"领域分离""领域割据"，以致产生相互矛盾、相互拆台的"乱象"。

"短期可视"的片面发展质量观，把完整的人割裂了，使完整发展的人变成了单向度发展的人；把学生的完整生活割裂了，使学生成了不同学段的不同人，成了不同技艺的代言者或学习者；把学生的成长世界割裂了，将学校与社会彻底分离开来，把学生割裂成了学校人和社会人……缺失完整儿童、完整生活、完整世界的德育，难以培养出建设社会主义现代化强国的时代新人，因为片面发展的人难以解决新时代面临的社会主要矛盾。新时代的学校德育要培养建设社会主义现代化强国的时代新人，要帮助学生发展解决社会主要矛盾的精神力量与思想武器，首先要弥合德育过程中的破碎关系，解决人的发展不平衡不充分的问题，立足长远，树立和践行全面发展的德育质量观。孙建华等在《新时代马克思主义人学中国化的特点及发展趋势》一文中对此做了如下论述："在新时代，重视人的发展的不平衡不充分的问题，推进人的全面发展已经成为必然趋势，同时也是新时代马克思主义人学中国化的第一要务。这就必须要充分发挥人的主体性和创造性，使生产力得到更充分的发展，创造出更多的社会物质财富，这是推进人的全面发展的一个必要基础。""人不是在某一规定性上再生产自己，而是生产出他的全面性。"因此，"着力解决好发展不平衡不充分问题，大力提升发展质量和效益，更好满足人民在经济、政治、文化、生态等方面日益增长的需要"，是解决当前人的不平衡不充分发展困境之良策，也是推动人的全面发展和社会全面进步的关键所在。

人的全面发展质量包含三个层次：一是人的生命的全面发展，即德育要培养完整而健全的人；二是群体生命的全面发展，即学校德育必须秉持"一个都不能少"的理念，让所有人都能获得全面发展；三是学校、社会、国家和世界都应成为全面育人的教育场，学校内外都应全面提高育人质量，优化育人环境。为了实现这三个层次的全面发展，李政涛教授提出了"全教育实践""全实践""全生命实践"的"全社会教育"改革路向，这种路向是一种新的教育眼光，这种教育眼光带来的教育的新图景有利于提升学校德育的全面发展质量。

"在这种从教育而来的新眼光里，内含着对教育的敬畏之心、敬重之情和敬虔之意，蕴藏着如下教育期望：以教育眼光透析社会，以教育尺度引导社会，以'教育之手'重塑社会。由此我们眼中看到的社会，是'教育性社会'，这里蕴含了另一种教育期盼：让社会中的每个角落、每个褶皱、每个血管、每个细胞都散发教育的气息，拥有教育的力量。于是，不仅人生与时代中有教育、时间与空间中有教育、自然与社会中有教育、影像和戏剧中有教育，地铁与高铁、飞机与汽车、茶馆与咖啡馆中也有教育。这些期盼如果能够实现，将带来一种前所未有的重大转变：通过创造基于'好教育'的好社会标准，从社会性教育走向教育性社会，从全人教育走向全社会教育——只有'全人教育+全社会教育'的社会，才是人类理想的'好社会'。"①

社会生活的全时空里有教育，成人生活的点点滴滴中有教育……如果不能全面优化育人环境，就难以促进群体或个体全面发展。李政涛教授对教育新图景的描述，体现了新时代对全面发展质量的追求。他提出的"全人教育+全社会教育=好教育=好社会"的主张，让我们窥见了新时代提高全面发展质量的育人路径，即把"全人教育"融入"全社会教育"，把"社会性教育"和"教育性社会"融为一体，形成德育的社会性全景与学生成长的生命全景。他为此提出了如下主张："教育的眼光，就是生命成长的眼光，它构成了'好教育'的基本标准——只有促进人的生命健康、主动成长

---

① 李政涛. 当代教育发展的"全社会教育"路向 [J]. 教育研究，2020（6）：4—13.

的教育，才是'好教育'。人类所有的实践活动，都与人的生命有关，这些活动是由人引发的，实践主体是人，但关键不在于此，所有的实践具有通往人的生命成长的可能性，这才是核心要义。"①

教育的眼光就是生命的眼光，好教育的眼光就是生命优质成长的眼光，生命的优质成长是健康的、积极的、全面的成长，这种成长植根于他所处环境的全方位滋养。在李政涛教授看来，校内外的所有实践都具有引导学生生命成长的可能性，这种实践不仅是人类有目的的活动，还包括宇宙自然的运行规律、壮丽景观与一草一木等个体构成的环境场域。但从实际情况看，不少学校和老师都忽略了环境场域的完整性与全景性。

"在以往，只有教育实践是以促进人的生命成长为实践对象和实践目标的活动，有了'全教育实践'之眼和'全实践'之眼后，促进人的生命成长由此成为所有社会主体、社会机构、社会部门各实践样式的共同责任、共同利益，因而变为共同实践，化为共享的实践目标、实践内容和实践标准。"②

把学校教育和其他社会实践割裂开来，追求教育内部的完整性与系统性，重视教育内部的育人质量而忽略社会对教育的巨大影响力，重视教育全景而忽视社会全景，这是片面发展质量观的一种反映。所以李政涛教授认为，新时代教育质量提升的基本路向，是从封闭的教育全景中走出来，走向全社会教育，推动全教育实践，把教育作为全社会的共同责任、共同利益、共同目标。他对"全生命实践"的"全"的内涵作了如下阐释："'全生命实践'之'全'，是指以促进人的生命成长为己任的实践，即'生命实践'，它贯穿于所有教育实践的全过程，从教育实践拓展、弥漫和渗入人类社会的全部实践生活，此其含义之一；含义之二，'全生命实践'之'全'，也意味着所有的生命实践都指向人的全面发展，它也同时构成了所有实践方式的共同目标。如此，'全生命实践'从概念转化为一种新的实践眼光，即'生命实践'之眼，它内置着一种'实践标准'，即'好实践'的标准——是否以及在多大程度上，通过自身实践活动，在实践过程中，促进了人的生命成长和人的全面发展？由此为全社会教育实践及整体实践中的各主体提出了实践能力上的新要求——是否具有促进人的生

---

① 李政涛. 当代教育发展的"全社会教育"路向[J]. 教育研究，2020（6）：4—13.
② 李政涛. 当代教育发展的"全社会教育"路向[J]. 教育研究，2020（6）：4—13.

命成长和人的全面发展的实践能力？"①

教育的实践，就是生命的实践；教育的本质性力量，就是促进人的全程全面发展的力量；教育能力，就是促进人的生命成长和人的全面发展的能力。立足学生生命的全面发展和完整发展，以"全社会教育"促进学生生命的完整发展，囊括了新时代全面发展的三个基本层次，勾勒出了新时代学校德育的发展愿景。

要在德育内容的建构中落实新时代的德育愿景，需要强化两个内容。一是"生命整全"的视角。具有全面发展质量特征的学校德育，是以整全生命的健康发展为起点的。整全的生命是全人生命的发展样态，它既是学生全面发展的根本性要求，也是民众对美好生活的需求要义。美好生活是面向完整生命的生活，是完整的生命才能获得与感受到的生活。在建构学校德育内容体系时，要以是否是整全生命需要的生活，是否有利于整全生命发展的生活为美好生活的判别准绳，把不利于整全生命发展的生活排除在健康需求之外。在直面现实差距时，要以是否有利于整全生命发展的"美好生活"为标杆确立参照点，以尊重、呵护、提高整全生命为愿景培育奋斗精神、发展潜能与全景思维。二是教育全景与社会全景互动的改革框架。打破片面发展的僵局，以"全社会教育"的改革思路，发挥学校的带动与促进功能，推动社会与学校共同建构正向育人场域。在德育内容的确定上，可以把个人的富强、民主、文明、和谐、美丽同家庭、学校、社会联系起来，把个人的富强、民主、文明、和谐、美丽置于国家的富强、民主、文明、和谐、美丽的建设之中，把解决个人的发展不平衡不充分问题同解决社会发展不平衡不充分的问题结合起来，在有效促进个人全景与社会全景的互动中细化德育内容，真正提高学校德育的全面发展质量。

二、难以突破的现代德育困境：生命的残缺与精神的现代化贫困

站在新的历史方位上审视现代德育的困境，我们发现现代德育的"旧疾"与"顽症"依然在新时代的学校中存在。这些"旧疾"与"顽症"植根于生命的残缺与精神的现代化贫困，其主要表现是：意义的迷失与价值的破碎，全人的消隐与主体的失

---

① 李政涛. 当代教育发展的"全社会教育"路向[J]. 教育研究，2020（6）：4—13.

语,"公地悲剧"与全景割裂。

　　生命的残缺,是指生命失去了完整性,呈现出片面发展、单向度发展乃至畸形发展的样态。精神的现代化贫困,是指现代社会普遍存在的精神萎靡、情感枯竭、情绪失衡、内心不畅、动力不足、德性消解等不良现象,是现代社会催生出的现代病。现代化贫困,是当代世界著名社会批评家、教育思想家伊万·伊利奇(Ivan Illich)提出来的。他说:"现代化贫困使得人对于环境控制的无能为力与个人潜力的减损紧密相连。这种贫困的现代化是一种全球现象,是当今时代存在欠发达现象的根本原因。"[1]在伊利奇看来,现代社会在物质膨胀、生活富裕、经济繁荣的表象下隐含着深度的精神贫困,这种精神贫困的实质是一种现代化贫困——人失去了支配机器和环境的能力,潜能发展大大受限,人推动了社会的现代化,但却在现代化的泥沼中难以自拔,失去和异化了自我,缺少自我发展的精神动能与支撑,精神陷入了贫困。他认为:"现代人在精神上出现的现代化贫困,在很大程度上应归咎于教育——由于教育者执意把套装式教学与文凭捆绑在一起,因此,学校教育既不可能推动学习,也不可能促进正义。学习与社会角色分配已被融入学校教育之中。然而,学习意味着习得一种新的技能或者获得新的见识,而社会晋升则取决于他人已有的观念。虽然学常常是教的结果,但在劳动市场中,对于应聘者适合担任的职场角色或工作类别的判断却越来越取决于其受教育年限的长短。学校通过课程来进行角色分配,这些课程根据学生升级所需符合的各项条件而设置。学校把教——而不是学——与所要分配的这些角色联系在一起,这既不合理,也不开明。之所以说不合理,是因为它不是把相关品质或能力与角色相关联,而是把所设想的获取这些品质或能力所需的过程与角色相关联;之所以说不开明,或者说不具有教育意义,是因为学校教学的对象只是那些按照社会控制的既定要求那样去亦步亦趋学习的人。"[2]

　　教育的罐装化与社会的文凭化,压缩了学校和学生全面发展的空间,降低了学校和学生全面发展的能力。一是完整的生命被破碎的岗位割裂。学生为了获取社会上的某一岗位,往往放弃了全面发展的努力,为了获取这一岗位需要的文凭而竭尽所能。现代社会中分工明确的岗位需要专门性技能,为了发展专门性技能而忽视生命成长的

---

[1] 伊利奇. 去学校化社会 [M]. 吴康宁, 译. 北京: 中国轻工业出版社, 2018: 9.
[2] 伊利奇. 去学校化社会 [M]. 吴康宁, 译. 北京: 中国轻工业出版社, 2018: 17.

其他养分，导致生命的其他部分逐步萎缩，从而失去了健全人、完整人自主发展的潜能，其发展精神与发展能力逐步陷入了难以突破的困境，成为现代化的精神贫困之徒。二是学校全景与社会全景彼此割裂。由于教育的罐装化，学生的最大理想是在个人或学校全景中促进自我的全面发展，但是，离开了社会全景的全面发展不是真正的全面发展。只有打通个人全景、学校全景和社会全景，在个人全景、学校全景和社会全景的互通互融中促进自我成长，学生才能成就自我的整全生命。学校全景与社会全景割裂的现实，既让学校德育难以滋养出整全的生命，也让不少学生的精神陷入了现代化贫困。然而，只有具有整全生命的人，才能成为建设社会主义现代化强国的时代新人。因此，新时代的学校德育要符合新时代的发展要求，需要下定决心突破以下三方面的困境，逐步迈过生命残缺与精神的现代化贫困这道坎。

（一）为何而育德的浅层走向：意义的迷失与价值的破碎

学校德育导致的生命残缺与精神的现代化贫困，首先体现在德育意义的迷失与德育价值的破碎上。德育意义的迷失，是指在推进德育活动的过程中缺少对德育意义的拷问，德育内容的选择与运用未能有意识地追寻德育的最大意义，导致德育的目的不清、意义不明，削弱了德育的根本性价值和时代性价值。

新时代学校德育的最大意义，是帮助学生构筑与建设社会主义现代化强国相匹配的意义世界，是引导学生认识和提高自身在解决新时代社会主要矛盾过程中的存在意义与价值。人是意义性动物，人的成长过程就是不断建构和实现自身意义的过程。德育的对象是人的意义世界，德育的基本功能是丰厚人的意义世界，对意义的追寻与实现，构成了德育的主体内容；促进意义的内化与外显，构成了德育工作的主体任务。德育，就是"通过一定的道德理论、道德规范或道德观念等作用于人们，使人们产生身心的某种影响和需要，使人们不仅真诚地信服、接受和遵守社会的道德原则和规范，而且自觉地将社会要求的思想观念和行为规范纳入自身品德结构之中，变为自己的观点和信念"[1]，丰富、改变和进化自身的意义世界。

因此，判定学校德育成效的标准之一，是分析其对学生意义世界的影响和塑造程

---

[1] 张忠华. 德育本质研究与反思[J]. 江苏大学学报（社会科学版），2010（5）：23—29.

度。但是，目前不少学校的德育忽视了学生的意义世界，对我们为什么要在学校里进行德育，德育的终极目的是什么，德育予人的最大价值是什么，新时代的德育要改造学生的哪些意义世界、为什么要改造及如何改造等问题缺乏必要的思考和追问。学校德育忽视了学生意义世界的建构，学生不知道自己在新时代的存在价值与意义，找不到自我生命在新时代的出口与精神归宿，从而失去了奋斗的方向与动力。正如张军教授所言，"与道德缺失相比较，更深层的危机便是人的存在意义的迷失。人们对自我意识、个体意识和主体意识的体认在扑朔迷离的世界中找不到本真的价值方向。我是谁？人生的意义何在？难以找到合乎心灵的答案"[1]，因而无法为新时代的建设做好全面准备，难以成为建设社会主义现代化强国的时代新人。

意义的迷失源于学校教育目的的模糊和混乱。西班牙著名哲学家费尔南多·萨瓦特尔在《教育的价值》一书中，借用阿根廷教育家泰德斯科的话对此作了阐释。他指出，如今的教育危机已不再像过去那样，"这一危机并不是说，用以实现教育的社会使命的方式存在缺陷，更严重的问题在于：我们不知道教育的目的所在，它的行为又会指向何处。"事实上，教育问题已不仅仅局限于一小撮学生的失败上，问题也不在于学校不能完成社会明确赋予它的使命，问题在于教育自身的目的就是混乱的、矛盾的。教育是该训练劳动力市场上的合格竞争者，还是该培养完整的人格？是否应该挖掘每个个体的潜力，尽管他们时常针锋相对、政见不一或是紧密团结？是该鼓励个体的创新性，还是该维持集体的一致性？是该关注实践的效果，还是甘冒创新的风险？

教育目的游离不定，缺乏自身的主心骨，导致德育工作者难以确立学生"意义世界"的培育与孵化内容。特别是在新时代，一些德育工作者不能准确把握时代内涵与育人要义，未能认真分析新时代对学生意义世界的发展要求，无法根据新时代的育人目的，正确选择和确定学生意义世界的培育内容，而是在形式上大做文章，强化了德育的形式，迷失了德育的意义。

德育意义的迷失，使学生失去了追寻和实现人的最高价值的意识、动力与能力，其意义世界只能停滞不前。人的意义世界是人的生命的底色，是健全生命的有机组成部分，失去了追寻最高价值的意义世界的动力，就为完整生命的健全发展埋下了隐

---

[1] 张军. 价值哲学的存在论基础[M]. 北京：人民出版社，2018：280.

患。马斯洛对此作了非常精辟的概括，他指出："妨碍达到健康的另外障碍深深植根于现代社会精神之中，它表现为人的最高价值的丧失这一事实。19世纪告诉我们：上帝死了；20世纪则会说：人是死的。手段已经转变为目的，物的生产和消费成为生命的目的，成为支配生活的力量，我们在一方面生产了像人一样行动的物，却在另一方面生产出像物一样活动的人。人使自身转化为物，崇拜他自己的产品，他从自身异化出去，并且业已退化到崇拜偶像的境地，尽管他这样做常常是假借上帝的名义。爱默生早就意识到这一点，指出"物居于马鞍上驾驭着人类"。今天，我们许多人都重新认识到这一点。健康的获得只有在满足特定条件时才是可能的，那就是我们使人重新回到马鞍上去。"①

由于意义的迷失和人追求最高价值的动力的丧失，人类成了自身所创造的物质的奴隶，物质的生产和消费成了人类的最高目的，物质成了支配生活与人类的决定性力量，人异化为物，异化为工具，人类已变成马匹，供物质驱驰，陷入了现代化贫困的泥潭，失去了主动发展的愿望与潜能。雅思贝尔斯为此大声疾呼："构成人类世界几千年的东西正面临着崩溃。新世界作为生活必需品的供给机构而产生出来，它迫使一切事情、一切人都为它服务。它把凡它所不容的东西都毁灭干净。人似乎正在被变成实现目的的手段，变成没有自己的目的和意义的东西。在这世界上他找不到任何满意之处。这世界没有提供能给他以价值和尊严的东西。"②没有自己的目的和意义，也就失去了时代的意义和价值。培育建设社会主义现代化强国的时代新人，首先必须是体现自我特征的人，然后才可能成为新人，进而成为为时代做出贡献的新人。现代人"自我"的丧失，必然导致意义迷失和意义世界的衰微，意义世界的衰微迟早会导致物质世界的毁灭，所以雅思贝尔斯惊呼："构成人类世界几千年的东西正面临着崩溃。"

人失去了自己，也就失去了自身的意义世界。伴随着意义世界的丧失，人的价值世界就会破碎乃至消失。人类世界是一个价值世界，不但人类世界如此，亚里士多德把整个宇宙都当成了价值世界，在他的眼中，"下雨是因为植物生长需要水分。植物生长是为了给动物提供食物。葡萄种子长成了葡萄藤，鸡蛋孵化出了小鸡，这都是将

---

① 马斯洛. 人类价值新论 [M]. 胡万福，谢小庆，王丽，等译. 石家庄：河北人民出版社，1988：17—18.
② 雅思贝尔斯. 现时代的人 [M]. 周晓亮，宋祖良，译. 北京：社会科学文献出版社，1992：36.

原本就存在于这些种子和鸡蛋里的潜能变成现实的过程"①。这种事事皆因需要和目的而存在的世界理解模式，就是一种价值认知模式。亚里士多德认为，整个宇宙的存在物都是为了满足自己和他人的需要而活着、而行动，道德教育就是引导学生把满足自我和他人需要的潜能唤醒、呵护，并促使其不断发展，只有同时把满足自己和他人需要的潜能变为现实，才可能具有真正的美德，才有存在的意义。

在亚里士多德的眼中，人类这一价值世界是一个整体，对价值世界的培育必须从整体出发，寻找并实现人类自身以及人类对他物的价值，才能形成健康的完整的价值世界。但是，现代人和现代社会却打破了这一完整的价值世界。麻省理工学院视觉艺术教授乔治·凯佩斯（Gyorgy Kepes）在《论艺术》一文中指出："当今的人类处境与一个迷途儿童所遭遇的境况颇为相似，它似乎背离了生活常态，并因而失去其生存的确切性。工业文明业已将我们逐出于生活在小国寡民社会里的人们所熟知的那种联系，由不断驯化而进入人类生活圈的自然力再度变成异己的力量；如今，它们正沿着由科学技术所开辟的道路的险地逼近了我们。"②

生活是整体的生活，整体的生活隐含着整体的价值观，背离生活常态的价值追求开始让价值世界四分五裂："自然满足了我们的需要，我们却无法满足自然的需要，同时满足自身和他物需要的完整价值观受到了破坏，这种破坏带来的连锁反应将给人类以重创——我们与自己周围的世界的关系不再是令人高枕无忧的了，我们丧失了过一种自由美满生活的能力。我们的自信心消逝得无影无踪；我们不能勇敢承诺并对所面临的挑战作出反应。我们非但不能运用我们所拥有的一切——眼睛、心智、大脑，不能调动我们的所有才智和能力于一个共同的焦点上，反而只能以疯狂而片面的热情作出反应。我们自身个别方面的生存常常以牺牲他方为代价。我们的思想漠视且怀疑我们的情感，将其置入冷宫，并由此与情感可能提供的能量和丰饶彼此绝缘。"③

与周遭关系的日渐恶劣，过自由美满生活能力的丧失，自信心、勇气和同情心的消逝乃至对未来的绝望，是现代化贫困的真实写照。产生这些恶果的重要原因，是价值世界的完整性被破坏。除了人类和自然的价值完整性被破坏，人类自身的价值完整

---

① 蒙洛迪诺. 思维简史[M]. 龚瑞, 译. 北京：中信出版集团, 2018：97.
② 马斯洛. 人类价值新论[M]. 胡万福, 谢小庆, 王丽, 等译. 石家庄：河北人民出版社, 1988：78.
③ 马斯洛. 人类价值新论[M]. 胡万福, 谢小庆, 王丽, 等译. 石家庄：河北人民出版社, 1988：79.

性也不断地被割裂，破坏了人内在的整体性。

内在的整体性，这种对于健康行为来说是其本质特点的东西消逝了。尼采曾对文学作过这样的评论："所有文学衰微的特征是什么？那就是，生命不再存在于整体之中。词胜过于句子而跃出句子之外，而句子则因其伸展太远以至于模糊了一页的含义，而后者的生命又以牺牲整体为代价。"尼采的评论对于我们当代生活来说是非常正确的，"由于这个复杂世界的影响所产生的混乱和窘境，我们业已丧失了将这个世界理解为一个相互联系之整体，并以健康的坦率对之作出反应的能力。成分已经占了上风。我们只能以令人困惑的步幅将我们兴致的中心由我们内在和外在视野的一方转至另一方，我们缺乏一种伴随不可分割的内在忠诚而生活的能力，我们找不到一种能反映当代全部视野的忠诚感，我们渐渐地削弱了自身的力量"[①]。

完整的生命被破坏，生命的整体价值被消解，德智体美劳的某一个局部像句子的某一个成分一样，驾驭在整体句子之上，如同分数这个生命的成分驾驭在了整体生命之上一样，分数张扬了，生命却萎缩了，不可分割的对生活与生命的内在忠诚的完整性破碎了，"自身的力量"渐渐地削弱了。"我们必须在自己的内心世界里建造一座桥梁，以便实现一种内在完整性，亦即生命的感性、情感及理性诸方面的统一性。"[②]特别是在建设社会主义现代化强国的过程中，学校德育必须正视和克服现代社会因扭曲而破碎的价值观所带来的恶果，着力培育学生"原始的健全的本性"。

工业世界兴起了，但与此同时人们却忽略了寻求惠特曼曾称为"原始的健全本性"这样一种人类需要。"现代大都市，这个反映我们变化不定世界的巨大中心，随着日益扩大的视觉扭曲范围，在延伸着它的势力。在这个中心点里，粗鄙的幻觉胁迫着我们，硕大的结构遮暗了广阔的堂宇；蔓延开来的工业区域到处充斥着借以藏匿我们的贫乏的厂房和阴暗简陋的住宅；在这些居住区的边缘，则点缀着无休止建造的、毫无特色的农舍……这便是我们继续再生产的世界，这也正是那个塑造着我们观念的世界。我们这个扭曲的环境通过使我们发生扭曲，从而从我们身上剥夺了那种使我们的经验丰富多彩且具有一致性的力量"[③]。

---

① 马斯洛.人类价值新论[M].胡万福，谢小庆，王丽，等译.石家庄：河北人民出版社，1988：79.
② 马斯洛.人类价值新论[M].胡万福，谢小庆，王丽，等译.石家庄：河北人民出版社，1988：80.
③ 马斯洛.人类价值新论[M].胡万福，谢小庆，王丽，等译.石家庄：河北人民出版社，1988：85.

西方的现代病碾压了人类"原始的健全本性",破坏了完整的生命和健全生命的内在完整性,"大写的人"开始变得支离破碎,人的意义世界和价值世界被人为地分割,精神力量日渐减弱。我国新时代的民众所追求的美好生活,应是叔本华所说的能够产生高级快乐的美好生活。"一个人能够领悟高级快乐的能力则是由他的精神能力所决定和限制的。如果一个人的精神能力较低,那么所有外在的努力——不论是他人的帮助还是个人的运气——都无法使他领略到平庸的、动物性的快乐范围之外的高级快乐。"①克服现代病的根本出路是提升人的精神能力,人的精神能力是人建构自身的积极的意义世界和价值世界的能力。这种能力是一种综合性能力,决定其感受和创造美好生活与幸福的品质,"对人的幸福来说,最关键的是人的主体的优良素质,包括高贵的品格、出色的智力、快乐的性格和健康的身体——总而言之,就是'健康的身体和健康的灵魂'"②。

健康的身体和健康的灵魂构成了新时代学生完整的意义世界和价值世界。"价值造就了我们,也造就了我们生活于其中的社会。"③我们必须走出意义迷失和价值破碎的现代德育困境,才能引导学生在"成为自身"的过程中把新时代建设成一个积极的实现了美好的世界,因为"为了成为自身,人需要一个积极实现了的世界。如果这个世界衰败了,观念似乎也濒临死亡,那么,只要人还不能重新在自己的创造性中找出在世界中向他迎面而来的观念,他的本质就仍然被遮蔽着"④,他的意义世界和价值世界就依然处于破碎之中,其德性的培育和健全生命的发展就会受到影响,建设社会主义现代化强国的能力就难以提高。

(二)个体价值的严重偏离:全人的消隐与主体的失语

意义的迷失和价值的破碎带来的第二大困境,是现代德育呈现出了全人消隐和主体失语的情况。全人,即生命整全的人。在现代学校教育中,不少学校和老师高举"完整生命"和"全面发展"的大旗,却在具体实践中有意无意地肢解着学生的生命,导致全人生命在实践中不断消隐。塞尔登等人在对教育发展特别是学校发展历史

---

① 叔本华. 人生的智慧[M]. 景天, 译. 北京:中国华侨出版社, 2017:8.
② 叔本华. 人生的智慧[M]. 景天, 译. 北京:中国华侨出版社, 2017:17.
③ 劳顿, 毕肖. 生存的哲学[M]. 胡建华, 译. 长沙:湖南人民出版社, 1988:152.
④ 雅思贝尔斯. 现时代的人[M]. 周晓亮, 宋祖良, 译. 北京:社会科学文献出版社, 1992:114.

的研究中发现，目前世界上大多数地区和学校的教育仍处于第三次革命浪潮中，这一阶段的教育不可避免地存在着肢解全人生命的现象。

"第三次教育革命时期的学校注重发展学生可测的、实用的技能：识字能力、科学知识和专业技能。这种方法几乎没有留下什么空间让每个孩子探索自己的内在天赋。教育常常被视为是对学生进行施教的过程，以便于他们能够更好地在社会上发展自己，在就业市场上取得成功；而不是为他们着想，为他们提供真正的、开发他们内在潜力的机会。"[1]

生命是一条流动的河，整全的生命既包括河面上或河流周围能够看见的部分，更包括河流下面深不见底难以看见的部分。从某种程度上讲，看不见的部分往往决定了看得见的部分，但我们在解决有关河流的问题时，过多地重视了看得见的部分，采取了许多治标不治本的措施。不少学校的德育也一样，重点关注了看得见可测量的生命，而对看不见的流淌在心灵深处的精神元素，往往是口头上重视但在具体举措中轻视，形塑了强大的躯壳，造就了脆弱的灵魂，使学生难以避免地承受着精神的现代化贫困之重。一些学校不单是忽略了学生内在潜能或天赋的开发与培育，就连价值观教育也不可避免地趋向于可测量的部分。伊利奇对学校的制度化价值观教育进行了研究，发现学校在价值观的教育上仍然存在着过分重视可量化内容的教育，忽略不可量化部分的浸润效果的现象。他为此论述道："学校所灌输的制度化价值观都是些量化的价值观。学校把青少年引入一个一切均可加以测量的世界，包括对他们的想象力——事实上也是对他们整个人本身——的测量。然而，个人的成长并不是一个可测量的实体，它是个人饱经磨炼、与众不同的发展结果，既无法依据任何尺度或任何课程来加以测量，也无法将之同他人的成就相比较。"[2]

学生的整全生命是无法用可测量的手段全部测量出来的，把青少年引入一个一切均可测量的学习或成长世界，必然导致学生生命的割裂。学生的生命是一个复杂微妙且不断变动的特殊实体，是主观与客观、具体与虚化、清晰与模糊、有形与无形、有界与无界的结合体，其学习过程是生命各个部分协调参与的过程，其生命成长是一种整体性成长。伊利奇"所赞赏的学习乃是无以测量的再创造行为"，他反对把学生的

---

[1] 塞尔登，阿比多耶. 第四次教育革命[M]. 吕晓志，译. 北京：机械工业出版社，2019：23.
[2] 伊利奇. 去学校化社会[M]. 吴康宁，译. 北京：中国轻工业出版社，2018：49.

完整生命纳入一切均可测量的学习世界。他为此强调了如下危害的可能性："个人一旦甘于接受别人用他们制定的标准来测量自己的个人成长，那么也就很快会用同样的标准来自行测量。此时，个人已无须任何外在强制，便可自行进入他人指定的位置，不敢越雷池一步，而就在这一过程中，他们也使其同伴同样安就其位，直至所有人、所有事项最终都适应这一过程。已经被学校化了的人无法获得那些测量不到的体验。对他们来说，不可测量的东西是次要的、不安全的。"①

伊利奇通过上面这段话勾勒出了成为现代化贫困者的路线图：通过测量明确成长的标准；为了达到标准而努力奋斗；成为标准要求那样的人；固化自己的位置；强迫别人也固化自己的位置；发展与自己位置相关的精神与能力；安守在自己的位置上，不敢超越也不能超越；按部就班，像机器一样生活与工作……当一个人与自己的位置完全融为一体时，生命的其他部分也就逐渐萎缩和消隐了，生命也就开始呈现出残缺的样态，自我超越、创造发展、推动进步的潜能和对美好生活的健康追求就在一定程度上被遮蔽了，这个人的精神也就进入了现代化贫困。一旦精神进入现代化贫困，这个人作为生活、学习与工作的主体就会进入失语状态。张军先生对此作了如下概括："现代人的命运处于主体的失语、失禁与失序状态，其虚无性表现为整个社会文化失去了主心骨，即'中心丧失''重心失衡''核心模糊'。人们处于一种边缘化生存状态，以及一种无力感和无方向感的境况。于是，'人类的灵魂开始无目的游荡，在者非在，思者无真思成为一种常态'。"②

人的发展的主心骨是精神与灵魂，现代人注重躯壳的建设而忽略了灵魂的滋长，成了精神虚无的"空心人"。"空心人"没有主见和思维，缺乏自己的语言，必然处于失语的状态。换言之，精神的现代化贫困让生命的精神脊梁日渐坍塌，全人不"全"，主体破碎，导致全人消隐、主体失语。舍勒说："当今时代的善思之人和明达之士或许在以下几点上意见一致：在现代文明的发展中，人之物、生命之机器、人想控制因而竭力用力学解释的自然，都变成了随心所欲地操纵人的主人；'物'日益聪明、强劲、美好、伟大，创造出物的人日益渺小、无关紧要，日益成为人自身机器

---

① 伊利奇. 去学校化社会[M]. 吴康宁, 译. 北京：中国轻工业出版社，2018：49.
② 张军. 价值哲学的存在论基础[M]. 北京：人民出版社，2018：279—280.

中的一个齿轮。"①"物"的强大,"人"的矮化,成了全人消隐、主体失语的又一原因。

全人消隐、主体失语,不是因为学校德育工作者偷闲耍懒,而是因为各自为政,缺少统一的方向与整体协同的全局观念,各自为政的艰辛努力就在此消彼长中耗费殆尽。雅思贝尔斯对此作了如下剖析:"我们的时代在教育方面令人不安的因素表现在对教育缺少任何统一思想的情况下,人们在教育学方面做了大量的努力,教育学方面的新书汗牛充栋,教学法不断发展。今天的教师个人比以往更有自我牺牲精神,不过由于教师个人得不到整体的支持,所以他实际上是软弱无力的。而且,我们的情况的特点,好像是把根本性的教育拆散成漫无边际的教育实验,把教育分解成各种无关紧要的可能性。这里出现的放任现象是毫无价值、毫无益处的,由于这种放任,人们为自己争得的自由正在消失。教育中的一种尝试很快让位于另一种尝试,教育的内容、目标和方法不时被改变。"②

零散的教育改革要么被整体淹没,要么在快速变动的洪流中消逝,全人培养的攻坚性难题就在一个又一个的表面胜利中消解了,整全生命的培养就在一次又一次的改革口号的迭代中翻篇了,学校德育的现实困境也就在眼花缭乱的改革中岿然不动了。

从总体上看,学校德育的价值分为根本性价值和时代性价值。根本性价值是世世代代都应遵循的德育价值,是对完整生命的尊重和对全人培养的坚守;德育的时代性价值,是德育如何为时代培养人的问题,具有鲜明的时代特征,是在全人培养的基础上,思考新时代应培养怎样的全人和怎样培养全人等问题。根本性价值与时代性价值相结合的学校德育观,要求学校德育克服急功近利的德育思想,因为,"以功利性为导向的狭窄教育模式,往往注重的是最大化的个人短周期能力和发展个人的一般性认知技能,以获得当下个人就业的优势和具有一定发展能力的教育前景,而容易忽视培养和这些目的性不直接相关,但却和人们长远、全面和可持续发展紧密联系的潜在素质"③,因而难以克服全人消隐、主体失语的现代德育困境,无法培养出真正的建设社会主义现代化强国的时代新人。

---

① 舍勒. 价值的颠覆[M]. 罗悌伦,林克,曹卫东,译. 北京:生活·读书·新知三联书店,1997:161.
② 雅思贝尔斯. 现时代的人[M]. 周晓亮,宋祖良,译. 北京:社会科学文献出版社,1992:57—58.
③ 塞尔登,阿比多耶. 第四次教育革命[M]. 吕晓志,译. 北京:机械工业出版社,2019:推荐序一.

（三）社会效应的不断虚化："公地悲剧"与"全景"割裂

全人的消隐和主体的失语，是现代德育在个体生命培育上面临的困境。然而，现代德育不仅在个体生命的培育上消解了全人发展的需求，而且在个体与他人、个人与社会、生命与生命的关系处理上也缺乏全景思维：要么"断章取义"，过分突出生命个体，使个体的自我意识不断膨胀，把自我变成了自私；要么割裂生命全景，仅仅局限于人类的自我生命，忽略了宇宙万物和谐共生的运行需求，使个体成了自私的个体，人类成了自私的人类，个体膨胀和人类的自私给全宇宙带来了巨大的危害与灾难，生命全景的割裂酿成的"公地悲剧"比比皆是。

"公地悲剧"也称为"公有地悲剧"，是加勒特·哈丁于1968年在美国科学发展协会上描述的一种现象。村民们在村庄的公有地上放牛，牛的数量直接影响村民的收入和经济地位。为了获取自己的最大利益，村民们争相在公有地上增加牛的头数，最后超出了公有地的承载力，公有地失去了青草再生能力，逐渐荒漠化，所有村民都无法再在这块公用地上放牛了。这种现象后来引申出生态学中非常重要的"公地悲剧"概念与解决"公地悲剧"的社会模型。

"公地"象征着公共空间、公共财产、公共资源和公共利益等；"公地悲剧"，是指在最大程度上把公共财产占为己有，将公共利益变为自我的私人利益，最后造成公共利益和私人利益全面受损的严重后果。占有公地为己所用、利用公地为己谋私，不顾及公地的公共属性，不考虑公地的承载力与再生性，为了自己的利益无限制地使用公共资源，导致公共资源耗竭和个体利益难以为继。"各人自扫门前雪，哪管他人瓦上霜"，彼此漠不关心，生命与生命相互隔膜，可能导致"公地悲剧"；看不到公共利益的损害会导致个体的灭顶之灾，不能把个体的生命图景、群体的生命图景和社会的生命图景融会起来，于是对公共资源肆意妄为，这是导致"公地悲剧"的直接原因。归纳起来，产生"公地悲剧"的根源，是个体的膨胀与集体的式微，只追求自己的"美好生活"，忽视别人需要的"美好"；为了自己的"美好生活"而牺牲、占有别人追求美好生活的权利、机会和资源……这些行为的背后，是生命全景的割裂。

有学者认为，全人的消隐、主体的失语、"公地悲剧"和全景割裂，与现代社会推行的竞争式德育、评比式德育密切相关。竞争式德育，是把竞争和优胜劣汰作为德育的基本内容，引导学生想方设法出人头地、超过别人；评比式德育，是在德育过程中过分注重成绩的比较、星级的高低、荣誉的多少，通过学生间的你争我夺培育学生积极进取的精神和奋发有为的决心。竞争式德育和评比式德育的实质，都是只关注自我的发展与强大，不考虑他人的生存空间与潜能，如学生为了让自己强大起来，可以大肆占用公共资源，不惜牺牲别人的利益。这种德育内容和方式，强化了个体弱化了群体，注重个体发展程度的比较而忽视了个体对社会整体建构所做的贡献，未能把社会和个体的共同发展作为德育的核心要义与评价标准，从而产生了层出不穷的"公地悲剧"现象。国际知名心理学家、后现代社会建构论的奠基人肯尼斯·J.格根曾对此作了如下描述："我们生活在这样一个世界，在其中，我总在担心与他人相比我怎么样，我是否会得到差评。这种观念遍及我们的学校和组织。从第一天迈进教室起，对个体的评估便开始像幽灵一样纠缠我们，直到退休终了。我们相互竞争、牙尖爪利，以期超越他人。自尊悬在空中，不停地左右摇摆，失败和沮丧时刻蜷伏在门边。在这种情况下，周围人的价值体现在哪里呢？他人不就是我们愉悦自己或自我增益的工具吗？如果他人对于我们的幸福毫无帮助，我们不可以回避或弃之如敝履吗？假如他们妨碍我们的幸福，我们难道没有理由惩罚他们，把他们关进监狱，直至彻底铲除吗？"①

相互竞争、超越他人，牙尖爪利、不顾一切，为了自己的利益而不惜牺牲一切，如果这种现象成为生活常态，"公地悲剧"则必然会屡屡发生。不仅自我竞争如此，公共领域中知识创造与传播的学科化也在一定程度上损害了社会福祉，我们的分科教学在一定程度上助长了"公地悲剧"和全景割裂的风气。"学科在自身发展的同时，在知识生产共同体之间以及知识生产共同体与周围世界之间竖起重重壁垒，其结果造成愚昧、对立及对创造力的压制，损失了对社会福祉的贡献。"②由于学科过于专业化，公共知识分子日益缺乏。很多专业性著作"只是把学术领域的某些迷人研究介绍给公众，却未必能够完全解答来自公众的问题。研究者的目的在于让更多的人了解自己学科的工作，学科是第一位的，公众则是教育的对象……公共知识分子需要将历史与时政、人格研究与组织文化、技术与政治支配、文学理论与生理疾病等联系起

---

① 格根.关系性存在：超越自我与共同体[M].杨莉萍，译.上海：上海教育出版社，2017：序.
② 格根.关系性存在：超越自我与共同体[M].杨莉萍，译.上海：上海教育出版社，2017：224.

来"①，才能实现学科建设与社会进步的螺旋发展。

无数事实说明，不同领域产生的"公地悲剧"，是因为缺乏必要的全景思维，不能把个体生命的发展全景置于社会生命、自然生命的发展全景之中。把自我生命与其他生命割裂开来，看到了自我生命发展的必要性，却忽略了其他生命对自我生命的发展意义。没有了其他生命的发展，自我生命的发展也会陷入极度危险之中。因为，"生命是建立在生命之间、生命与环境之间相互支持、彼此依赖、共同进化的基础上的。每一生命包含着其他的生命，生命之间相互包含，生命本身也包含着环境，没有谁能单独生存。生命之间的关系、生命与环境的关系，与生命的存在同样真实"②。但是，自我极度膨胀的利己主义者却看不到其他生命对自己所做的贡献，不能正确对待、呵护和发展其他生命。只有走出利己主义的圈子，发现和促进生命间的休戚与共，重视和利用整个人类和自然界的生命全景，才能从黑暗的世界走向光明的世界。法国著名哲学家阿尔贝特·施韦泽（Albert Schweitzer）曾这样描述道："受制于盲目的利己主义的世界，就像一条漆黑的峡谷，光明仅仅停留在山峰之上，所有生命都必然生存于黑暗之中。只有一种生命能够摆脱黑暗，看到光明，这种生命是最高的生命——人。只有人能够认识到敬畏生命，能够认识到休戚与共，能够摆脱其余生物苦陷其中的无知……结束作为个别的存在，使我们之外的生命涌入我们的生命。我们生存在世界之中，世界也生存在我们之中。"③

"我们生存在世界之中，世界也生存在我们之中"，这就是宇宙间生命的全景，施韦泽由此提出了敬畏生命的伦理学说。施韦泽主张的敬畏生命的伦理，"是敬畏我自身和我之外的生命意志……对处于无论何种生活状况中的人，敬畏生命的伦理都要求他们始终与所有人和所有生命同甘共苦，使自己作为人奉献给一个需要他的人。敬畏生命的伦理不允许学者仅仅生活在学术中，尽管这样做很有用；它不允许艺术家仅仅生活在艺术中，尽管这样做会给许多人带来好处；它也不允许从事各种职业的人认为，只要恪守本职，就履行了所有义务。敬畏生命的伦理首先要求，人们把自己的部分生命奉献给别人"④。既为了自己的生命也为了他人的生命，让自己和他人的生命

---

① 格根.关系性存在：超越自我与共同体[M].杨莉萍，译.上海：上海教育出版社，2017：230.
② 佘正荣.生态智慧论[M].北京：中国社会科学出版社，1996：265—266.
③ 施韦泽.敬畏生命[M].陈泽环，译.上海：上海人民出版社，2017：17.
④ 施韦泽.敬畏生命[M].陈泽环，译.上海：上海人民出版社，2017：22—23.

都能在天地间得到呵护与成长，而不是只珍惜自己的生命、只呵护自我生命的成长，这才是真正的敬畏生命。施韦泽认为，这种敬畏生命的伦理观，只有人类才能理解，也只有人类才能做到——敬畏生命、生命的休戚与共是世界中的大事。"自然不懂得敬畏生命，它以最有意义的方式产生着无数生命，又以毫无疑义的方式毁灭着生命。包括人类在内的一切生命，都对生命有着可怕的无知。它们只有生命意志，但不能共同体验发生在其他生命中的一切；它们痛苦，但不能共同痛苦。自然抚育的伟大生命意志陷于难以理解的自我分裂之中……由于生命意志神秘的自我分裂，生命就这样相互争斗，给其他生命带来了痛苦或死亡。"[①]

生命的彼此分裂与相互争斗，撕裂了宇宙间的生命全景，破坏了德育的生命全景，德育的生命全景，是人类个体、群体与自然共同构成的生命全景。施韦泽虽然认为自然无法明白生命相守的奥秘，但他认为"只涉及人与人关系的伦理学是不完整的"[②]，需要与宇宙建立一种精神关系。他说："敬畏生命决不允许放弃对世界的关怀。敬畏生命始终促使个人同其周围的所有生命进行交往，并感受到对他们负有责任。对于其发展能够由我们施以影响的生命，我们与他们的交往以及对他们的责任，就不能局限于保存和促进他们的生存本身，而是要在任何方面努力实现他们的最高价值。"[③]

对周围的生命负有责任，让生命与生命相依，不仅包括人类的生命，也包括自然界其他所有的生命，这才能够拥有对世界的关怀，才能在生命全景中培育出优质的生命，这是现代德育必须走出的困境，必须追求的目标。

三、德育突围的新路径：走向全景德育

新时代的学校德育要走出上述困境，完成立德树人的时代目标，需要在走向全景德育的过程中寻找突围路径。

[①] 施韦泽. 敬畏生命[M]. 陈泽环，译. 上海：上海人民出版社，2017：16—17.
[②] 施韦泽. 敬畏生命[M]. 陈泽环，译. 上海：上海人民出版社，2017：7.
[③] 施韦泽. 敬畏生命[M]. 陈泽环，译. 上海：上海人民出版社，2017：27.

全景德育，是以大视角、全景致的思路思考德育内容、开展德育活动、提高德育成效。"大视角"包括时空两个方面：一是在时间上既兼顾学生的过去、现在与将来，也融汇国家、民族和人类的发展历史、现实与未来，德育内容的建构既对学生的过去和社会历史负责，也对学生和社会的今天负责，更对学生和社会的未来负责，确保时间上的大视角；二是在空间上兼顾个体、家庭、学校、社群、社会、国家、全球等地域和范围，凡是学生可能涉足的地方，都是德育内容不可忽视的地方，确保空间上的大视角。综合时空两个大视角，全景德育以系统化的思维，深度挖掘影响德育效果的不同要素，充分发挥不同要素的不同功能，以全要素、多层次推进德育活动，确保德育内容与形式的大视角。全景致，是以学生生命的优质成长为圆心或主线，以360度的全方位观察视角，呵护、观察、发现、引导、修正生命，促进生命的整全发展。大视角和全景致相辅相成，大视角强调德育视野的"宽"与"远"，全景致强调生命培育的立体化、无死角，没有"宽"与"远"，就难以立体化和无死角，没有立体化和无死角，"宽"与"远"就失去了意义。

新时代是一种大视角、全景致，新时代的德育需要在大视角、全景致的德育中寻找出路。在时间上，新时代承继过去，但更重要的是通过今天面向未来，新时代的德育在时间视角上强化过去、现在和未来的延续性；在空间上，新时代既面向个体，更面向全体国民、整个国家和世界，以人类命运共同体的空间观观照全世界。全景从范围看，可以分为生命全景、生活全景、学习全景、社会全景和世界全景等；从影响德育成效的要素看，德智体美劳协同发展的程度、对解决新时代社会主要矛盾的贡献力、对培养社会主义现代化强国的建设者的价值等，决定了德育质量，这就需要学校德育以培养合格或优秀的建设社会主义现代化强国的时代新人为参照系，全景致呵护和培育学生的美好德性，提高学生的政治素质与道德品质。

全景德育是促进个体和群体生命全面进化的德育。"进化基本上是一种任务艰巨的、多方面的学习过程，它的总结果不是目标自定的启发过程，而是一个开放的学习过程。"[1]生命进化的成败和成效，取决于德育的开放质量及其面对的生活全景或生命全景的复杂程度，只有在复杂的生活全景或生命全景中锻造生命，生命才会显得

---

[1] 詹奇.自组织的宇宙观[M].曾国屏，等译.北京：中国社会科学出版社，1992：227.

更有意义，其破碎的价值才会逐渐得以弥合。约瑟夫·拉兹认为："人类生命根本就不是内在地和无条件地有价值……人们的生命既可以充满价值，也可以没有价值。它可以是坏的，只具有负价值。一个人生命的价值是由其活动、人际关系和经验，简言之，就是其生活内容的价值来决定的。"[①]人的价值是在自己的生活内容和生活关系中创造出来的，不同的生活内容、交往圈层、生命展开的方式等，构成了不同的生命全景、生活全景、社会全景或世界全景，因而会产生出不同的价值。

新时代的德育，就是促进学生个体成长的生命全景与新时代发展所需的生活全景、社会全景、世界全景等相互转换、螺旋循环的过程，这一过程构成了新时代德育动态发展的全景，这一全景包含的内容及其动态演化的过程，可以用"为天地立心，为生民立命，为往圣继绝学，为万世开太平"来描绘。为天地立心，描绘了生命个体在天地间的成长全景；为生民立命，描绘了人类群体共生的社会全景；为往圣继绝学，描绘了持续超越的学习全景；为万世开太平，描绘了平衡和谐、涌动不止的世界全景，个体生命、群体发展、持续学习与和谐世界，构成了生命成长的全景图。学校德育只有全面把握这些全景的育人要素，建构新时代学校德育的内容与实施体系，才能真正走出新时代的德育困境，培养出高质量的建设社会主义现代化强国的时代新人。

（一）立心——走向个体成长的生命全景

学校德育首先面对的是生命个体，走向全景德育的第一步，是在学生个体成长的生命全景中培育健全或整全的个体生命，使每一位学生都成为整全的人。

使每一位学生都成为生命整全的人，亦即张载所说的"为天地立心"。天地本无心，人为其立之；换言之，人乃天地之心，没有人，天地也就没有了心。"立心"，是对天地间个体生命的尊重；"为天地立心"，是对个体生命质量的热切呼唤：只有健全之人，才能为天地立健全、安好之心。何为健全之人？健全即整全，只有让生命不断走向整全，个体生命才会在日臻完善中不断呈现出健全的形态与实质。

当个体生命显现出健全的形态与实质时，就具有了全人的特征。在许多人看来，健全和整全的人就是全人。小原国芳认为，理想的人必须是全人。他眼中的全人，是

[①] 拉兹. 价值、尊重和依系[M]. 蔡蓁, 译. 北京：商务印书馆, 2016：72—73.

在学问、道德、艺术、宗教、身体、生活六个方面都得到了协调发展的人。他认为学问的理想为"真",道德的理想为"善",艺术的理想为"美",宗教的理想为"圣",身体的理想为"健",生活的理想为"富",健全或整全的人能在创造真、善、美、圣、健、富六项价值的过程中日臻完善,不断成为真正的全人。

"立心",就是"立全人";"为天地立心",就是利用天地宇宙的生命全景培育日臻完善的全人。新时代的学校德育,应顺应天地发展大势,遵循新时代天地发展显现出的新特征,特别是全球面临的巨大挑战与重大现实问题,思考在新时代的天地间应立怎样的健全之心、育怎样的整全之人,以此确立德育的目标和内容,才能为新时代的天地立心,为新时代的发展育全人。

为新时代的发展育全人,首先要走进个体成长的生命全景,培育学生全面发展的素质结构。新时代学生全面发展的素质结构主要包括三方面内容:一是主动提升学习能力的素质,二是积极丰富和扩大学习圈的意识与能力,三是增厚自身潜能与拓宽发展空间的素质。第一种素质是成为全人的先决条件,第二种素质是生命逐步走向整全的关键,第三种素质决定了学生的未来发展前景。

培育新时代的全人,优化学生全面发展的素质结构,需要着力克服马克思和恩格斯所说的现代社会中人的片面发展和畸形发展问题。

"马克思看到资本主义社会内部分工的特点,在于它产生了特长和专业,同时也产生了职业的痴呆,产生了人们某种智力上和身体上的畸形化。脑力劳动和体力劳动的对立,使得一部分人只运用体力而另一部分人只运用脑力;城乡的对立,把一部分人变成受局限的'乡村动物',而把另一部分人变成受局限的'城市动物'。总之,每个人都只能发展自己能力的一方面而偏废了其他各方面,只熟悉整个生产中的某一个部分或者某一个部门的一部分。"[①]

职业痴呆、乡村动物、城市动物、发展畸形……个体的健康生命和社会发展都受到了极大的扭曲,扭曲的背后是人的片面发展。马克思和恩格斯指出,只有促进人的全面发展,才能改变这种扭曲状况。

走向个体成长的生命全景,就是走进学生全面发展的实质内核。许崇正、杨鲜

---

① 袁贵仁. 人的哲学思考 [M]. 郑州:河南人民出版社,1994:567.

兰等认为，马克思、恩格斯所说的全面发展具有四层含义："第一个层次，即是最基本的层次，是指人能够适应不同的劳动需求，把不同的社会职能当作互相交替的活动方式……由此，进一步引申到它的第二个层次，即在交替变换的职能中，人的先天和后天的各种能力得到了自由的发展……第一、第二个层次，基本上是从具体形态——全面发展的个人的形态上说的。这个定义的第三个层次即第三层含义则是指社会全体成员的才能得到全面发展，是从广阔的意义（形态）上说的……这个定义的第四个层次，是由前三个层次的进一步引申而来的，是指个体和社会的和谐统一发展。"①进一步讲，人的全面发展既包括个体素质的多方面发展，也包括所有生命的共同发展，还包括个体生命与社会生命的互动发展。在不同层次的全面发展中，个体生命的健全发展居于首位。在马克思和恩格斯看来，个体生命的健全或整全发展既包括多种素质的发展，也包括潜能的开发和释放。马斯洛则认为全人的生命图景应具备如下特征："对现实清晰、迅速的把握；经验的开放性；人格高度的协调性、完整性和统一性；高度的自发性、表现性、效率和活力；真实的自我，充分的自我接受，自主性和独立性；高度的客观性，公正和自我超越；创造性的发现；具有融合具体性和抽象性、初级认识加工和次级认识加工等的能力；民主的性格结构；爱的能力；等等。"②

马克思、恩格斯、马斯洛等人所说的全面发展，其内核与我国提出的"五育并举"大致相当，全面发展是德智体美劳的协调发展，全人是德智体美劳协调发展的人，走进个体成长的生命全景，就是培育德智体美劳协调发展的全人。

但是，全面发展不是德智体美劳的平均发展，正如刘铁芳教授所说："人的全面发展包含着人的素质的多方面发展，但其并不等于人的素质的全面发展。人的全面发展的核心乃是人是目的。换言之，人的全面发展的根本意义乃在于人自身潜能与价值的实现。一旦把人的全面发展等同于人的素质的全面发展，这种素质就可能背离人自身作为目的性的存在，反而沦为实现人的某种素质发展的工具。单纯强调人的素质的全面发展，很容易把人的发展变成一个静态的、机械的诸种素质综合训练的存在，进而把人变成诸种素质训练的工具"③。全面发展不是素质的所有方面都得到均衡发

---

① 许崇正，杨鲜兰. 生态文明与人的发展 [M]. 北京：中国财政经济出版社，2011：58—59.
② 马斯洛. 人类价值新论 [M]. 胡万福，谢小庆，王丽，等译. 石家庄：河北人民出版社，1988：28.
③ 刘铁芳. 追寻生命的整全：个体成人的教育哲学阐释 [M]. 北京：高等教育出版社，2017：21.

展,而是上述三方面的素质结构得到了发展,只有这样的发展,才能把"人"作为目的,才能让人的素质为个体生命实现自身价值服务,才能培育出合格的新时代全人,为新时代立健全之心。

走向个体成长的生命全景,是培育个体日臻完善的生命。联合国教科文组织在《学会生存——教育世界的今天和明天》中倡议:"人类发展的目的在于使人日臻完善;使他的人格丰富多彩,表达方式复杂多样;使他作为一个人,作为一个家庭和社会的成员,作为一个公民和生产者、技术发明者和有创造性的理想家,来承担各种不同的责任。"①日臻完善的过程,就是个体生命不断走向健全和整全的过程。刘铁芳教授从"整全生命"的角度对联合国教科文组织的这段话作了如下阐释:"这段话可谓清晰地表达了作为社会发展与教育实践的根本主体的人之要义——'使人臻于完善',其意义就是个体发展臻于整全性;'人格丰富多彩'与'表达方式复杂多样'是个体发展整全性的具体化,前者传达的是人格的理想状态,后者传达的是人格的现实形态;个体'作为一个人,作为一个家庭和社会的成员,作为一个公民和生产者、技术发明者和有创造性的思想家',乃是个体人格之显示状态的表达形式的具体化,这种具体化体现为三个层面,首先是作为一个人,也即个体首先作为一个独立、健全的个人;其次是人的社会身份,其作为家庭与社会的成员;最后是强调人的社会实践方式与社会责任。"②

刘铁芳教授从上述话语中读出了联合国教科文组织对整全生命的期盼,从不同层面对整全生命的理想状态、表现形式、存在样态等进行了解读,为了更明确地解释生命"整全"的内涵与日臻完善的路径,他继续阐释道:"换言之,第一,人的整全性首先是一种理想的人格状态;第二,这种状态不是在离群索居中实现的,而是始终置于社会之中,由此而凸显个体人格理想的社会性;第三,个体人格理想的社会性不是一种静态的标签,而是一种实践方式,是一种真实而生动的生命实践样式,由此而凸显人之整全性路径的实践性。"③

---

① 联合国教科文组织国际教育发展委员会.学会生存:教育世界的今天和明天[M].华东师范大学比较教育研究所,译.北京:教育科学出版社,2011:2.
② 刘铁芳.追寻生命的整全:个体成人的教育哲学阐释[M].北京:高等教育出版社,2017:14.
③ 刘铁芳.追寻生命的整全:个体成人的教育哲学阐释[M].北京:高等教育出版社,2017:14.

真正的整全生命是与社会需要相匹配的生命，整全生命是在成长过程中不断趋于完善的生命。日臻完善的个体与社会生命，构成了个体成长的动态的生命全景。解读这一生命全景，既需要我们从社会的整体视野中读懂个体生命整全发展的内涵，也需要我们以动态发展的视角分析生命全景的过去、现在与未来。刘铁芳教授对此作了如下阐释："人的发展在任何时候都是活生生的、完整的人的发展，绝非诸种素质的静态堆积，人的全面发展教育乃是彼此和谐、整体发展的教育。这意味着我们的全面发展教育实践需要立足于个体发展的整体视野，那种'只见树木不见森林'的教育实践，其结果是让个体成为诸种素质训练的对象，而不是作为活生生的、完整的人的发展。与此同时，不同阶段的教育实践，同一阶段的不同教育活动，都有着各自的特定目标与内容体系，这意味着我们既要立足于不同阶段、不同教育形式的特定目标，又要超越各自的目标，达到对个体发展之整体性目标的认识。"①

个体成长的生命全景，是个体生命日臻完善的成长风景线；走向个体成长的生命全景，就是在大视角、全景致中培育新时代的全人。走进这一风景线，就是在时空交互的生命全景中培育整全的生命：个体的健全生命、呵护个体生命整全发展的成长环境，横向展开了生命全景图；过去、现在和未来，构成了生命全景的纵向展开线，"生命都是过去、现在与未来相统一的整体，要培育健全的生命同样需要自我生命'从过去透过现在直达未来'，也即需要孕育个体生命发展过程前后通达的力量，由此而开启个体生命积极生长、自我创造、日益精进的可能性"②。只有纵横交织，在空间和时间的重构中，形成建设社会主义现代化强国的时代新人成长的全景图，学校德育才能培养出符合新时代要求的全人。

（二）立命——走向群体共生的社会全景

新时代的整全生命，不只是全面发展的生命个体；新时代个体成长的生命全景，是由一个个鲜活的个体生命构成的，这些生命相互扶持和交融，构成了群体共生、持续共进的社会全景。新时代的学校德育在构织了全人生命图景、培育了个体的整全生命之后，必须走出"个体整全"的小圈子，树立"为生民立命"的情怀，关注其他生

---

① 刘铁芳. 追寻生命的整全：个体成人的教育哲学阐释[M]. 北京：高等教育出版社，2017：18.
② 刘铁芳. 追寻生命的整全：个体成人的教育哲学阐释[M]. 北京：高等教育出版社，2017：18.

命体的成败兴衰，与其他生命体共同起舞，才能在新时代宏阔的社会全景中促进所有生命的整全发展。刘铁芳教授在《走向整全的人：个体成长与教育的内在秩序》中谈道："每个人都离不开他人，我们总是在感受他人的过程中丰富、建构着自我成人的内涵，他人乃是个体理解、建构自我的基本依据，他人构成个体成人之人的视域。换言之，正是个体对他人之为人的亲近、感受、理解建构着一个人的属人性。"①

他人的发展是自我成长的参照系，没有成全他人的整全生命，就难有自我生命的整全。"立命"，是树立生命的意识、保全生命的样态、成全生命的发展、成就生命的整全；"为生民立命"，是为了民众生命的整全而殚精竭虑、全力以赴，为他人的生命留空间，为他人的发展铺轨道，在成就他人中成就自己，这就是"为生民立命"的本意。

"立命"，是从个体生命走向群体生命的过程，是在社会全景中成就每一个生命，并促进所有生命不断共生的过程。新时代的学校德育走向群体共生的社会全景，就是在新时代的社会发展这一大背景下，从个体的整全生命所需要的美好生活、群体共生能够创造的美好生活、整全生命的发展需要与社会现实之间的差距等大视角，全景致观察个体的整全生命和群体整全生命的发展需要怎样的社会生活，缺少哪些"美好"的元素，如何弥补个体整全生命、群体共生与社会发展之间的差距等，据此确立德育内容与形式，才能在走向社会全景的过程中，培育学生群体共生、相互依系的意识与能力。

走向群体共生的社会全景，要提高学生创造社会价值的能力。整全的生命个体首先要丰富和实现自我价值，但"人的自我价值并不是一个抽象孤立的体系，而是人的社会价值在他自己身上的现实反映。也就是说，个体对自己的价值如何，实际上往往在于他的社会价值如何；因此他表现出什么样的社会价值，也就有什么样的实际自我价值，这两者常常是一回事"②。在群体共生的社会全景中，学校德育应引导学生在创造新时代的社会价值中提升自我价值，因为"评价和衡量人的生命价值的尺度，首先应该是人们所创造的社会价值的多少"③，只有提升了创造社会价值的能力，自我

---

① 刘铁芳. 走向整全的人：个体成长与教育的内在秩序 [J]. 教育研究，2017（5）：33—42.
② 李德顺. 价值论——一种主体性的研究 [M]. 北京：中国人民大学出版社，2013：109.
③ 齐振海，袁贵仁. 人的价值问题探索 [M]. 北京：教育科学出版社，1995：111.

的整全生命才能"从'小我'向'大我'升腾"①，才能以时代之睿智、以天下之情怀"为生民立命"。

走向群体共生的社会全景，还必须引导学生提高建构和拓展价值关系的能力。"群体"是一个范围，"共生"是一种关系，"群体共生"的范围和关系构成了社会全景的基本图样，确定这一图样厚度与宽度的决定性力量，是群体间的价值关系与价值共生能力。李德顺先生为此提出了如下主张："我们看到的现实中，人的价值关系就表现为一个无限展开的、立体的交叉网络；每一个个人、家庭、集体、阶级、民族、国家等都在这个网上占有一个或大或小的位置，他都同其他个体形成主客体关系，自己既是一定价值的主体，又是一定价值的客体；具体的价值关系把他同四面八方上下左右的其他个体联系起来，彼此需要或不需要，一致或不一致，他以各种方式感受和评价别人的价值，并提供自己的价值。这就是人类社会的价值关系之网。任何人的价值，都是在这个关系网中形成的，都在这个关系网中才能确定。"②

学生如果缺乏建构和拓展价值关系网络的能力，就不能把自我培育成整全的生命，更难以创造出具有重大意义的社会价值。因为"仅当一个人的身份的所有方面被拥护或接受的时候，它们才在人的生活中成为一种积极的力量。它们是生活意义的来源，也是责任的来源：我的特定的责任是作为一个公民的责任、父母的责任、爱人的责任、学者的责任，它们是具有规定性的，因为它们是我们的完整性的一部分，我们必须真实地面对我们是谁，即使当我们试图改变的时候也要如此"③。身份的丰富与身份的认同，是在价值关系的建构与实现中完成的；"为生民立命"的实质，是在社会全景中建构或调整生命间的价值关系。缺乏价值关系建构、拓展与实现的德育内容，就难以在社会全景中培育出具有共生能力的时代新人。因此，新时代的学校德育，要引导学生在参与新时代的实践活动中，"不断摆脱自身利己主义封闭性的某个方面，通过深入了解价值关系建构中异己之群体或对个人生命利益的超越，扩展其生命；在这一过程中，主体把异己之群体的利益和超出一己利益之外的利益当作自身利

---

① 李德顺. 新价值论 [M]. 昆明：云南人民出版社，2004：178.
② 李德顺. 新价值论 [M]. 昆明：云南人民出版社，2004：132.
③ 拉兹. 价值、尊重和依系 [M]. 蔡蓁，译. 北京：商务印书馆，2016：22.

益，与此同时，锻炼自身向无所不包之生命升华所必需的能力"①，帮助学生在群体共生的社会全景中实现"立命"与"立心"的统整。

要提高学生丰富、拓展和提升价值网络的能力，需要在新时代的学校德育中推进关系型教育。关系型教育是格根提出来的教育概念，他认为："教育的基本目标是增进参与关系过程（从当地到全球）的潜能……教育的目标不再是生产'独立自主的思考者'——这种人只有神话里才能看到——而是促进某种关系的进程。后者最终能够促进更大范围内关系的持续流动和扩展。"②社会全景是一种关系性全景，在社会全景中培育学生的群体共生意识与能力，将逐步突破"公地悲剧"和全景割裂的德育困境。要在价值网络的拓展中建构新时代的德育全景，格根建议应不断从以下方面拓展关系型教育："如果关系在教育过程中优先于个体，那么会怎样？首先，关注的焦点将被导向师生关系以及同学关系。哪些人参与了这些关系？是以何种方式参与的？最终人们会发现，这些关系的性质要比当前学习的内容（主题）更有意义。其次，我们要超越课堂，应该让教师和学生所处的关系网发声。课堂与环境的关系也应该由地方扩展到全球背景。理想的课堂应该聚焦于全球关注的问题。最后，还要考虑未来的关系，学生需要具备哪些技能才能进入全球化生活不可或缺的关系之中，尤其是当需要进入那些主要的社区实践时。"③

促进群体共生的过程，就是关系网络不断扩展的过程。"为生民立命"，就是在更大范围内融入关系网络，建构社会全景。在格根看来，"有效的关系教育必须促进学生在参与家庭、社区、政治进程、艺术、多样化的文化传统及自然等方面的潜能"④，才能在学校德育中"以个体为圆心"转向"以关系为圆心"，提高学生融入新时代并为新时代创造更大社会价值的能力。

（三）继绝学——走向持续超越的学习全景

生命全景和生活全景的持续建构需要学习全景来支撑。新时代德育要走出现代化贫困，除了在整全生命的全景中把个体培育成全人，在关系型教育中优化社会全景的

---

① 洛斯基.存在与价值[M].张雅平，译.上海：华东师范大学出版社，2015：113.
② 格根.关系性存在：超越自我与共同体[M].杨莉萍，译.上海：上海教育出版社，2017：252—253.
③ 格根.关系性存在：超越自我与共同体[M].杨莉萍，译.上海：上海教育出版社，2017：253.
④ 格根.关系性存在：超越自我与共同体[M].杨莉萍，译.上海：上海教育出版社，2017：253.

价值关系网络，还需要引导学生在持续超越的学习全景中不断发展自我，提高自我的整全程度与全体生命的共生质量。

学习全景，是以大视角和全景致的思想、思路与方法看待和处理学习活动及其对整全生命、群体共生等的发展质量的影响等问题。德育的过程也是推进学习的过程，没有大视角、全景致的学习，就难以引导学生涵养出适应新时代的美好德性。学习全景中的大视角也包括时空两个方面。在时间维度上，学习的大视角首先体现在"为往圣继绝学"上。"学习是生命之流的复杂交织过程。苏格拉底和摩西、耶稣和佛陀、牛顿和哥白尼都不仅是在我们之前存在过；他们的影响通过千百万热爱和传扬他们的不知名姓的人传到了现在。这种穿越历史时空的传播经过重构而存在于我们的文化中。有时我们把过去看作一具僵尸，以为死了的东西就只留下一些记忆和幻影，但如果生命是不断向前的'流'，事情便不是这样了，因为是过去孕育了我们。我们今天的生命乃是过去的生命累积到今天的体现。借用法律用语来说，我们既是祖先遗嘱的执行者，也是其受益者。这些遗嘱中的意愿超越了祖先个体的存在而传了下来。我们完全应该有这样的意愿——我们要让祖先留下来的家业再传下去。用自然中的一个意象来说，我们有一个根，我们应该再结出果实。"[①]

绝学，是个体成长和群体共生的根，学习全景必须从根部出发，向前向上向下延伸，才能成就"将在的今天"和"今天的将在"。往圣的绝学流淌到现在，并朝着未来的方向日夜奔腾，形成了源源不断的绝学滋养流，格根将其称为学习中的"关系流"。他认为，关系的流动需要关注行动的一致性与行动目的的敏感性，一是对对方行动的回应，一是对前一个行动的补充与扩展，才能构成流动的学习关系。继绝学的过程，就是今人对往圣行动的回应，对往圣行为与思想的扩展、补充的过程，这一过程构成了从过去通向现在并流向未来的学习关系流。学习者在这样的学习关系流中被构造、被发展，美好的德性被滋养，这种关系的无限延伸，形成了一种流动的学习全景和无限的未来发展可能性，以这种可能性思考和处理德育问题，就构成了德育学习时间上的大视角。

在空间维度上，学习全景主要体现在不断向外拓展的学习圈层上。格根认为，人

---

① 罗尔斯顿.哲学走向荒野[M].刘耳，叶平，译.长春：吉林人民出版社，2000：107—108.

的学习过程，就是不断扩大与融合学习圈层的过程，"让我们把学生参与其中的每一个关系视作一个关系圈。于是，在进入课堂的学生身上镌刻着同母亲、父亲、兄弟姐妹、朋友等多重关系。要知道，每一个像这样的关系圈都富含教育意义。也就是说，参与任何一种关系都会给个人在关系的能力、敏感性、技巧等方面以提高。每一个关系圈都会在个体身上培养一种与他人相处的方式，都会支持某种讲话的方式、某种价值观、对某些事物的恐惧或热情，等等"[①]。有效的学习除了融合师生圈，还要不断扩大、融合同学关系圈、学校与社区关系圈、国家与全球关系圈等。"学校的围墙对人产生误导，让人觉得学校与周围环境是相互隔离的，教育的成功似乎只是围墙之内发生的事"[②]，这样的学习全景无法培养出建设社会主义现代化强国的时代新人。

新时代的学校德育要建构持续超越的学习全景，既要关注时间的流动，也要关注空间的拓展，遵循时空关系的要求促进关系性学习，在关系性学习中建构学习全景。关系性学习是关系型教育的一种表现方式，是基于关系视角考察、设计和展开的一种学习方式。这种学习方式是通过学习者内部、学习者与他人之间的不同关系建构学习世界，以此提高个体学习质量的，而不是通过学习者个体在某一特定时段的完美发展来建构学习世界的。关系性学习的思维起点是学习关系而不是静止的、孤立的学习个体，关系性学习的设计和展开是从学习者所处的各种关系入手，把改善和优化学习中的不同关系作为提高学习质量的保障条件。关系性学习强调学习个体的实质性参与，注重提高学习者的"参与性思维"和"行动着的思维"。巴赫金认为，只有全力参与，个体才能介入发生着的事件中，才能在事件中学习和提高。

如何介入这种事件呢？巴赫金主张，要用"参与性思维"。在他那里，"参与性"这个概念是人对世界的一种态度和在世界中的生存方式。人生活在世界整体中，要进行一系列行为，介入到各种事件中。究竟什么是"参与性思维"呢？"参与性思维"是一种"行动着的思维"。巴赫金说："我以自己的全部生活实现着行为，而每个单独的行为和体验都是我生活即一连串的行为过程的一个方面。"[③]

用富含感情的行为参与到学习关系中，学习者才能在时间上融入学习的关系流，

[①] 格根.关系性存在：超越自我与共同体[M].杨莉萍，译.上海：上海教育出版社，2017：255.
[②] 格根.关系性存在：超越自我与共同体[M].杨莉萍，译.上海：上海教育出版社，2017：270.
[③] 转引自 朱小曼，杨桂清.关于负责任的道德主体如何成长的一种哲学阐释[J].全球教育展望，2011（2）：43—50.

在空间上整合不同的学习圈，在一定的关系情境中相互补充，在丰富学习形式与内容的过程中改变着彼此的学习意义；才能把学习中的每一次碰撞都看成一个能够相互补充的开放性场域，都具有意义生发的可能性，这样的学习全景才具有真正的育人力量。

在关系性学习中走向持续超越的学习情境，需要引导学生发展整体性视野。"所谓整体性视野，乃是着眼整体而观照部分、统揽全局而呼应局部的兼容视野和辩证思维。整体性视野具有融通与整合的鲜明特征，它与对立、割裂、片面相对应。"[①]只有以整体性视野善待学习关系，建构学习全景，学生才能在民族与世界构织的学习全景中提升应对新时代挑战的品格，才能如拉兹所说，"无论是个体还是作为一个种族，我们通过超越特殊和转向普遍而成熟起来；当我们，既作为个体也作为种族成长起来时，我们的视野拓宽了，理解了世界的更多方面，并更好地理解了我们在这个世界上的处境"[②]。我们只有了解了在这个世界上的处境，并着力提高与之相应的品格，才可能成为建设社会主义现代化强国的时代新人。

（四）开太平——走向平衡和谐的世界全景

"立心"，旨在培养整全的生命个体；"立命"，旨在建构互生共进的生命群体；"继绝学"，则为个体和群体的生命发展提供支撑；"开太平"，是在持续超越的基础上发展出来的全球品格。培育整全的生命个体与群体，提升关系性学习能力与全球品格，构成了新时代学校德育的主要内容，要落实这些内容，需要不断建构和完善走向生命全景、社会全景、学习全景和世界全景的路径。

世界全景，是以大视角、全景致的思想、思维和思路观察、看待和处理全球性问题，世界发展的历史、现实与未来对不同国家特别是中国未来发展的影响，以及这些影响对新时代德育的挑战等，构成了世界全景的主体内容。"当前人类已经进入到一个全球供应链的时代。连接，这是当今世界强大的一股力量，主导未来全球版图的是一条条表示连接的供应链。与世界进行连接的能力，将是国家和个人重要的竞争

---

① 冯秀军. 论思想政治教育的整体性视野 [J]. 教育研究, 2017 (8): 43—48.
② 拉兹. 价值、尊重和依系 [M]. 蔡蓁, 译. 北京: 商务印书馆, 2016: 13.

力。"①特别是在全球化与反全球化、霸权国家与崛起大国、单边主义与多边主义等矛盾不断升级和日益复杂化的世界大变局中,树立在世界全景中培育学生平衡和谐的发展意识与"为万世开太平"的博大胸襟,具有非常重要的意义。

习近平总书记于2013年4月21日在致清华大学苏世民学者项目启动的贺信中指出:"今天的世界是各国共同组成的命运共同体。战胜人类发展面临的各种挑战,需要各国人民同舟共济、携手努力。教育应该顺此大势,通过更加密切的互动交流,促进对人类各种知识和文化的认知,对各民族现实奋斗和未来愿景的体认,以促进各国学生增进相互了解、树立世界眼光、激发创新灵感,确立为人类和平与发展贡献智慧和力量的远大志向。"②

"党的十九大要求把中国人民的利益同各国人民的共同利益高度结合,赋予了中国特色社会主义更加深刻的世界意义,彰显了中国共产党的国际情怀与全球担当,反映了中国特色社会主义的价值追求"③。这种价值追求要求新时代的学校德育统筹好国际国内两个大局,引导学生"以世界情怀和全球担当开阔眼界、拓宽思路,努力成为构建人类命运共同体的实践者、贡献者和先行者"④,站在新的历史方位上建构出符合新时代的德育内容,因为"这个新时代是属于中国的,是全体中华儿女勠力同心、奋力实现中华民族伟大复兴中国梦的时代;这个新时代也是属于世界的,是中国日益走近世界舞台中央、不断为人类做出更大贡献的时代。当今的世界,已经不只是一个互相联系的世界,而且已经是一个互相依存的世界。国际和国内的这些深刻变化就是教育对外开放所处的'时'和'势'。我们的思想观念政策举措都要顺此大势,不能'身子进入新时代、脑袋不入新时代'"⑤。

新时代的学校德育要走向平衡和谐的世界全景,需要引导学生建立自我生命、团队生命与世界之间的依系关系。"我们对世界的依系使整个世界变得有意义"⑥,也使我们自己变得更有价值。中国文化中的"世界大同,天下一家""以和为贵,和而不

---

① 许正中.全球产业链深刻变化的中国战略[N].学习时报,2019-10-18(02).
② 教育部课题组.深入学习习近平关于教育的重要论述[M].北京:人民出版社,2019:253.
③ 教育部课题组.深入学习习近平关于教育的重要论述[M].北京:人民出版社,2019:257.
④ 教育部课题组.深入学习习近平关于教育的重要论述[M].北京:人民出版社,2019:258.
⑤ 教育部课题组.深入学习习近平关于教育的重要论述[M].北京:人民出版社,2019:258.
⑥ 拉兹.价值、尊重和依系[M].蔡蓁,译.北京:商务印书馆,2016:15.

同""天下为公，万国咸宁""以义为先，义利并举""天人合一，道法自然"等，都体现了人与世界、自然的依系关系，这种依系既让彼此的生命都变得珍贵，也使群体共生获得了内在的力量。正如施韦泽所说："世界不仅是过程，而且是生命。对于我所接触的世界生命，我不仅应该承受它，更应该对它有所作为。由于对生命的贡献，我就实现了一种充满意义的、以世界为目标的行为。现实的、充满生命的世界概念取代无生命的世界概念。"[①]在世界全景中建立生命个体与世界的依系关系，才能让个体的生命在更大范围内变得整全，让群体共生的视野更加开阔，让世界本身充满生命的质感与无限生机，只有以这样的大视角和全景致看待自我、群体与世界，才能为建设社会主义现代化强国奠定品格基础。

要建立这样的依系关系，需要在新时代的德育内容中增加全球胜任力的培养内容。经济合作与发展组织（OECD）认为："全球胜任力是分析当地、全球和跨文化议题的能力，是理解与欣赏他人视角和世界观的能力，是与不同文化背景者进行开放、得体、有效互动的能力，是为集体福祉和可持续发展采取行动的能力。"[②]这种能力主要表现为分析具有当地、全球和跨文化重要意义的议题，理解与欣赏他人的视角和世界观，进行开放、得体、有效的跨文化互动，为集体福祉和可持续发展采取行动四个维度的能力，这些能力是维护世界平衡和谐的关键能力。新时代的学校德育融入这四种能力的培养，既有利于学生清楚地认识这个世界，也有利于学生树立全球发展的主人翁意识，更有利于学生在世界全景中承担起新时代的建设使命。

---

① 施韦泽. 敬畏生命 [M]. 陈泽环，译. 上海：上海人民出版社，2017：108.
② 经济合作与发展组织. 未来世界青少年行动指南 [M]. 胡敏，郝福合，译. 北京：北京师范大学出版社，2019：8.

第二章
新时代的全景德育是什么

道德地图实际上是人内心中的一张自己生活世界的伦理格局图……随着人的"在世"轨迹的形成，人的道德地图上的地标不断增加和减少，疆域不断收缩与扩张，路线不断模糊与清晰。

——孙彩平

学校德育的过程，也是引导学生绘制道德地图的过程。从建构主义视角出发，道德地图是一个"主体与载体相互建构的过程"[①]，就学校德育而言，道德地图的主体是广大学生，其载体对应学生的生活世界，因而，道德地图的生成与开放，也是学生通过与生活实践的不断交互以扩展自身生活圈的过程。生活圈的完整度，决定着道德地图的质量水平与实用程度，具备高完整度的学生生活圈，又被称为学生成长的生活全景。新时代的学校德育，唯有以新时代的生活全景为参照，建构新时代的德育全景，才能走出单向度育德的困境；唯有基于学生成长的生活全景，绘制高质量的道德地图，才能提高德育实效，在"立心""立命""继绝学""开太平"的多维度全景中走向全景德育，培育出建设社会主义现代化强国的时代新人。

一、新时代全景德育的时代蕴含与改革攻坚

德育为首，充分凸显了德育在学校全局工作中的重要地位，是学校实现立德树人的关键所在。深化学校的德育工作，提升学生的道德水平，是提升学校办学质量的必然举措，更是促进学生德智体美劳全面发展的必然要求。但长期以来，学校德育都面临着诸多困境，德育低效已严重影响部分学校立德树人目标的实现。

（一）时代蕴含："五育并举"与优质育人的"全景"旨趣

新时代，新征程。面对新时代新方位的历史背景，中学作为道德教育的重要场所，要想落实立德树人的根本任务，必须紧跟时代步伐，不断推进理论创新和实践创新，增强中学德育工作的时代性、科学性和实效性。

1. 五育并举：生命全景与社会全景的交相呼应

教育是国之大计、党之大计，培养什么样的人是教育的首要问题。习近平总书记

---

① 孙彩平. 道德教育的空间思维 [J]. 教育研究，2018（6）：33—40.

在全国教育大会上明确指出,要坚持中国特色社会主义教育发展道路,培养德智体美劳全面发展的社会主义建设者和接班人。培养社会主义建设者和接班人,一方面必须牢牢把握社会主义办学方向,在坚持方向上铭记初心;另一方面必须切实聚焦落实教育的根本任务,在立德树人中践行使命。中学要落实立德树人的根本任务,培养更多社会主义建设者和接班人,就要努力构建德智体美劳全面发展的教育体系,做到五育并举,缺一不可。

2019年7月,《中共中央国务院关于深化教育教学改革全面提高义务教育质量的意见》(以下简称《意见》)印发,这是中共中央、国务院印发的第一个聚焦义务教育阶段教育教学改革的重要文件,是新时代我国深化教育教学改革、全面提高义务教育质量的纲领性文件。《意见》强调,坚持以习近平新时代中国特色社会主义思想为指导,全面贯彻党的教育方针,落实立德树人根本任务,树立科学的教育质量观念,坚持德育为先、全面发展、面向全体、知行合一,培养德智体美劳全面发展的社会主义建设者和接班人。

但长期以来,受传统"应试教育"思想禁锢,各地区部分学校片面追求升学率,只重智育,而忽视学生的全面发展。新时代的育人要求呼唤学校德育实效性的全面提升,在五育并举教育方针的指引下,成都金苹果锦城第一中学(简称锦城一中、锦一)着力建构现代德育生态系统,坚持"五育"并举,全面发展素质教育,建设具有学校特色的全景德育品牌,突出德育实效,提升智育水平,强化体育锻炼,增强美育熏陶,加强劳动教育,促进学生全面发展。

2. 优质育人:学校全景与世界全景的相辅相成

《关于深化教育教学改革全面提高义务教育质量的意见》指出,义务教育质量事关亿万少年儿童健康成长,事关国家发展,事关民族未来。改革开放以来,特别是党的十八大以来,在以习近平同志为核心的党中央坚强领导下,我国义务教育取得了举世瞩目的成就,整体水平已经跃居世界中上行列。进入新时代,我国义务教育正由基本均衡向优质均衡迈进,人民群众的教育需求正由"有学上"向"上好学"转变。进一步深化教育教学改革、全面提高义务教育质量,是贯彻落实全国教育大会精神的重大举措,对于加快推进教育现代化、建设教育强国、办好人民满意的教育具有十分重要的意义。

新时代，大力发展素质教育，全面提高中小学育人质量，需要学校、家庭和社会等各方面树立科学的教育质量观，需要学校不断优化育人方式，完善评价体系，强化德、体、美、劳应有地位，坚决克服唯分数、唯升学的功利化评价倾向。然而，在德育的具体实施中，不少学校存在德育价值弱化、信仰缺乏、目标平庸、内容散乱、方式单一、学生逆反、实效不高等问题，无法真正落实国家全面提升育人质量的政策要求。锦城一中针对这些问题，结合"创办世界一流中学，做好受益终身的教育"的办学愿景，制定了全景德育品牌建设战略规划，在全景德育品牌的建设中优化德育生态，提升育人质量，帮助学生全面发展。

（二）改革攻坚："全景育人"的时代诉求与单向度育德的困境

单向度育德，是在德育观念、内容、形式、载体、评价等方面，缺乏大视角与全景致的德育思维，没有站在"立心""立命""继绝学""开太平"的多维全景中落实五育并举、优质育人的时代要求。其具体表现和危害主要集中在以下几个方面：

1. 观念单维：德性生长的主体异位

随着时代的变迁和社会的进步，德育工作必然需要紧跟时代的步伐，与时俱进是德育工作者开阔视野和更新观念的表现。但由于种种原因，学校德育工作者往往难以接受新的管理观念和育人理念，认为学生就应该听从老师的，犯了错误就应该接受批评、书写检讨，这种陈旧的观念难以适应现代学校的德育工作要求。教师和学生是德育工作的两个主体，在进行德育的过程中，这两个主体缺一不可，并且是可以相互转化的。一般情况下，教师教授学生知识或者劝诫学生的思想行为方式，同时，教师也要尊重学生的主体性，相信学生的创造性。教育者与受教育者是一种互为主体的主体间性，道德滋养的主体性力量只有依靠学生，才能使道德伦理在学生的精神深处扎根。然而，现在有的学校德育管理的过程仅仅是教育者传递给受教育者一些道德行为规范的过程，没有重视德性生长的主体，即学生的主体地位。这种德育观念上的单维度，导致德性生长的主体异位，难以提升学校德育工作的实效性。

2. 内容单向：全人成长的支撑乏力

从改革开放初期到20世纪末，思想政治教育一直是我国中小学德育工作的重要内容，同时其他德育内容也在不断调整和丰富①。在大部分中学教育教学中，德育几乎是思想政治教育的同义词，这使得德育的目标仅停留在"培养社会主义建设者和接班人"这一宏观层面上，"为共产主义事业而奋斗"的内容没有联系社会生活和学生生活实际，贴近中学生实际生活的案例也不多；内容过于理论化和原则化，不能适应时代发展的要求；没有根据学生的年龄特征和心理接受能力将德育内容具体化，忽视了中学生的思想实际和心理需要，造成德育表面化、形式化甚至空洞化。这种空洞无物的德育内容，怎能引起中学生的学习兴趣？又何谈培养出新时代的具有完整人格的人？中学阶段是学生成长的第二个自我中心阶段，在此期间，学生的思想极易受到社会环境影响，因此，在这一时期的德育关键是教给学生对真、善、美的追求和辨别能力，而不是单纯教给学生空洞、抽象的知识内容。内容上的单维度，令人失去了全人发展的载体，也就失去了全人发展的可能。

3. 方式单调：德育场域的力量衰减

单向度德育背景下，很多德育工作者对学生进行德育培养时片面强调"晓之以理"的灌输，而忽视了引导学生自我完善的过程。课堂以教师为主导，教师进行填鸭式的单向灌输，学生则在考试前死记硬背，这尤其体现在中学德育教学上。课堂教学以教师讲解为主，学生缺少发言机会，即使有所谓的讨论课，也是由极少数学生发言，难以达成真正意义上的师生对话，更难以通过教学互动达到教学相长的教学效果。此外，教师开展德育主要借助德育教材、教学挂图、音像教材、教学软件等，局限于理论课堂，缺少实践操作，即使有所谓的德育实践课，德育工作者在选用德育方法时，也只是为了应付教学检查等需要"走过场"，没有实际效用，学生没有获得任何能力上的增强，方式上的单维度导致德育场域缺失。

4. 载体单薄：德育情境的生活抽离

中学德育实效性弱，学校德育脱离学生实际，一个很重要的原因就是载体过于陈旧，落后于德育实际发展变化的需要，德育载体的单维度使学校德育策略路径变得狭窄。德育的载体是多样化、多方面的，有学校给予的资源，有社会给予的资源，有家长给予的资源，有来自前人总结的资源归纳于课本中，也有教师自己多年

---

① 檀传宝，陈国清. 探索与回归：中小学德育40年历程回顾[J]. 中小学管理. 2018（12）：24.

教学工作经验的资源。德育工作人员应该经常归纳总结、分门别类，好好将这些资源利用于德育教学中，使学生和教师都充分感受到周围环境对于德育工作的重要性，丰富德育的载体。

5. 评价单一：综合素质的纸上谈兵

长期以来，德育管理的过程性目标并不明显，管理者对德育形式考虑得较多，在衡量与评价德育工作的时候，往往注重形式是否新颖，规模是否大，而忽略德育的效果。学校经常通过形式是否新颖、规模是否大来断定德育工作是否做得好，以至于中学生思想是否发生变化往往被忽视。很多时候、很多地方的中学德育管理存在着计划、制度、调控和考核脱节的现象，计划得很好，可是许多都得不到落实；考评制度脉络分明，但是具体操作又是另一回事。上到中学校长，下到普通教师，都知道德育工作十分重要，但是常常对教师的考核还是以学生的考试成绩为主，淡化了德育，这样就无法调动德育工作者的积极性。德育评价的单维度降低了学生综合素质发展的积极性。

二、新时代全景德育的实践样态

新时代全景德育的基本样态，是以促进"全人发展"为基本目的建构的学校现代德育实践生态。"全景"原是一种新兴的富媒体技术，其与传统的流媒体最大的区别是"可操作、可交互"。"全景"具有极强的真实感、整体感、立体感、鲜活感和沉浸感。把"全景"概念引入学校德育实践，其主要目的是，基于学生成长的规律和学校德育应具有的真实性、整体性与交互性，以"超大视角"建构学校的大德育实践体系，在大德育体系中优化学校的现代德育生态。

（一）一个核心：全景交互

"全景交互"指的是在德育过程中，信息发送、接受、理解、加工不仅仅是教师对学生的单向度的、线性的影响，而是师生间、生生间双向的知、情、意、行交互作用的非线性过程。新时代的学校全景德育，是以建构有利于促进学生全人成长的立体空间为主要任务，不断优化形成的具有学校特色和文化底蕴的师生道德品质与人格风范的发展场域。新时代的学校全景德育，以建构德育的"交互场域"为重要手段，形成全方位、全过程、全覆盖、全渗透的德育体系，做到人人参与、个个担当、处处渗透、德润无声，帮助学生一路成长、一路欢歌、一路收获。

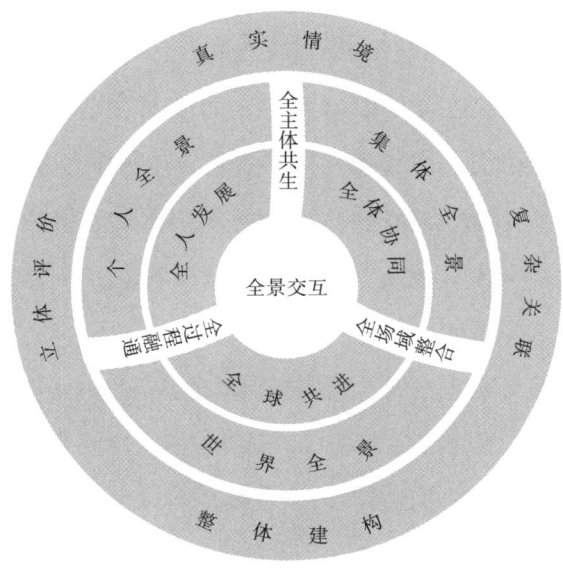

全景德育实践框架图

交互是保证教育教学质量的前提。锦城一中的全景德育以全景交互为核心，基于学生的趣味性和体验性，探索一条激发学生主动参与甚至发起学习的德育路径，其中职业研学活动是一种积极有效的探索。

职有所责，业有所精。锦一学子带着学习的智慧，根据学生发展指导课程对未来进行初步规划，躬行触梦，在更广袤的世界中，更深入地认识自我，发现自我、发展自我、让志趣变为志向，用智慧引领未来。

锦一初三学子利用暑期开展职业体验研学活动

（二）三个功能：全人发展、全体协同、全球共进

学生的发展不是支离破碎的发展，而是整体的全人式的发展。心理学研究表明，在儿童时代的任何一件事情或任何一点进步，都可能对这个人的其他方面或今后的发展带来一定影响，甚至较大影响；一个人的局部发展或衰退，可能影响整个人的发展速度与质量。因此，学生的有效发展和有价值的发展，应是全人式的发展。同时学生的发展也不是孤立的发展，任何人都生活在一个个群体中，只有融入了团队，在全体协同中才能更好地学会共处，主动承担团队责任，生成强烈的国家认同和民族自豪感。新时代的中国更加关切人类命运共同体的建设，人的发展必须放眼全球，全景德育要关注全球胜任力的培养，只有学生致力于全球共进，人类才能共享和平，享受发展给全世界人民带来的福祉。

为了实现全景德育中全人发展、全体协同、全球共进的功能目标，锦城一中建设并完善了模拟联合国课程安排与培训计划，并将学生组织起来参与到国内外顶尖模拟联合国会议中，不断提高学生的各方面的综合素养。

模拟联合国（Model United Nations）简称模联（英文简称MUN），是模仿联合国及相关的国际机构，依据其运作方式和议事原则，围绕国际上的热点问题召开会议，是基于理解、友谊、合作、学习举办的相关活动。为了保证学生能够充分地参与国内外模拟联合国会议，锦城一中拟定了最严格的培训要求，设置了最专业的培训课程。锦一MUN学术方面的要求如表2-1所示。

锦城一中现已建成属于自己的专业中学生模联教室，以大力支持模联活动，力争率先把锦一模联建设成为国内中学模联的标杆，为实现学生全人发展、全体协同、全球共进三个功能目标而奋斗。

表2-1 锦一MUN学术方面的要求

了解国际关系	了解掌握国际关系的背景知识
独立研究议题	能独立研究一个国际热点议题，找出议题中的主要矛盾点
掌握国家政策	代表一个国家时，能够了解国家国情，洞悉国家政策

表 2-1（续）

能够自信表达	在 MUN 会议自信地进行演讲和辩论，发出自己的声音
学会谈判妥协	在 MUN 磋商的环节学会谈判和妥协的技巧
形成解决方案	在会议结束时，能够与其他代表一道合作完成解决方案的制订

锦一学子参加哈佛模联会议

（三）三大内容：个人全景、集体全景、世界全景

全景德育指向受教育者以全人发展、全体协同、全球共进的目标立体式地完整发展，全景德育的内容体系就必然要指向学生的个人综合素质、集体意识和全球视野与胜任力。个人全景主要指向学生的德智体美劳的全面发展，不可取其一而舍其余。集体全景指向学生的团队责任、国家认同感和民族自信，发展学生的社会适应能力，培养学生的爱国主义精神。个人和社会若要赢得未来，学校需培养当代学生，使之具备全球胜任力。世界全景就是指向学生全球胜任力的培养，包括探究世界、尊重多元、文化互动、主动参与等素养，提升学生在全球经济中的就业能力、在多元文化社会中合作生活的能力，以及实现联合国可持续发展目标所必需的领导力。

当今世界正处于广泛交流合作，信息资源全球化、多元化和网络化的大发展阶段。为了拓展本校学生的成长视野，为他们提供更丰富的获取专业知识的平台，稳固及升华学生的各方面综合素质能力，实现个人全景、集体全景、世界全景的发展，锦城一中开办了极具特色的"全人讲堂"德育课程。

2018年12月4日,锦城一中"全人讲堂"迎来了他们的第一位开讲嘉宾——清华大学人文学院历史系(思想文化研究所)教授、博士生导师彭林。长达2小时的讲座上,同学们聚精会神,收获满满。

彭林教授在锦一的"全人讲堂"

主讲嘉宾周涛教授则从未来社会人们需要具备哪些能力、如何培养这些能力两大方面进行讲解。他的讲座内容紧贴时代热点和学生生活,语言风趣幽默,赢得了学生们的阵阵掌声。

"大数据少帅"周涛博士解答"如何才能不被未来遗弃"

电子科技大学信息与通信工程学院教授、博士生导师龚耀寰教授从"雷达"出现的历史讲起,引经据典,从美国的通信测试受到飞机干扰,讲到第二次世界大战英国利用雷达对抗德国飞机和潜艇进攻。精彩的案例分析,既梳理了雷达发展历程,更突显了雷达在国防安全领域的重要地位。

80岁高龄的电信专家龚耀寰教授详解"雷达原理和军用雷达概述"

学校全景德育的内容构思强调"个人全景、集体全景、世界全景",建设锦城一中"全人讲堂",实现内联外引,多方位整合社会教育资源,全面构建"多样化、有层次、多选择"的课程体系;科学与人文并重,以"丰富教学模式"为手段,推动学生多元成才、个性发展,纵深推进全人教育。

(四)三大要求:全场域整合、全主体共生、全过程融通

新时代学校德育的全景场域,是以建构有利于促进学生整全生命成长的立体空间和超大视角为主要任务,不断优化形成的具有学校特色和文化底蕴的师生道德品质与人格风范的发展场域。新时代的学校德育场域,是由影响学生道德品质与人格发展的各要素构成的关系网络及其存在的影响力。德育场域就是德育空间,这个空间内存在着有形无形的道德与人格影响力。在学校的全景场域中,人人都是参与者,学生、教师、家长等共同构成了一个关系网络,他们既影响别人,同时也会受到别人的影响,因为全景德育追求的是一个全主体共生的和谐的德育关系网络。德育不是一个孤立的过程,而是渗透在学生全部生活的时间、空间和过程中,因此全景德育的第三个要求是必须做到全过程融通,在全过程中实现德育的润物无声。

如锦城一中开展的为期一个月的艺术节活动,借助个人层面、班级层面的各项比赛和展示,通过现场表演、网络直播、自媒体宣传、多群体参与式评价等方式,让参赛学生和非参赛学生互动起来,让班级与家长配合起来,让校园与社区结合起来,从场域和参与主体上形成一个有机的网络,把各方面的资源和力量整合为一个全息的育人环境。在这个过程中,不仅有全校比赛,更有班级海选,不仅有才艺展示,更有诸

多学生团队对活动的全程组织、管理。这里面有每个参与主体的创造力的体现，在活动的开展过程中，把对学生德、智、体、美、劳的教育，领导力的培养，创造力的激发，自主成长意识的成长自然地融合在一起，无声、无痕地浸润学生的成长过程。

（五）四大特征：真实情景、复杂关联、整体建构、立体评价

真实情景中的一切经历，都将成为人生财富，学生迈出的翩翩步履，都凝为成长记忆，不同路上的成长风景连缀起来，就能构成学生道德品质与人格发展的"全景致"。住校生活的独立体验、课堂学习的积极思考、选修课上的兴趣拓展、社团活动的集体攻关……都是滋养学生德性的肥沃土壤与甘泉玉露，都能帮助每位学生绽放品德的花朵，结出人格的硕果。新时代学校德育的任务之一，就是引导学生在不同的成长路径上积累"创造未来"的智慧，提升行走世界的品质，以此磨砺自己的品性，滋养自己的灵魂，丰盈自己的生命，建构自己发展的全景图。

复杂关联表现在学校的全景德育生态上，是以全人发展为核心，以全景场域的建设思路，在德育时空、内容、策略、评价、资源等方面形成的和谐关系网络。在这一和谐关系网络中，要重点处理好四对关系。一是要处理好学生与环境的关系。既引导学生适应环境，也鼓励学生改造环境，让学生在协调自己与真实或虚拟环境关系的过程中，学会做人、处事、求知、创新，并在此过程中提升道德素质和人格品质，以形成学生与环境互动共生的发展生态。二是要处理好共性与个性的关系。既强调社会对所有人的道德素质要求，也鼓励学生保持自己的创造力，在社会规范允许的范围内形成自己的个性，构建百花齐放的学生发展生态。三是协调好平衡与不平衡的辩证关系。既让学生在一定时间内保持心理和道德认知、人格发展水平的平衡，也通过新的生活情境，引发学生的道德认知冲突与道德能力的不胜任感，促进学生调整和发展自己的道德认知，提升道德素质与人格品质，形成动态发展的德育生态。四是要处理好竞争与共生的关系。在德育过程中，既要建立一定的竞争机制，引导学生在道德情感、道德认知、道德表现等方面积极发展，力争上游；也要强化团队意识，引导学生互帮互助，共同进步，形成积极互动的德育生态。

整体建构表现为确立"学校的全景德育整体规划，以学校文化引领学生的发展"。新时代的学校文化，主要从坚守"四为"精神的道德信仰、"创造未来"的道

德信仰和"行走全球"的道德信仰三个方面形成基本框架,并根据这一框架逐步细化,形成全景德育中的道德信仰教育总纲,这是全景德育的灵魂和德育内容、策略、评价、资源的建设依据。如锦城一中的学校德育文化就确立了如下基本框架:

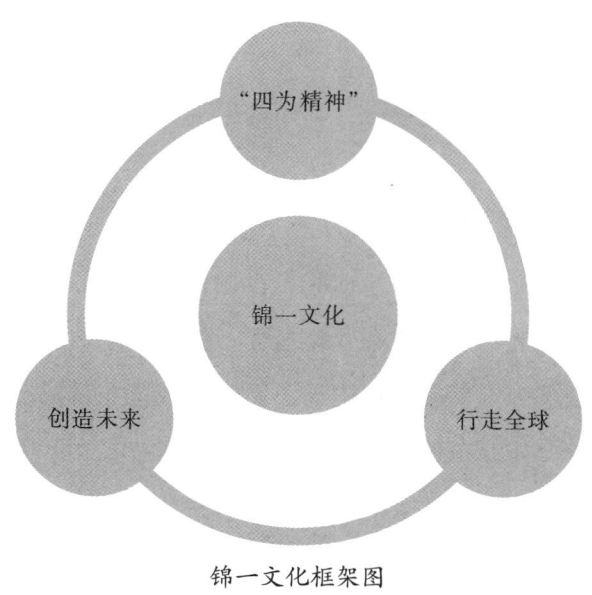

锦一文化框架图

立体评价表现在建构"在全景中发展全人"的学生综合素质评价体系,促进学生"知行合一"。以"立品立德""立学立业""立身立心""立艺立美"为核心要素,以"思想品德""学业成就""身心健康""艺术修养""社会实践"等为主要板块,细化德育评价内容,形成全人发展的综合素质评价内容体系,根据综合素质的评价内容体系,优化全景德育的内容体系,引导学生在过程中滋养德性、提升素质,用综合素质评价记录自己的发展轨迹,用发展轨迹感受自己生命的发展历程。

以"聚焦成长事件,立足过程进步,展示最佳成果,及时记录反馈"为原则,建构综合素质评价的策略体系。锦一的德育策略要为促进全人发展的德育内容服务,要根据以道德意志为核心建构的全人发展内容体系,形成与之匹配的全景德育策略体系。"聚焦成长事件",即在综合素质评价中,筛选最能体现学生综合素质发展的事件进行记录,引导学生关注自己的成长点,从中进一步获取成长的智慧;"立足过程进步",即教师观察学生在学习、生活过程中体现出的点滴进步,引导学生体会自己的进步,并把自己的点滴进步记录在综合素质系统中,以此树立自己的发展自信;

"展示最佳成果"，是引导学生在综合素质评价系统中上传自己在必修课、选修课、课外实践或其他领域形成的具有自己个性的最好的作品，以不同形式上传至自己的综合素质评价系统中，展示最好的自己，以进一步激活发展的内生力；"及时记录反馈"，即通过学生和教师的及时记录、反馈，引导学生及时调整，发挥综合素质评价的调整、发展功能，进一步体现发展性评价理念。以"边建边用，边用边改"的思路建设和优化综合素质评价平台，利用最先进的技术建构和完善锦一的全景德育评价系统。

锦城一中从新时代学生的发展现状和成长需要出发，设计了"红色路·三农情·中国梦"研究学习活动。这一活动的教育过程，不仅是看书学习，更多的是行走长征路，看长征路上的历史痕迹和变化过程，体验沿途的风土人情、农耕劳作，在真实的情境中去理解中国梦的真正内涵。而要实现这一目标，需要我们对各方面的关系和资源做整合，如红色研学点位当地政府的支持、友好学校的联系、家长资源的收集分类、家长志愿者的选拔、研学路线的整合、重走长征路的安全保障等，让各方力量形成一种复杂的关联，保障教育活动的顺利开展。除此之外，还要对活动的开展顺序、教育目的的实现途径、每个点位与我们研学的关联、前期准备的学生参与、过程的活动组织、后研学时期的总结汇报、成果体现及物化等做整体的建构，才能让我们的教育意图真正落实，让学习和成长真实发生。而对活动的评价，更是要有机、多元、立体。评价既包括对这一研究学习过程的常规评价、资料准备评价、过程中团队协作评价、结果展示评价，也包括集中奖励评价、物化成果评价、上传照片视频到综合评价系统，还包括融入三年的成长评价体系、研学摄影作品展、研学论文集、向相关部门提交学生的发展方案、与友好学校的长期支教和交换学习机会等，全方位、立体地呈现活动对学生成长的影响和积极作用。

三、新时代全景德育的学校使命

要落实"促进全人发展"的德育宗旨，培育学生的健全生命，学校应按照新时代全景德育的实践样态，着力构建德育的全景场域，优化学校德育的实践生态，才能完成新时代全景德育的改革使命。

（一）确立德育愿景：在世界全景中建构学校德育的实践生态

新时代全景德育的学校使命，首先是确立并践行在世界全景中建构学校德育实践生态的愿景。这一愿景集中体现在三个方面。

1. 促进系统优化：建设新时代的学校德育实践生态

根据时代新人的发展需要和新时代的强国要求，以"文化底蕴、未来意识、时代强音、立体发展"四个关键词为核心，建设新时代的学校德育实践生态。学校文化是学校全体成员在教育教学和管理实践中逐渐积累和共同创造生成的价值观念、思维模式、行为方式及其活动结果。学校文化具有导向、引领、启迪、陶冶、熏染与浸润的作用[1]。注重文化底蕴，是指通过知识学习、习惯培养、能力提升、文化涵育等方式，培育有知识素质和文化修养的现代人；强调未来意识，是根据学生在未来世界中可能面临的道德问题，思考今天应该做什么，我们能够做什么，以此确定德育的重要内容与方式，培育具有未来适应性的现代人；奏响时代强音，是指打破学校围墙，走进现实生活，把握时代脉搏，以时代所需人才品质的最强音确定德育内容和方式，培育了解时代、理解时代和改变时代的现代人；追求立体发展，是指以全人发展的思路，系统考虑影响学生精神品质与人格发展的各个要素，从不同角度以不同方式形成德育合力，促进学生和谐发展和全面发展，培育生动鲜活、具有立体感的现代人。

在这四个关键词中，文化底蕴是基础，学生的精神品格与人格风范是用文化滋养出来的，新时代的学校德育是用文化护航的德育；未来意识是方向，学生具有面对未来、创造未来的品格，新时代的学校德育是面向未来的德育；时代强音是载体，学生具有直面现实和超越现实的精神，新时代的德育是以时代生活为载体的德育；立体发展是保障和结果，德育活动就是在育德目的统摄下，以学生身体动作、思维运转与心灵感受三位一体为显著特征的学校综合活动，其关键特征是：学生全人参与、德性全面生成与环境深度介入[2]。以立体推进的思路设计和实施德育活动，促进学生的立体发展。

---

[1] 刘俊浩. 践行"三全"德育模式切实提高德育实效[J]. 基础教育参考，2019（12）：25.
[2] 龙宝新. 专化与泛化：谱系意义上的德育课程之思[J]. 中国德育，2018（4）：21.

2. 走向世界全景：培育学生世界一流的精神品质和人格风范

根据"一个中国梦"和"两个一百年"的新时代战略任务，以"中国脊梁、世界担当、坚韧自强、卓越发展"四个关键词为核心，建构学校德育的内容、方法、课程和评价等体系。培养中国脊梁，以培育"四为"精神为切入点，传承民族文化，涵育民族精神，铸炼中国风骨，为成为杰出的中国人奠基；肩负世界担当，以"培养行走全球的品格"为切入点，胸怀世界、了解世界、走向世界、奉献世界，为成为具有全球胜任力的世界人奠基；学会坚韧自强，以"自立自强，求知求变""兼容并包，革故鼎新"为切入点，学会自立、应对挑战、持之以恒、求知求变、自强不息、努力超越，为成为坚韧奋进、不断超越的优秀学习者奠基；追求卓越发展，以"创办世界一流中学"和"在发现世界中发展自己"为切入点，志存高远、追求卓越，在艰苦而幸福的学习与生活中走向卓越，为成为世界级的优秀人才奠基。

在这四个关键词中，中国脊梁是学生的灵魂与底色，世界担当是学生的格局与气度，坚韧自强是学生的动力与意志，卓越发展是学生的状态与结果。

3. 逼近新时代的社会主要矛盾：为每位学生的卓越发展与幸福人生奠基

直面"日益增长的美好生活需要与发展不平衡不充分"的新时代社会主要矛盾，以"契合成长阶段，体验成长快乐，促进极致发展"为关键要素，既为每位学生的卓越发展与幸福人生奠基，也为学生提高解决社会主要矛盾的意识与能力创造条件。契合成长阶段，是根据学生在初中阶段的认知、思维与德性发展等特征，选择和确定德育内容与方式，建构适合初中生的现代德育生态；体验成长快乐，是以推进体验式德育为重点，丰富德育活动形态、载体和途径，拓展学生的德性体验空间，引导学生在不同的道德情境中体验成长的快乐，收获成长的幸福，在锦一的天地里快乐生活、幸福成长，建构具有幸福体验功能的现代德育生态；促进极致发展，是引导学生根据自己的现有水平和发展潜力实现自己最大限度的发展，既不做大量的力所不能及的事，也不做浪费自己天赋与潜力的事，积极进取，竭尽全力，实现属于自己的最好发展，建构促进学生实现自我最好发展的现代德育生态。

在这三个关键要素中，契合成长阶段是基本原则，新时代的学校德育是符合学生身心发展规律的德育；体验成长快乐是基本要求，新时代的学校德育是能体验到成长幸福的德育；促进极致发展是重要目的，新时代的学校德育是能调动所有学生开发自身最大潜能的德育。

（二）聚焦改革任务：以新的参照系推进学校德育创新

根据新时代全景德育的实践样态、新的学校德育愿景和"立心""立命""继绝学""开太平"的多维全景德育建设要求，新时代的学校全景德育确立了新的参照系。新时代学校全景德育的重要使命，是根据确立的德育愿景聚焦改革任务，在新的参照系中推进学校德育创新。

1. 聚焦多维全景：以培育"四为"精神的大视角定位学生的成长航标

"四为"，即"为天地立心，为生民立命，为往圣继绝学，为万世开太平"。"立心""立命""继绝学""开太平"的多维全景，要求新时代的学校德育以"四为"精神为学生的成长航标，培育学生整全的生命。

首先，以人的全景发展定位学生的成长航标。根据学生发展的健全性、完整性、充分性、差异性、终身性等要求，勾画学生的成长蓝图，确立学生的成长方向，以此建构学生的评价指标和全景式综合素质评价系统。

其次，以"四为"精神引领学生的全景发展。将"为天地立心，为生民立命，为往圣继绝学，为万世开太平"的精神追求落实到德育的各领域、各环节，把天地、生民、圣贤、万世、开太平等隐含的德育要素，渗透到学生成长事件和学校德育事件中，把是否具备"四为"精神作为衡量学生健全性、完整性、充分性、差异性、终身性的标准，引导学生在更高的平台上，"涵养天地正气，培育'君子'品性；心系万民福祉，成就优质生命；光大圣贤学统，修炼生命智慧；奠定万代基业，共创大同世界"。

最后，站在人类总体发展的高度优化成长航标。以"联结世界，引领未来"的格局，把握和预测人类的全景发展特征与要求，站在人类发展的广度、高度和总体走向上，优化和细化全人的发展航标与目标。

2. 拓宽时空视阈：以"创造未来""行走世界"的全景致开拓学生成长路径

未来牵动时间全景，世界牵动空间全景，只有时间和空间立体交织，才能形成学生发展的全景致。在全景致中开拓和丰富德育路径，才能形成学生发展的立体网络，才能为优化学校的德育生态创造良好条件。在全景致中开拓学生的成长路径，需要重点关注以下四个方面：

第一，把每一个学生变为精美的景致。新时代学校德育的全景致首先是全体学生构成的美好景致，把学校每位学生都当成潜力无尽的宝库，把每位学生都培育成看不尽、说不完的美好景致，是新时代学校德育坚守的理念。新时代学校德育的重要任务，就是引导学生发现自己的独特之处，发展自己的优势领域，以优势领域带动其他领域的发展，使自己成为现在和未来、中国和世界的一道精美景致。

第二，学校师生共创精美景致。"各美其美、美人之美、美美与共"，在新时代的校园里没有配角，每个人都是校园的主人，从我做起，志存高远、追求卓越。学会与人合作，在交流、分享和创造中涵养成功人生的智慧、沉淀行走全球的品格，在每一位师生的共同努力中，创造出新时代学校的美好景致。

第三，在每一条道路上留下最美的成长风景。新时代学校全景德育的任务之一，就是引导学生在不同的成长路径上积累创造未来的智慧，提升行走世界的品质，以磨砺自己的品性，滋养自己的灵魂，丰盈自己的生命，建构自己发展的全景图。住校生活的独立成长体验、课堂上积极思考的收获、选修课中不一样的风景、课外活动绽放的活力、社团活动的集体攻关、项目学习中应对挑战的艰难与快乐……都是滋养学生德性的肥沃土壤与甘泉雨露，都能帮助每位学生绽放美德的花朵，结出人格的硕果。

第四，在未来和世界中创造美好景致。新时代学校的全景德育不仅引导学生立足当下创造看得见的精彩"近景"，还引导学生立足未来创造更精彩的"远景"，胸怀"联结世界、引领未来"的宏远目标，帮助学生把好行为化为好习惯，把好习惯化为好品质，把好品质化为好人格。"一生幸福，一生美景"，是新时代学校全景德育不变的追求。

3. 强化深度体验：以"在发现世界中发展自己"的大思路丰富学生成长经历

新时代学校推进全景德育的过程，就是引领学生不断发现，在发现中不断增加体验深度、获得真实发展的过程。

第一，学校在"发现"中建构德育场域。首先是发现家长的优势和优点，把家长的优势和优点开发为学校的德育资源。其次是发现和利用社会上的德育资源，既把"往圣"的"绝学"变为德育资源，也把社会事件转化为德育资源；既立足中国寻找德育资源，也放眼世界优化德育资源；既立足现实生成德育主题，也着眼未来丰富德育内容。在中外古今的德育沃土上发现有利于培养时代新人的德育因素，以建构更大视角的有利于"在发现中发展学生"的德育场域。

第二，教师在"发现"中生成德育智慧。首先是发现学生的优点和潜力，生成利用学生优点和潜力进行德育的智慧。其次是发现德育资源，在学科教学、选修课程、课外活动、社团活动等不同领域发现德育资源，生成有效利用这些德育资源的智慧。最后是在班级事件中发现德育契机，生成及时发现和利用班级事件进行德育的智慧。

第三，学生在"发现"中滋养美好德性。首先引导学生发现自己的优点和潜力，帮助学生有效利用自己的优点和潜力发展自己。其次是引导学生发现自己的不足，探究改进不足的方法，在发现和改进不足的过程中发展自己。然后是引导学生发现同学、师长、朋友的闪光点，探究将别人的闪光点变为自我成长养料的方法，在发现和利用别人优点的过程中发展自己。再次是引导学生发现人类已有智慧对自我成长的帮助，运用人类已有智慧滋养自己高品质的德性。最后是引导学生关注未来，在发现未来世界和未来自我的过程中调整自我，在发现和应对未来的过程中发展自己。

上述三个方面的"发现"不是彼此割裂的，而是相互关联的，共同构成新时代学校全景德育的"大思路"。

4. 促进德性内生：以"从外源到内生"的新思维改变学生德性的滋养方式

建构全景致的德育场域，是为了从更大视角和更高层面构筑学生道德滋养的良田沃土，改变"碎片式德育""灌输式德育""浅表性德育""外源性德育"等现状，从外源式德育走向内生式德育，引导学生在全景致的德育场域中体验、感悟、内化、改变，帮助学生从心底里生长出美好的德性，在不经意的言行中流露出高尚的人格，实现道德品质与人格风范的内生发展与持续成长。

第一，树立和落实主体性德育思想。把学生作为德性生长的主体，树立"外在灌输的德性只能保留一时，难以终其一生；从心底萌芽并不断生长的德性才能成为人格底色，才能变为行走世界的力量"的观念。"在战斗中学会战斗"，在道德认知冲突的化解中认知道德，在道德难题的解决中感悟道德，在跨越道德沟坎的过程中提升德性水平，是全景德育的要义。要抓住全景德育的要义，就应把学生作为真正的道德主体，唤醒学生内在的道德力量，而不是盲目灌输道德教条；就应该让他们自己行走在德性生长的路上，而不是抱着他们快速前行；就应该让每一位学生成为德性生长的主人翁而不是旁观者。

第二，以"道德责任"培育道德主体。锦一学生的道德责任，是在全景致的德育场域中，对善恶、美丑、真假等形成的辨别、认同能力以及承担的相应责任。自觉承担道德责任是学生成为道德主体的重要标志。新时代学校的全景德育，是在全景致的德育场域中，让学生感受真实的生活与社会，在真实的社会生活中承担和履行道德责任，在履行道德责任的过程中直面问题、化解冲突，在应对问题和化解冲突的过程中提升道德认知水平和解决道德问题的能力。全景德育中的道德责任，是一种大视角的道德责任，包括对自己的生命和发展负责，对父母师长的爱心与帮助负责，对同学朋友的信赖与关心负责，对家庭、学校、社会、国家、世界和自然的培育与养育负责等。

第三，以"德性内生"强化道德责任。道德责任是一种较为虚化的责任，难以用一种量化的标准衡定所有道德责任的履行水平，只有内生了道德责任，才能自觉地高质量地履行道德责任。要内生道德责任，需要转换德育思维方式，即由"道德规训"的德育思维方式向"主体内生"的德育思维方式转变，减少和改变德育的封闭性、外在性、强制灌输性等"规训"方式，强调全景致德育场域中学生内在的道德主体性和创造性，从外在"灌输"向"内在生长"转型，从"授—受"方式向"道德建构"转型。在新的德育思维方式的指引下，新时代学校的全景德育，应是在既定的成长航标的指引下，在不同的成长路径上丰富成长经历，激活德性内生的能力。如在不同类型的学习中，引导学生自主地进行大量的克服无知的个体或合作的活动，帮助他们在和谐的、创造的、愉悦的学习中，把仁爱、友善、合群转化为自身成长的"本性"。

第四，以"知行合一"促进道德内生。道德教育的重要任务，是帮助受教育者持久地进行道德实践。有道德信念的实践，有不断实践的道德信念，才能使道德的"知"与道德的"行"相伴而生。让道德认知在日常的一言一行中内化，让日常的一言一行在道德认知的引领下更有理性，更符合道德责任的要求，这样点滴践行，坚持不懈，就能在内心深处生长出美好的德性，进而转化为人格风范。因此，新时代学校的全景德育，是在"知行合一"中促进道德内生的德育。

第三章

如何建构新时代学校全景德育

　　学校道德教育有着内在与外在两个文化使命：内在相对于人而言，是实现人的内在精神世界建构；外在相对于社会而言，是完成社会伦理精神的建构。两者互为表里。

——孙彩平

党的十九大报告作出了"中国特色社会主义进入新时代"的重大政治论断，新时代是科学社会主义迈入的一个新阶段，在该阶段，世界正经历新变局，中国共产党面临执政新考验，我国社会主要矛盾发生新转变。人民更加憧憬美好生活，期盼公平正义，期盼实现共同富裕，期待实现人的自由而全面发展。我国改革进入了攻坚新阶段，要以新发展理念引领发展，实现经济发展与生态建设相统一，在实现强国梦的同时，更加关切人类命运共同体的建设。

新时代需要把促进人的德性成长作为教育的首要任务，这一中国特色社会主义教育理论创新具有鲜明的时代特征。随着全球化、信息化和后工业社会的到来，人类面临的德性挑战日趋严峻。我国著名教育家吕型伟曾说："现在是地球变暖了，人心变冷了。德育，是未来教育的最大难题，这不只是我一个人的担心，而是国际性的问题。"不得不说，为了提高我国的软实力，为了实现中华民族的伟大复兴，加强德育工作，提高全民族的道德文明素养，已成为我国教育战线面临的一项重大而紧迫的战略任务。

新时代呼唤更加有效的德育模式，新的德育模式要能承载新时代所需要的德育内容，具有完整高效的德育实施方案，它不仅要具备发展性动力机制，更要符合时代精神与人类发展规律。全景德育正是通过全景场域整合、全主体共生和全过程融通，关注人的整全的人格发展，关注人的全面而自由的发展，是基于大道德观念下多维一体的德育。全景德育场域应该具有极强的真实感、整体感、立体感、鲜活感和沉浸感，学生在与自己、他人、社会、自然的互动中生成自己的德性，完善自己的人格。

一、建构的目标：培育整全的生命

正如前文所言，整全的生命即全人生命。建构新时代学校全景德育的内容框架，首先要树立和落实培育整全生命亦即全人生命的目标。

在中国文化中，全人首先是指完整的人，即身心健全的人；其次是指德智体美劳等全面发展的人；最后是懂得和遵守天地规律，为人处世符合人心向背的人。在西方文化中，全人多指个体价值与社会价值完美结合的人，也指全面发展与和谐发展的人。

新时代的全人，是指身心、智识、品格、思想、境界等和谐发展与完整发展的人，这样的人德智体美劳都得到了全面发展。新时代的全人有三个发展阶梯：一是身心健全发展的"合格全人"，二是迎难而上、不断超越的"优秀全人"，三是知行合一、成果丰硕的"卓越全人"。

锦城一中根据新时代对全人的发展要求和全人成长的规律，制定了三个阶梯的全人发展标准。（见表3-1）

表3-1 锦城一中全人发展阶梯与判断标准

全人发展阶梯	不同阶段全人发展的主要标准
合格全人	●身心健全 ●习惯良好 ●学习认真 ●有责任心 ●课程选修符合要求 ●了解"四为"精神等学校文化 ●能当好锦一的东道主
优秀全人	在合格全人的基础上具备以下特征： ●身心和谐，积极向上 ●能理解他人，帮助他人 ●敢于应对挑战，能迎难而上，抗挫折能力强 ●能以自己的好习惯影响别人 ●具有很强的责任心 ●校内校外都具有积极向上的形象 ●能合理选择自己的学习层次与班级类型

表 3-1（续）

全人发展阶梯	不同阶段全人发展的主要标准
卓越全人	在优秀全人的基础上具备以下特征： ● 积极阳光，充满朝气 ● 富有爱心和奉献精神 ● 知情意行合一 ● 必修课程学习成绩优异 ● 选修课程成果丰硕，质量高，有影响力 ● 积极策划和参与学校活动，活动质量高 ● 中国根基深厚，具有世界视野 ● 自己的作品或参与的活动在国内外获得奖励，产生了较好影响 ● 为学校或他人的发展做出了较大贡献

上述三个阶段的发展标准不能截然分开，而是彼此渗透，不断丰富，共同形成不同发展水平的全人。为了更好地培育新时代的整全生命，建构学校全景德育的内容框架时，必须紧扣和落实如下目标：

（一）促进整合发展

整合发展的德育才能培育整全的生命。建构新时代学校全景德育的内容框架，首先要确立促进学生整全发展的目标。

第一，促进学生分阶段发展或循序渐进发展。根据"合格全人""优秀全人""卓越全人"的层级要求，引导学生以现有基础为起点，选择适合自己的发展阶梯，一步一个脚印前行，既不"操之过急"，拔苗助长，也不无所作为，进步缓慢，而是以适合学生发展的速度，促进学生向"卓越全人"迈进。

第二，促进学生各方面素质的协调发展。帮助学生在"智力与情感""精神与物质""个体与社会""实物与艺术""科学与人文""传承与创造""现实能力与潜在能力"等方面实现整合发展的目标。引导学生发展有情感的智力，丰富有知识含量与思想含量的情感；既关注精神的发展，也满足基本物质的需求；既体现个体价值，也彰显社会价值，实现个体价值和社会价值的协调发展；既看重实物，也重视艺术；

既提高科学素养，也提高人文素养；既传承已有知识，也鼓励学生不断开拓，努力创新；既重视已有能力的提升，也强化潜能的开发，从多方面促进学生的协调发展。不偏废，不极端，将学生培养成立体发展、整合发展的鲜活的人，是以培育整全生命为宗旨的德育的应有之义。

第三，以"四为"精神引领每个学生提升生命意义。理想的全人具有高度的责任心，能"为天地立心，为生民立命，为往圣继绝学，为万世开太平"。新时代的理想全人，应是具有高度责任感和"四为"精神的人。以"培育整全生命"为宗旨的新时代德育，应引领学生具有社会意识、国家责任、生命意识、开创精神和政治理想等，帮助学生在履行社会责任的过程中发展自我，在中学阶段形成发展的大格局、大思路和大境界，以此提升自己的生命意义，并为今后的卓越发展铺垫基础。

（二）促进全体协同

整全生命的发展不是孤立、封闭的发展，任何人都生活在一个个集体中，集体中的人的思想、行为、道德素养等共同构成了影响学生成长的场域。场域中的人不管是成人还是成长中的人，不管你有意还是无意都将会受到道德的影响。全景德育非常重视发挥集体的作用，追求的是相互影响的成员的全体协同和共同成长。集体对于个人有重大影响，人际情境本身就是潜在课程的重要组成部分，每个人都不能离开集体而独立存在。同时，每个人的创造力等"本质力量"也只有在集体和社会中才能得以充分发挥和实现。培养集体主义精神，是中国特色社会主义教育的特点之一，也是我们的教育传统之一。我们必须坚定这样一个教育信念——人只有通过集体，才能培养出来。苏霍姆林斯基认为，集体的道德品质是个人道德品质的源泉。外部环境是学生精神生活的重要因素，学校集体对学生的意识倾向、信念、理想、兴趣和能力等个性特点的形成具有巨大的作用。先进的社会思想在集体展现得越清楚，作为社会小细胞的集体的作用越大，它的教育力量也就越大。

全景德育践行的是以人为本的大德育观，全景德育观照每个学生整体成长过程，整合各种德育力量，优化配置德育资源。因此必须建立学校、家庭、政府、社会协同育人的机制。习近平总书记在全国教育大会上的讲话中指出，办好教育事业，家庭、学校、政府、社会都有责任。针对少年儿童培育和践行社会主义核心价值观，习近平总书记特别强调,"让社会主义核心价值观在少年儿童中培育起来,家庭、学校、少先队组织和全社会都有责任"。同样,立德树人,家庭、学校、政府和社会也都有责任。立德树人作为系统工程,首先是学校、家庭、政府和社会各司其职、各负其责、分工协作,将德智体美劳"五育"有效落实在家庭教育、学校教育和社会教育之中。同时,本着"合力建设、成果共享、服务学生"的原则,探讨学校、家庭、政府、社会合作的方式,建立以立德树人为引领,以政府为主导,家庭、社会与学校相衔接的协同育人机制,共同承担立德树人的教育责任[①]。

(三)提升全球品位

新时代的学生身处互联、多元、迅速变革的世界。经济、数字、文化、人口和环境的新兴力量正在影响全球年轻人的生活,正在增加跨文化日常交流的机会。这一复杂环境既提供了机遇,也提出了挑战。进入新时代的中国更加关切人类命运共同体的建设,人的发展必须放眼全球,只有致力于全球共进,人类才能共享和平,享受发展给全世界人民带来的福祉。

全景德育不仅着眼于个体整全人格的发展,着眼于集体参与和全体协同发展,还着眼于全球意识和跨文化交流的意识和能力。只有在与世界及跨文化的交流互动中,学生的全球胜任力才能得到发展。在日益多元化的社会中,全球胜任力教育可提升文化意识,促进相互尊重。新时代面对新挑战,不同文化背景者要能够毗邻而居,和平共处,接受差异,找到共同的解决之道,化解分歧。同时全球胜任力的教育可提升就业力。多元团队内的有效沟通和得体行为是许多职业取得成功的关键。全球胜任力的教育还有助于塑造关注全球议题且对社会、政治、经济和环境挑战有应对能力的时代新人。

二、建构的标准:多维全景的综合审视

根据上述目标,建构新时代学校全景德育的内容框架时,要以多维全景的综合审视为标准,遴选德育内容,优化内容框架。多维全景的综合审视,要综合考虑"立心""立

---

① 李金杰,陈树文.实现"立德树人"根本任务的有效机制研究[J].思想教育研究,2013(7):50—53.

命""继绝学""开太平"的生命全景、社会全景、学习全景和世界全景的育德要求，把个体的整全生命置于社会、学习和世界全景中去发展，才能培育出适应新时代要求的整全生命。具体而言，多维全景的综合审视标准主要体现在如下方面：

（一）新时代德育的新视点

正如第一章所言，新时代确定了学校德育的新主题、新任务和新愿景，建构新时代学校全景德育的内容框架，需要把握住这些新视点，以此为标准遴选德育内容，建构德育内容框架。

当今世界是一个多元、多样、多变的全球化世界，如何在这样一个快速多变、充满挑战的环境中生存与发展，已然成为人们在当今社会中的一大挑战。时代呼唤人的全面发展，教育需要培养全面发展的人。然而由于初中德育的价值定位长期不稳定，部分学校只注重学生的升学率而常常忽视德育工作或者把德育工具化，因而德育呈现出"碎片式""灌输式""浅表性""外源性"等现状。封闭性的德育内容将学生的"前理解"拒斥在外，灌输式的德育方法扼杀了学生自主理解的愿望和能力，浅表化的德育目标使学生陷入生命无意义的迷惘之中。这样的德育效果只能是低效的，甚至是无效的。

要克服传统德育的弊端，适应新时代学生的特点，学校需要重建德育内容体系，优化教育方式，让学生用身心去感知美，用心灵去挖掘创造之源，最终在体验和创造的过程中让学生找到自己生存的价值，避免"讲过很多道理，依然搞不好德育"的困境。

（二）整全生命的"营养"需求

在全国教育大会上，习近平总书记提出，"立德树人"要在六个方面下功夫，即在坚定理想信念、厚植爱国主义情怀、加强品德修养、增长知识见识、培养奋斗精神、增强综合素质上下功夫。"六个下功夫"体现了新时代对社会主义建设者和接班人德智体美劳全面发展的新要求。在新时代的背景下，要致力于全景德育的建设与创新，对全人成长的"营养"供给上主要应从以下三个方面着手：

第一，培养具备民族灵魂的现代中国人。传承中华优秀传统文化，葆有中国优秀传统道德，培养中华民族奋斗精神，为学生成为优秀中国人奠基。学校以"四为"精神为引导，树立家国意识、强化道德修养、培养奋斗精神、整合优势能力、增强民族理解。将学生的知识、能力、精神内化，有效提升学生行为能力与价值引领。

第二，培养具有世界担当的现代世界人。只有理解世界的人才能改变世界，也只有拥有世界担当的人才能具备世界胜任力。学校以"培养行走全球的品格"为切口，通过课程与知识让学生了解世界，用活动与行动让学生走向世界，用精神与意志让学生胸怀世界，用梦想与理性让学生奉献世界。

第三，培养葆有卓越追求情怀的现代人。学会自立，应对挑战，持之以恒，求知求变，自强不息，努力超越，为成为坚韧奋进、不断超越的优秀人而努力，是卓越的基本表现。学校致力于让学生"在发现世界中发展自己"，根据学生的阶段性发展规律，培养学生志存高远、追求卓越的精神，在艰苦而幸福的学习与生活中走向远方。

（三）全景德育的内在逻辑

新时代学校德育的全景场域，是以建构有利于促进学生整全生命成长的立体空间和超大视角为主要任务，不断优化形成的具有学校特色和学校文化底蕴的师生道德品质与人格风范的发展场域。新时代学校的德育场域，是影响学生道德品质与人格发展的各要素构成的关系网络及其存在的影响力。一个场域就是一个相对独立的德育空间，这个空间内存在着有形和无形的道德与人格影响力。

1. 以学生的成长阶段为依据建构德育的时间全景场域

以学生的"过去""现在"和"未来"为时间节点，发展学生的"现在"，兼顾学生的"过去"和"未来"，从"过去""现在"和"未来"的全景视角，思考学生的"现实发展"，建构德育的时间全景场域。为此，新时代的学校德育，既要分析学生"过去"的发展情况，关注学生"过去"的发展轨迹，提炼出学生的发展速度、特征、潜力与资源，以此为依据，确定学生个体的德育方案，做到德育的因材施教；也要以"未来"引领"现在"，把握学生的兴趣和未来的基本打算，明确未来社会的基本特征，根据学生和社会的未来发展需求，确定德育的基本内容和学生"现在"的发展标准，涵养学生创造未来的智慧，落实德育愿景中的"未来意识"。同时，学校精神中的"为往圣继绝学"和"为万世开太平"，要求学校德育必须建构时间全景场域，因为"往圣"是"过去"，"继绝学"囊括了"过去""现在"和"未来"，"万世"直指"未来"。要在德育工作中落实"为往圣继绝学，为万世开太平"，需要建构德育的时间全景场域。

2. 以学生的成长空间为依据建构德育的空间全景场域

在"四位一体"中建构空间全景场域。学校、家庭、社会和虚拟世界，构成了学生成长的全景空间。建构学校的空间全景场域，首先是建构学校、家庭、社会和虚拟世界的全景图，将学生成长的每一个维度整合起来，形成学生整体发展和综合发展的"四位一体空间"，每一个维度的空间相互呼应，形成道德品质与人格发展的正向影响力。

拓展学生的成长空间，放大全景场域的空间视角。引导学生从家庭到家乡，从家乡到国家，从国家到天下，从天下到宇宙、自然，从宇宙、自然持续美好发展的大视角，建构学校德育的空间全景场域，引导学生思考自身应具备的道德品质与人格风范，才能逐步养成"为天地立心，为生民立命，为往圣继绝学，为万世开太平"的精神与品格，才能"涵养天地正气，培育君子品性；心系万民福祉，成就优质生命；光大圣贤学统，修炼生命智慧；奠定万代基业，共创大同世界"。

3. 以学生的成长事件为依据建构德育的内容全景场域

以学生成长面临的真实问题和生存困境为德育情境，以学生在不同时空中的成长事件为德育素材，从学生成长的不同维度选取有代表性的德育难题和具有一定冲突的德育事件，以学生不同角度和不同层次的成长事件建构德育内容的全景场域，以"超大视角"发现、筛选和组织学生的成长事件，建构学校的德育内容体系，引导学生在系统化地解决现实的、未来的，生活场景中的、虚拟场景中的问题的过程中，持续提高道德认知能力和解决道德问题的实际能力，以此提高道德品质与人格水平。

4. 以学生的成长路径为依据建构德育的策略全景场域

课堂、课程、活动、生活、作息等，是学生道德成长的基本阵地和主要渠道。学校落实德育内容，推进德育工作的基本方式，是在学生成长的各种渠道上建构德育策略，把德育策略和德育内容统一在学生的成长事件与成长路径中，以此建构覆盖学生各种成长方式和途径的策略全景场域。如课堂上的学科德育，各类课程的浸润式德育，各种活动的体验式德育，各类生活场景的感悟式德育，各类作息要求的历练式德育等。不同成长方式和途径采用不同的德育策略，形成锦——以贯之的丰富的德育策略，建构锦一的全景策略体系。

5. 以学生的成长目标为依据建构德育的评价全景场域

全人发展要求以立品立德、立学立业、立身立心、立艺立美为核心内容，以思想品德、学业成就、身心健康、艺术修养、社会实践等为主要板块，建构锦一学生的评价全景场域，从多方面引导学生不断发展，避免唯分数的评价弊端。

时间、空间、内容、策略和评价的整体设计，有利于形成学校德育的全景场域，从多方面促进学生的"立体发展"和"卓越发展"。

三、新时代学校全景德育的内容框架

教育是党之大计、国之大计。在 2018 年 9 月 10 日召开的全国教育大会上，习近平总书记站在新时代党和国家发展全局的高度，用"九个坚持"系统总结了党的十八大以来关于教育改革发展的一系列新理念新思想新观点，深刻回答了教育事业发展中带有方向性、根本性、全局性、战略性的重大问题，对加快推进教育现代化、建设教育强国具有重大现实意义和深远历史影响。其中，习近平总书记明确提出，坚持把立德树人作为教育的根本任务，培养德智体美劳全面发展的社会主义建设者和接班人，并对其做了新的、深刻的阐述。这是党的十八大以来中国特色社会主义教育理论的最新成果，是对党的教育方针中关于教育根本任务的最新理论概括，是新时代落实立德树人根本任务的行动指南[1]。基于此，成都金苹果锦城第一中学建构了新时代学校全景德育内容框架。

锦城一中建构的相关内容框架，体现了新时代学校全景德育的内容建构要求，回答了如何建构新时代全景德育的内容框架问题。

---

[1] 中共中央关于全面深化改革若干重大问题的决定[M]. 北京：人民出版社，2013：11.

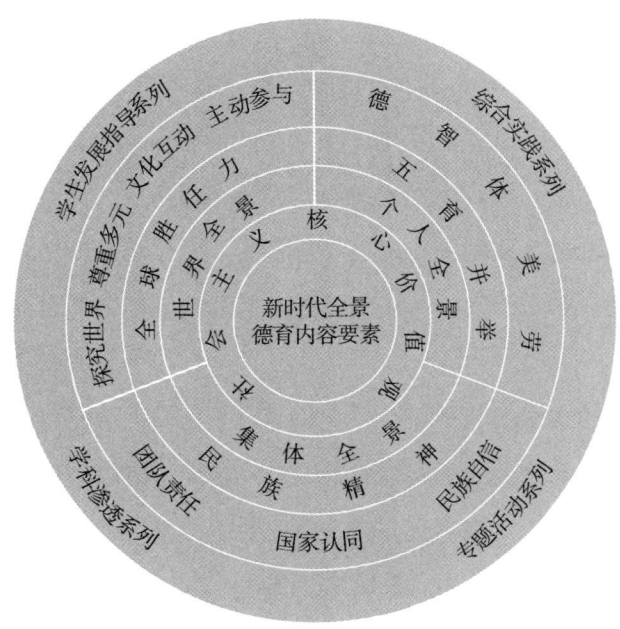

锦城一中全景德育内容框架图

（一）一个核心：社会主义核心价值观

党的十九大报告明确提出，"社会主义核心价值观是当代中国精神的集中体现，凝结着全体人民共同的价值追求"。党的十八大以来，我们党在价值理念和价值实践上达到了一个新高度。习近平总书记在北京大学师生座谈会上深刻揭示了社会主义核心价值观的本质，指出"核心价值观，其实就是一种德，既是个人的德，也是一种大德，就是国家的德、社会的德"。把国家的德、社会的德、个人的德作为核心价值观的本质，是对人类文明道德伦理的创新发展。党的十九大报告强调，要培育和践行社会主义核心价值观，发挥社会主义核心价值观对国民教育的引领作用。这一思想，把培养什么样的人与社会主义核心价值观更加紧密地结合起来了。习近平总书记2014年在上海考察时强调，"要注意把社会主义核心价值观日常化、具体化、形象化、生活化，使每个人都能感知它、领悟它，内化为精神追求，外化为实际行动，做到明大德、守公德、严私德"。习近平总书记"明大德、守公德、严私德"的思想，与社会主义核心价值观紧密相连，把涉及国家、社会、公民的价值要求融为一体，使立德有了明确的目标和"抓手"，既是马克思主义道德观的创新发展，又是新时代立德树人根本任务的本质要求。

（二）三大领域：个人全景、集体全景、世界全景

道德源于生活，基于生活的需要。生活是个体生命的动态生成，是人的生命历程的全景展现，人在生活和实践中生成道德，过什么样的生活，就有什么样的道德。将学生成长生活中面临的真实问题、困难与自我成长的经历作为德育内容，引导学生系统化地解决现实的、未来的问题，从而提高学生的道德认知能力和解决道德问题的实际能力。

新时代的初中全景德育观照学生一生的道德生活与发展，将个人与集体和世界紧密相联，由此提出全景德育的三大领域，即个人全景、集体全景和世界全景。个人全景就是立足个人的发展的全貌，全面提升个人素质，坚持"五育并举"，这是全景德育的基石。集体全景是指个人的成长离不开集体，集体的发展离不开个人。集体价值在于涵养团队责任、国家认同、民族精神，培养具有中国风骨的现代人。世界全景是指随着全球化的不断深化，人类命运联系越来越密切，同命运、共呼吸的价值取向已经广为认可，和平与发展成为时代的主题。所以，培养符合世界发展要求的人才，必须遵循"全球胜任力"的价值取向，其核心价值在于主动参与、尊重多元、探索世界、文化互助。

（三）三个模块：五育并举、民族精神、全球胜任力

坚持"五育并举"，培养全面发展的人。"五育"是指德育、智育、体育、美育、劳动教育。《中共中央国务院关于深化教育教学改革全面提高义务教育质量的意见》指出，突出德育实效，强化学生良好行为习惯和法治意识养成；提升智育水平，坚决防止学生学业负担过重；强化体育锻炼，让每位学生掌握1至2项运动技能；增强美育熏陶，结合地方文化设立艺术特色课程；加强劳动教育，加强学生生活实践、劳动技术和职业体验教育。《意见》强调，在整个教育体系中，义务教育具有奠基性作用，被视为现代国民教育体系的基石，做好"五育并举"是深化素质教育改革的关键。

涵养民族精神，培养有中国"心"的人。中华民族精神是中华民族在漫长的社会历史发展过程中逐步形成的，它是中华各族人民社会生活的反映，是中华文化最本质、最集中的体现，是各民族生活方式、理想信仰、价值观念的文化浓缩，是中华民族赖

以生存和发展的精神纽带、支撑和动力，是创新社会主义先进文化的民族灵魂。在中华民族精神中，爱国主义是中华民族精神的内核，勤劳、勇敢、热爱和平、不屈不挠、自强不息等都是中华民族精神的具体表现。立德树人的教育方针时刻提醒我们要对"为谁培养人""培养什么样的人""如何培养人"三个教育的核心问题保持清醒，所以全景德育必须始终坚持有意识地培养学生的团队责任、国家认同、民族自信。

关注全球胜任力，培养胸怀世界的人。经合组织和亚洲协会全球教育中心认为，全球胜任力是从知识、价值观、技能、态度四个维度出发的。其一，它是指对地区、全球和跨文化议题的分析能力，学生可以利用并且结合学科知识和在学校里学到的思维模式，提出问题、分析复杂的数据和论点、解释他们观察到的现象、形成自己的立场。其二，它是指对他人的看法和对世界观的理解及欣赏能力，从多视角思考全球问题和他人观点与行为的意愿及能力。其三，它是指与不同文化背景的人进行开放、得体和有效的互动的能力，了解文化规范、交互风格、跨文化情境的正式程度，能灵活调整自己的行为和用语，以适应不同的互动情境，尊重他人，主动了解对方，并且努力关注边缘群体。其四，它是指为集体福祉和可持续发展采取行动的能力，对本地的、全球的、跨文化的问题做出回应的准备度，具备该能力的学生能够采取明智的反思性的行动，愿意参与改善自己的社区和社区以外的其他地区人们的生活条件。

综上所述，在新时代，初中全景德育的内容体系是以社会主义核心价值观为核心，观照学生发展的全景领域，即个人全景、集体全景和世界全景，形成三大内容，即五育并举、民族精神、全球胜任力。五育并举指德、智、体、美、劳全面发展；民族精神内含团队责任、国家认同、民族自信；全球胜任力包括探究世界、尊重多元、文化互动、主动参与。三大内容共十二个要点，通过学校四大系列课程实施，包括学生发展指导系列、综合实践系列、专题活动系列、学科渗透系列。

四、新时代学校全景德育内容的整合路径

从全景德育的要求看，上述框架中的内容不能各自为政，而应不断整合，只有在多路径的整合中开展德育活动，才能以"全景"的思想和思路发挥内容框架的功能。

（一）校园生活的立体感受

学生的校园生活是由多空间、多事件、多要素构建而成的，全景德育要建构"全景德育场域"，就要充分重视学生校园生活的时时、事事、处处、人人所隐含的德育要素，课堂中教与学的过程、课间的文明休息、宿舍的友好相处、活动中的相互关心和帮助、师生对待事情的态度等无不影响着学生校园生活的感受。学生在真实的校园生活中过有道德的生活，最终将过有道德的生活转变为一种习惯、一种追求、一种信念。

学生的校园生活由一个个有意义的事件构成，重视每一个事件带给学生的体验与成长，需要系统考虑、精心设计、高效实施。以锦一初二年级下期开展的"离队入团"仪式为例，活动以"青春梦想 使命担当"为主题。首先，全体少先队员重温入队誓言，敬最后一个队礼，唱最后一次队歌，写下对"未来自己"的青春寄语，分享少先队员时期的成长故事，并取下胸前的红领巾放入珍藏盒中收藏。其次，共青团团员举行入团仪式，在庄严肃穆的环境下，郑重宣誓，承诺为共产主义事业而奋斗！最后，邀请抗疫一线医护人员讲述青春奋斗的故事，用真人真事讲述"不奋斗无青春"的时代精神。

学生的发展就是通过这样一件件有意义的事件而实现的，整个活动充满仪式感。学生通过现场书写"青春寄语"，寄托个人对未来发展的憧憬，这也是对现实的反思，思考个人的优势与不足。教师在引导书写内容时，强化德智体美劳全面发展。在严肃的仪式中，学生在集体中重塑个人的价值，感受集体责任，实现对国家认同的深化；在活动的拓展与延展中，将"青春使命"作为活动的价值追求。

（二）社会现实的多维视角

学生在童年阶段的德性发展，不可能远离社会，他们在社会上的体验和感受，将投射到他们童年成长的每一个角落。因此，锦城一中的德育，是把社会引入校园，让学生与社会牵手的德育。在德育策略体系的建构上，既考虑学生成长和学校生活的特殊性，也考虑现实世界和"明日世界"对公民德性的要求，把社会价值整合到学生在校内校外的成长事件中，建构发现成长事件、筛选成长事件、运用成长事件、深化成长事件的德育策略体系。

以锦一开展的"行走丝绸之路，探究大美中国"研学课程为例。本次研学设计了

12条线路，采用"研究性学习"模式，以小组为单位开展项目式学习，经历准备、实践、分享三个阶段。在准备阶段，学生首先根据自身兴趣进行路线与课程选择，并参与路线课程学习，积淀基础知识；其次，参与"研究性学习"专项课程，知道什么是研究性学习以及研究性学习的具体步骤和评价体系；最后，组建小组并确定研究主题及方法，进行"开题报告"。在实践阶段，学生在进行课程实践时，主要进行两个方面内容的学习，其一是集体生活，其二是合作学习。在研学途中，以集体形式出行、行李整理、安全防护、社会礼仪、公德表现等都成为学习的内容，学生在做中学，在学中做。在研学地点进行合作性学习，个体与集体的价值分工、预期与实际的矛盾冲突、专业知识的及时补充等都是研学课程在转换学习时空中推动学生全面发展的重要内容。在分享阶段，学生以小组为单位进行"结题报告"并与同学分享。学生成长于实践中的反思与意识转变，学生在总结与分享中，不仅有对课程知识与学法的积累，更有在集体生活中的进步与改变，这是研学课程的价值所在。

研学课程将社会认知融入学生成长的体验过程。学生的发展必须符合未来社会的要求。在研学途中，个人在集体中，集体中有个人，个体的素质发展短板与优势都会全景式地体现出来。学生在经历成长事件的过程中，不断地发现自我，反思自我，纠正自我，朝着社会要求的方向推进自我发展，实现在个人全景中的成长。以小组为单位的学习、生活模式，让学生理解集体的重要性，从而认同集体，在中华优秀传统文化中浸润自我，从而认同国家，树立民族自信。研学课程的开展，还会探究多元文化的价值，在异于自身文化属性的环境中学习，必须具备尊重与理解的素养，需要主动参与的能力，在认识"新世界"中，实现文化交互与交融。

（三）自我成长的复杂体验

学生的成长是在多维度、多场景的复杂体验中的。在一个个成长事件中凸显学生自我成长，需要在不同德育路径中相互呼应，彼此补充。在课堂中，把德育课程、学科必修课程、学科选修课程、跨学科课程等整合起来，形成整合性的德育课程阵地，以提高课程多方面的发展力；在活动中，将活动系列化、主题化、结构化，充分发挥每一个活动的育人功能，实现活动全面育人功能的整合；在家校合作中，通过系列化的课程学习、实践指导、学生实际发展状况反馈，提高家长的德育水平，逐步加大学校德育与家庭德育的整合力度，提高家校整合育人水平；在学生评价中，关注学生行为方式的培养、学生思维方式的优化、学生的精神发育以及学生的学习境界；在社会资源利用中，发掘来自各行各业的成功家长、社区、社会资源等，通过不同层次和不同方面的资源整合，形成全景德育资源。

锦一开展跨学科的学科选修课程，如"行学天下"是历史、地理的整合课程，课程宗旨在于教师与学生一同解读与探索地理奇观和历史掌故，向学生展示世界的壮美景观与灿烂文明的同时，树立学生保护自然环境和历史文明的意识；带领学生通过丰富多样的风土人情，探寻自然环境对人地关系的影响和人类文明的传承，激发学生勇于探索、敢于追问的实践精神，引导学生掌握地理与历史学习的基本方法与原则，启迪学生在读懂青山绿水中读懂世界文明，因为伟大的文明都是自然地理与人文历史的融合。以《雅典民主制度》为例，在课堂中，师生从希腊地区的地中海气候与山地地形分析得出，希腊地区不适宜谷物种植业的发展，在畜牧业的基础上，航运与贸易成为其主要行业，奠定了希腊文明的基础元素，在个体的、交互的、平等的文化氛围中，形成了奴隶制下的民主制。师生还将希腊文明与中华文明、埃及文明进行类比，从自然环境的特殊性中，探究出中华文明与埃及文明具备精耕细作的谷物农业种植的条件，故而形成能够保证稳定社会环境的专制社会形态，从而揭示人类文明发展的"秘密"——因地制宜是人类文明发展的基本规律。

跨学科的融合课程基于社会现实存在的复杂性与多变性特点，从不同学科专业视角出发，聚焦核心问题，给学生呈现多元背景下的知识场域，当这些知识场域形成融合时，就是课程全景呈现的最佳时机。学生在进行课程探究中，从自身知识储备出发，探索新领域的知识成果，颠覆以往的知识认知，这本身就是"智育"的重要内容；学生与教师的交互式学习，本身就是团队中的协调与认同，在一问一答或者引导性思考中，获取新的成长，在团队认同中理解文明的多样性；学习世界范围内的文明成果，沉淀文明认同的基因，是培养尊重多元文化的基本要素，这也是开展跨学科课程的价值所在。

（四）聚焦未来的时空整合

一是建构"相信未来"的德育认知，相信自己、社会和国家的未来是美好的，我们在这样的美好未来中，一定能积极乐观地生活。只有具备这样的道德认知，才能激发自己多方面的潜能为未来服务。二是建构"应对未来"的道德理解，如何才能具备积极应对未来挑战的勇气和态度？如何才能提高分析和预测未来的能力？如何才能激活自己的潜能,把自己的水平发挥到极致,为未来奠定更好的基础?如何学会选择,将注意力集中在适应未来发展的事情上?这些构成了"应对未来"的道德理解的重要内容。三是建构"创造未来"的道德理想。未来不是用来等待的,而是用来创造的。要创造未来,应具备怎样的态度和理想?这是全景德育需要建构的内容。

如锦一初三年级开展的以"构筑职业理想 规划个人发展"为主题的职业体验研学活动。学生分成研学小组走进了社会,体验不同职业生活,了解不同职业需要具备的基本知识和技能,关注不同职业未来的发展趋势,在职业体验研学活动中观察社会,反求诸己,体验成长。这打破了学校围墙,走进了现实生活,把握了时代脉搏,是培养理解时代和改变时代的现代人的最佳方式。锦一还组织了"全人讲堂",邀请各行业顶尖专家、学者和时代先锋走进校园开讲。这极大地开阔了学生的视野,为学生积淀创造未来的智慧、沉淀行走全球的品格奠定了基础。

第四章

新时代的班会课如何落实全景德育的思想

道德就是一种社会契约。

——［美］罗伯特·斯滕伯格

"道德就是一种社会契约。"德育，重在培养学生不断提高理解和遵守社会契约的意识与能力。一个时代有一个时代的社会契约，新时代的社会契约有了新的要求与规定，新时代的学校德育，必须利用班会课这一重要渠道，培育学生新时代的契约精神，提高与新时代和谐相处的能力。

班会课是中学德育的主要阵地，是学生接受思想教育的重要场所。新时代背景下，立德树人是核心，全人发展是基础，现代化的学校德育生态系统是保障。班会课需要根据时代要求，在德育改革成果的基础上，与学校学生发展实际相结合，对班会课内容体系、框架建构、实践方式等进行系统修正与创新，不断沉淀新时代的契约精神。因此，新时代的班会课必须落实全景德育的思想，才能在班会课这一德育阵地上滋养新时代的契约精神，培育出建设社会主义现代化强国的时代新人。

一、新时代的班会课：新功能与新样态

现行班会通常存在形式单一、内容陈旧、评价缺失等系列问题。在新时代背景下，立德树人成为班会课的核心价值取向，要求我们赋予班会课新的功能、新的样态。而要革新班会课，就需要以学校现代德育生态为滋养背景，全面落实全景德育的发展目标，从而形成班会课的新功能与新样态。

（一）新时代班会课的新功能

党的十九大报告指出："要全面贯彻党的教育方针，落实立德树人根本任务，发展素质教育，推进教育公平，培养德智体美劳全面发展的社会主义建设者和接班人。"全景德育，是以促进"全人发展"为基本目标建构的学校现代德育生态。新时代初中全景德育的班会课内容体系建构，需要遵循动态性、学生主体性、全面性等原则，遵循学生发展规律，以学生为主体，促进学生全面发展。

1. 培养建设社会主义现代化强国的时代新人

要形成理解、遵守社会契约的意识与能力，需要走进社会、适应社会，明确新时代对人才的基本需求。

首先，关注未来职业形态的变化。在未来产业形态的新变化中，尤其信息技术的发展，需要新的德育素养。网络媒体盛行的今天，职业发展的时间和空间已经拓宽，技术性、多元性的特点突出，相较于现场性的职业形式，对人的德育提出了更高的要求，对技术道德、远程行为等提出了特别的要求。世界在发展变革，我们要培养学生走向未来的能力，德育体系必须与之相适应，培养新型的建设者和接班人。

其次，提高全球胜任力。当今世界，全球经济、文化、科技、环境和政治发展迅速并且紧密联系，各种现实问题互相交织，任何一个地区、一个团体发生的改变，都有可能影响着地球上的每个人，各国和各民族的相互依存关系达到前所未有的程度，我们面临的挑战也是前所未有的复杂与艰巨。所以，要赢得未来，必须培养具备全球胜任力和全球素养的人，不仅要具备深厚的国际文化背景，还必须具备解决跨国性问题的能力。新型的建设者与接班人，一定要能够在全球复杂环境中冷静地看待和应对问题，而这必须要在良好的教育机制下孕育。

最后，树立宇宙生态观。党的十九大报告提出要"坚持人与自然和谐共生"，这是新时代坚持和发展中国特色社会主义的基本方略之一。对此，新型的社会主义建设者和接班人不能只将眼光局限于人类，学校应引导学生具备自然生态观和宇宙生态观，让学生在面对生态问题时，形成科学系统的生态文明观。

面对当今时代的发展，新时代的学校要以"培育整全生命"为宗旨，开展符合新时代社会契约精神的班会课，引领学生培养社会意识、国家责任、生命意识、开创精神和政治理想等，知道担负社会建设的责任，在新时代背景下继承社会主义理想，帮助学生在履行社会责任的过程中发展自我，以此提升自己的生命意义，为今后成为社会主义新型的建设者和接班人奠基。

2. 涵养德智体美劳和谐、持续发展的整全生命

在新时代的背景下，中国教育的改革深化进入了一个新阶段。在全国教育大会上，习近平总书记提出立德树人要在六个方面下功夫，即在坚定理想信念、厚植爱国主义情怀、加强品德修养、增长知识见识、培养奋斗精神、增强综合素质上下功夫。在"六个方面下功夫"体现了新时代对社会主义建设者和接班人德智体美劳的新要求，同时，也指明了学校德育价值取向的新方向。锦城一中立足未来，基于新时代全景德育提出针对德智体美劳全面发展，主要突出和谐、持续、整全三大要素的德育新样态。

第一，和谐发展是根本。在新时代的今天，德智体美劳五育并举的发展，不是强调突出某一方面的独立发展，而是帮助学生实现整合发展，不仅讲求五育的发展，更是突出五育的和谐平衡。比如，劳动没有高低贵贱，我们应该尊重不同的劳动者，不能轻视不同劳动性质、岗位的人。

第二，持续发展是关键。我们的教育不能仅仅停留在满足目前的需求上，还应满足持续发展的需要。全景德育旨在培养立体发展、整合发展、可持续发展的鲜活的人。学生在不同阶段对德智体美劳的体验和感受是不一样的，在不同阶段，发展的要求和方法也是不同的，发展不仅要满足现在的需要，还应该考虑后续人生道路上不同阶段的需要，它是随着时代而不断变化的。

第三，发展整全生命是方向。以前的德育更注重当前的价值和效果，没有考虑到社会和世界是在不断变化的。适应未来的整全生命的德育路径，符合时代发展的需要和学生成长的需要，立足当下，着眼未来，将智力与情感、精神与物质、个体与社会、实物与艺术、科学与人文、传承与创造、现实能力与潜在能力等方面实现整合发展，契合新时代教育的新要求。

3. 全方位促进民族传统精神焕发时代光彩

一个国家、一个民族之所以能屹立于世界民族之林，就是因为有独特的文化，民族文化是我们的根。越是民族的东西越容易走向世界，越容易被世界接受。伴随着经济全球化的到来，文明全球化也到来了。我们的民族精神是民族文化的核心和灵魂，弘扬民族精神就是应对这种文化全球化的战略选择，也是振兴中华民族的思想根基。

新时代全景德育指导下的学校班会课，要传承民族传统文化，但不是让学生复古，而是让民族传统精神和文化具有学生今天和未来的发展意义，促进民族传统精神焕发出时代之光。班会课的新功能不仅仅在于传承民族文化本身，更在于挖掘民族文化对今天和未来的意义。因此我们的班会课在传承民族文化的同时，要让学生借助我们辉煌的过去走向更加辉煌的未来，借助民族的传统精华走向日新月异的明天。

（二）新时代班会课的新样态

新时代的学校全景德育，是以建构有利于促进全人成长的立体空间和超大视角为主要任务，不断优化形成的具有学校特色和文化底蕴的师生道德品质与人格风范的发展场域。根据全景德育的这一要求，新时代的班会课应呈现出如下样态：

第一，视角广。班会课建构的视角体系广，形成了空间上和时间上的"全景"。从空间上看，学校全景德育既关注"五育"发展、社会的形态转变，也关注自然和宇宙生态的变化。从时间上看，全景德育强调传承过去的民族传统文化，展现现在的新时代之光，关注未来的职业形态。因此，全景德育班会课应从时空上建构广视角的内容体系。

第二，整体感强。为建设全景德育的实践生态，把全体学生培养成具有世界一流精神品质与人格风范的建设者和接班人，学校德育班会课要注重整体设计。首先，根据学生在中学阶段的认知、思维与德性发展等特征，设计和确定中学阶段全时段一体化的德育班会课体系，选择和建构适合中学生的现代德育班会课。其次，班会课的内容与学校活动、社团活动、学科德育、社会生活等结合设计，旨在将学生培养成立体发展、整合发展的鲜活的人，这是以全人发展为德育宗旨的应有之义。最后，整合学生、家庭、社会等班会课资源，以此覆盖学生各种成长环境，构建全景发展体系。

第三，话题新。根据整全生命的发展要求，为适应新时代发展的要求，班会课内容要适应现实世界的话题，紧扣时代和未来，紧跟科技发展，避免陈腐的说教。比如，怎么扣住现在学生关心的话题，怎么能从学生感兴趣的话题出发，从而多方面建构全景德育策略体系，引导学生不断发展。

第四，生成性强。新时代的班会课，是促进每一位学生有序发展、整合发展和创生发展的德育。班会课注重即时性，引导学生在原有预设班会课内容中生成新的观点、新的思想，建构学生新的行为表现，即把班会课的主旨精神变成学生点点滴滴的行为建构。

第五，形态多。新时代的全景德育班会课，内容上，由于网络技术的运用，素材变得丰富多样；形式上，不再局限于班主任一言堂，学生更多地参与策划和活动；空间上，由固定教室的德育班会场所拓展到更大空间，追求德育场域的立体感。全景德育班会课，紧扣全方位、全时空、全过程，形成立体和多维度的全景德育。

二、班会课的"全景":建构策略与内容体系

新时代的班会课要落实全景德育思想,需采取以下措施建构班会课的"全景":

(一)班会课的"全景"目标:培育整全生命,促进全人成长

要构建班会课的"全景",首先要明确班会课的育人目标,即培育整全生命、促进全人成长。具体来说,就是要根据新时代对全人发展的要求,确立班会课的目标框架。如锦城一中确立了如表4-1所示的班会课的目标框架。

表 4-1　成都金苹果锦城第一中学班会课的目标框架

全人品质发展维度	班会课的目标框架
谦谦君子,知书达礼	培养学生的学习习惯,提升学生的礼仪水平
学会学习,涵养底蕴	让学生认识学习的价值,主动学习,善于思考,锻造学生努力奋进、精益求精的精神
追求卓越,立己达人	让学生正确面对自我,明确自身的优势以及未来发展方向,不断超越自我
善待他人,悦纳自己	让学生能够发现自己与他人的不同,勇于接受并善于展现自己的独特之处
心念国家,使命担当	教育学生心怀梦想,聚焦目标,树立学生"国家兴亡,匹夫有责"的意识,培养爱国热情
放眼全球,理解世界	培养学生观察世界的能力,让学生学会筛选信息和加入自己的价值判断

全景德育的核心价值在于从时间、空间上建构人的发展空间,杜绝将个体进行"独立"教育,将学生与集体、世界分离,将学生的过去与将来分割;既要从横向上突破个人主义的德育教育,更要联系个人的过去、现在与将来。所以,全景德育要立足学生的三个维度的全景,即个人的全景发展、个人在集体中的全景发展以及个人在世界中的全景发展。

个人的全景发展核心在于德智体美劳五育并举。为此，锦城一中进行了两个框架设计，即"谦谦君子，知书达礼"与"学会学习，涵养底蕴"。"谦谦君子，知书达礼"立足中国传统，以"君子"为具象目标，以"礼"为评价标准。从礼仪入手，透析中华优秀传统文化的内涵，理解礼仪文化的现代表现形式以及新时代"君子"的评价标准，为学生未来成长奠定道德基础。"学会学习，涵养底蕴"的核心是学生时代的关键在于学习，需集中力量解决三大问题：为什么学习？学习什么？如何学习？学习不是一个阶段的事情，而是一生的事业。学校不仅要让学生掌握已有知识与方法，更要让学生具备发展知识、创造知识的能力，具备运用知识和学习知识的能力。

集体的全景发展核心在于如何处理好个人与集体的关系。为此，锦城一中进行了两个框架设计："追求卓越，立己达人"与"善待他人，悦纳自己"。在全球化进程加快的今天，个人的特殊属性已经减弱，我们早已成为集体中的人，协作与共进成为个人与个人、个人与集体之间的主题。这里我们将面对两个问题：第一，如何在集体中评价自我？第二，如何与集体相处？"追求卓越，立己达人"要求立足集体的维度，将相对评价与绝对评价结合，多角度地考评个人的现状，不断刷新自我发展的方向与生存的集体，这是个人实现人生价值的重要途径。"善待他人，悦纳自己"强调个人不是"独立"的个人，是有过去、现在和未来的，每一个人的成长环境都在不断更迭，我们既要接受以前的自己，也要展现现在的自我，更要打造未来的自己。这样的成长只有在集体中才能获得，而在集体中生存空间的大小，取决于如何与周围的人相处。我们常说"严以律己，宽以待人"，这是我们中国传统的处事哲学，也是学生在任何集体空间中成长的基础。

世界的全景发展核心在于培养学生具备全球胜任力。社会的发展更新，不断地强化了跨区域性的合作与发展，首先要具备立足世界的文化能力与背景，更要具备世界理解力与成长力。为此，锦城一中设计了"心念国家，使命担当"与"放眼全球，理解世界"两个框架。在"心念国家，使命担当"中，我们强调成为具备中国灵魂的世界人。越是民族的越能被世界接纳，越能融入世界；越是有国家立场与民族担当的，越能具备解决跨区域性问题的能力。我们更需要将中国文化内涵传播到世界各地，为"命运共同体"做出贡献。在"放眼全球，理解世界"中，我们重视个人对其他地区、其他文化的尊重，更重视学生具备宇宙生态观念，因为只有理解才能协作，只有协作才能创造未来，才能可持续地和谐发展。

（二）班会课的主题序列

全景德育要让学生成为生活的有心人，以生活为线索，建立德行与德性。根据"合格全人""优秀全人"和"卓越全人"的发展阶段及其主要标准，以坚定"道德信仰"和培养"道德意志"为重要指向，逐步建立和完善序列化的班会内容，提高班会课的过程整合水平。为此，锦一拟制了六大班会主题序列。

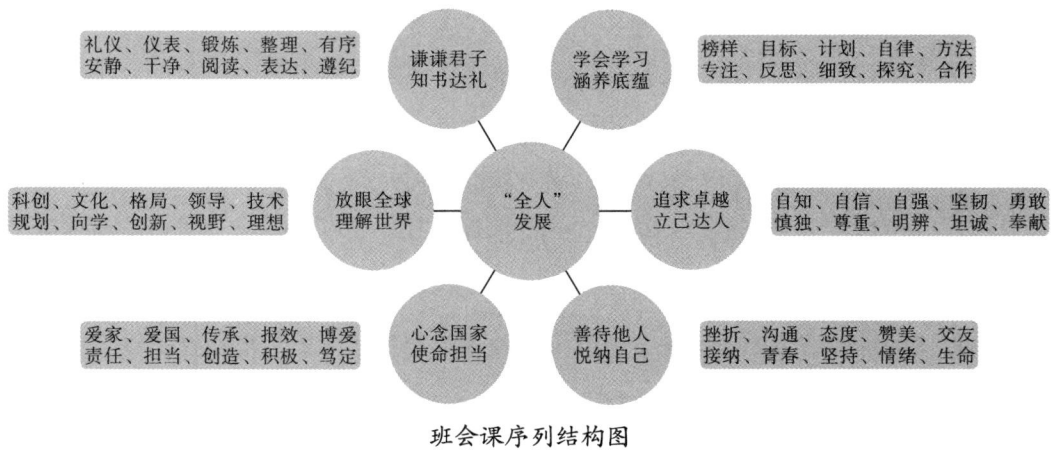

班会课序列结构图

这一序列的主要内容可用表4-2呈现。

表4-2 成都金苹果锦城第一中学班会主题序列总表

全人品质发展维度		主题序列
全人发展	谦谦君子，知书达礼	礼仪、仪表、锻炼、整理、有序、安静、干净、阅读、表达、遵纪
	学会学习，涵养底蕴	榜样、目标、计划、自律、方法、专注、反思、细致、探究、合作

表 4-2（续）

全人品质发展维度		主题序列
全人发展	追求卓越，立己达人	自知、自信、自强、坚韧、勇敢、慎独、尊重、明辨、坦诚、奉献
	善待他人，悦纳自己	挫折、沟通、态度、赞美、交友、接纳、青春、坚持、情绪、生命
	心念国家，使命担当	爱家、爱国、传承、报效、博爱、责任、担当、创造、积极、笃定
	放眼全球，理解世界	科创、文化、格局、领导、技术、规划、向学、创新、视野、理想

在六大序列设计基础上，锦城一中分别提炼出了 10 个主题，每一个主题都对应框架内容的一个方面，也是学生意识与能力的一个目标。每一个主题的目标是不一样的，训练的方式与内容也不一样，而同一个主题在不同的年级也是不一样的。我们必须承认，学生的发展是呈螺旋形上升的形态；我们也必须承认，一种能力主要不是独自习得的，更多是通过以班级为单位的班会课习得的。班会课的具体形态具备不确定性的特点，但是我们教育的方向与方式是具有指向性的。以"谦谦君子，知书达礼"中的"有序"为例，初一年级的目标是知道有序列队、有序集会的具体要求和标准，能够按照有序的标准参加集体活动；初二年级的目标是了解有序的内涵是规则，能够有序地安排自己一天的学习、生活；初三年级的目标是理解有序的意义与价值，能够利用有序的精神内涵解决生活、学习中的问题。而针对不同发展阶段的班级，我们的班会也会做出相应的调整，特别是在初一年级目标没有达成的情况下，我们可以将班会课设计成课后的小活动，以"有序标兵"的评比活动形式，巩固班会课的效果，再进一步深化班会课的价值。

（三）班会主题的内容细分

班会序列是整体框架，具体到每个学段、每个班级上相关主题的班会课时应达到怎样的目标，还需要细化。锦城一中将班会序列的每一个主题进行了目标的分解，三个子目标针对三个年段的学生特点来制定。这个目标是一个基本目标，各班主任在设计班会课时还可以根据班级实际情况增添其他目标。（见表4-3）

表4-3 成都金苹果锦城第一中学班会主题序列内容分解表

框架	主题	主题诠释	内容分解
善待他人 悦纳自己	挫折	直面挫折 勇于承担	1.能够清楚地认识挫折；2.可以做到坦然接受挫折；3.拥有足够的勇气和能力战胜挫折
	沟通	与人交流 与己沟通	1.认识到与他人沟通的重要性；2.能够掌握与人沟通的技巧；3.能够认识到与内心的自我沟通的重要性并付诸行动
	态度	保持微笑 生活美好	1.能够意识到积极的生活态度是美好生活的前提；2.能够做到对自己时刻保持微笑，对他人也能时刻保持微笑；3.能够用自己的正能量影响身边的人
	赞美	赠人玫瑰 手留余香	1.能够意识到对他人的赞美是对他人的肯定；2.能够掌握对他人进行真诚赞美的技巧；3.能够在自己被他人战胜时对他人发出由衷的赞美
	交友	良师为帆 良友为伴	1.愿意主动与人交往，积极交友；2.能够分辨益友损友，并主动与益友为伴；3.能够懂得"三人行必有我师"的道理，能够择善而从
	接纳	我就是我 最美烟火	1.能够发现自己与他人的不同；2.能够清晰地判断自己的个性是否符合正能量的价值观；3.勇于接受并善于展现独一无二的自己
	青春	花季少年 雨季青春	1.能够清楚地认识到自己在青春期的生理和心理的变化；2.能够清晰地判断自己的变化对他人的影响；3.能够较好把握自己在日常生活中与同性和异性的交往距离
	坚持	不积跬步 何至千里	1.认识到坚持的重要性；2.能够反思自己在学习与生活中没能好好坚持的地方；3.能够做到坚持不懈、持之以恒
	情绪	排解消极 远离压抑	1.认识到消极情绪下人的生理和心理都会受到不良的影响；2.面对不良情绪的时候学会自我疏导；3.能够帮助他人排解不良情绪

表 4-3（续）

框架	主题	主题诠释	内容分解
善待他人 悦纳自己	生命	珍爱生命 热爱生活	1. 能够体会到生命的美好与价值；2. 能够对生命存有敬畏感；3. 实现自我生命价值
追求卓越 立己达人	自知	知人者智 自知者明	1. 能够明确自己的优缺点；2. 清楚自己现阶段努力发展的方向；3. 能从复杂的环境中了解自己未来发展的路径
	自信	坚守信念 超越自我	1. 清楚自身的目标并发挥自己的特长，实现自我成长；2. 明确自己未来的发展方向，积极提升自我；3. 不断超越自我
	自强	修身自立 奋发图强	1. 学会从别人身上学习优秀的习惯与态度；2. 总结自身缺点与不足，不断完善自我；3. 为抵达理想的境界奋发图强
	坚韧	披坚执锐 不屈不挠	1. 将自己的目标分解并层层落实；2. 积极面对批评，学会分析自我的不足及产生的原因；3. 明白披荆斩棘、勇往直前才能实现人生理想
	勇敢	敢为人先 勇于开拓	1. 敢于尝试以获取更多的成长经验；2. 积极参与各项学习活动，努力争取自我提升的机会；3. 努力做一个有开拓精神的人
	慎独	君立形外 必慎其独	1. 了解自我约束、坚持自我约定的重要性；2. 学会通过写反思日记来促进自我管理；3. 运用自我认可与见贤思齐的思维方式，保持自我成长的进度
	尊重	平等友爱 行达自言	1. 学会聆听他人的故事，理解他人的想法及产生的原因；2. 学会平等地看待他人、理解他人
	明辨	博闻明理 善辨是非	1. 勤学文化知识，提升个人文化底蕴；2. 养成独立思考的习惯；3. 学会大胆质疑，也要小心求证
	坦诚	坦率为人 真诚相待	1. 做到用事实说话，不能恶意掺杂个人偏见；2. 做到言出必行，诚恳待人；3. 把握言行，做到表里如一、心中坦荡
	奉献	随风入夜 润物无声	1. 学会感激同伴、师长，懂得点点滴滴都是恩情；2. 主动付出行动，传递自己的真情；3. 明白大爱无声，学会为他人默默付出

表 4-3（续）

框架	主题	主题诠释	内容分解
心念家国使命担当	爱家	爱行万里温暖在家	1. 了解自己的家族历史，理解家风的含义；2. 孝敬家族长辈，知道家族的兴旺是长辈们艰辛奋斗的成果；3. 树立肩负家族兴旺的责任意识
	爱国	国家兴亡匹夫有责	1. 了解我国的基本国情，认同我国现行的主流价值观；2. 关心国家大事，了解国家发展动向；3. 树立"国家兴亡，匹夫有责"的意识，与国家荣辱与共
	传承	传以言教承为载道	1. 学习经典著作，汲取其精华；2. 了解传统节日的历史与内涵，感受传统节日的独特魅力；3. 将自己所了解的传统文化应用于自身的生活与工作中，并积极传扬优秀成果
	报效	授智兴业知恩图报	1. 学会规划人生，立志为国效力；2. 努力提升自我，为未来奠定基础；3. 理解国家对于我们个人的重要性，时刻准备为国付出
	博爱	善者博爱天下寄身	1. 常常想着别人对你的帮助与恩情，心中长留温暖；2. 理解互帮互助的重要价值，全力帮助他人；3. 锻造自我品节，怀揣大爱
	责任	责任在肩攻坚克难	1. 学会承担责任；2. 知道事情的轻重缓急，掌握处理事务的基本方法；3. 理解团队协作的意义，责任共担，荣誉共享
	担当	敢于担当不计得失	1. 积极面对考验，迎难而上；2. 知道集体的智慧大于个人，学会借助外力，攻克难关；3. 心怀梦想，聚焦目标
	创造	创新进取造就未来	1. 学会融会贯通，举一反三；2. 把握创新的关键部分，以追求务实为标准；3. 坚持积极思考，永不放弃，树立为未来服务的意识
	积极	主动学习志存高远	1. 了解自我规划对自己发展的意义，学会主动规划；2. 做事要学会分解目标，步步推进；3. 主动用更高目标要求自己
	笃定	坚定有力从容不迫	1. 面对挫折，积极调整情绪；2. 知道日积月累、水滴石穿的道理，坚信长久的努力终会有收获；3. 做事情遵循规律，学会循序渐进

表 4-3（续）

框架	主题	主题诠释	内容分解
学会学习 涵养底蕴	榜样	尊重老师 欣赏同伴	1. 学高为师，学会发自内心地尊重无私无悔的园丁们；2. 善于发现同伴的优秀点滴，欣赏同伴，择善而从
	目标	目标引领 锲而不舍	1. 认识到远大目标对自己成长的意义，逐步树立切合自己实际的目标；2. 不畏艰辛、矢志不渝地去追寻目标
	计划	明确方向 制订计划	1. 分析自我，清楚现在自己的实际情况；2. 制订可操作的行动计划，认识到执行比制订更重要；3. 根据自身情况，及时修正计划
	自律	避开诱惑 控制自己	1. 理解学校的规定与守则，严格遵守；2. 学会分析干扰自我进步的诱惑，认清利与弊；3. 自我约束，认识到进步的基础是自我规范
	方法	他山之石 可以攻玉	1. 了解各学科的学习方法，寻求最适合自己的学习方法；2. 结合优势，在学习中有的放矢；3. 给自己学习、成长树立可供效仿的榜样
	专注	专时专用 讲求效益	1. 认识专时专用的价值，学会分清学习的主次；2. 知道合理规划的重要意义在于提高效率；3. 明白专注的内核是严谨认真，学习工匠精神
	反思	反思整理 客观评价	1. 知道反思的作用，养成反思的习惯；2. 学会在反思中找到不足，积累经验；3. 学会总结反思成果，坚定目标，砥砺前行
	细致	踏实过程 精微细节	1. 明确学习和工作的要求，保质保量地完成任务；2. 学会关注细节，精益求精，培养追求完美的习惯
	探究	发现问题 积极解决	1. 学会在学习中积极发现问题，积极参与探索；2. 学会分析问题，提出问题的解决方案
	合作	合作共享 共同成长	1. 学会自我认识，主动参与竞争；2. 辩证地认识合作与竞争的关系，积极参与协作；3. 学会组建合作小组，理解合作共享的意义

表 4-3（续）

框架	主题	主题诠释	内容分解
谦谦君子 知书达礼	礼仪	知礼明义 礼貌待人	1.知道讲文明、讲礼貌是做人的基本品质；2.学会礼貌待人，遵守中学生的礼仪规范；3.继承和发扬礼貌待人的传统美德
	仪表	自尊自爱 仪表整洁	1.了解不同场合的仪表要求，明白仪表在社会交往中的重要性；2.注重个人仪表，保持仪表整洁
	锻炼	热爱生活 勤于锻炼	1.掌握体育锻炼的方法和技巧，能够有效运动以增强体质；2.培养运动兴趣，为自己健康成长和全面发展奠定良好基础
	整理	善于整理 类别分明	1.通过分类操作掌握分类的技巧，初步养成有条理地整理物品、思考问题的习惯；2.将分门别类的意识应用到生活中，在有限的时间内追求效益
	有序	列队有规 集会有序	1.了解列队、集会的具体要求和标准；2.知道活动安静有序的意义与价值；3.在有序的活动中，增强集体荣誉感和责任感
	安静	智慧学习 宁静致远	1.明白在安静的氛围中学习，其效果远好于在嘈杂环境中学习，静能生慧；2.主动营造并维持安静的氛围，知道良好的课堂氛围是提高学习效率的保障
	干净	清爽干净 卫生健康	1.明确学校卫生工作的标准和要求；2.掌握清洁的方法，从教室、校园做起；3.增强环保意识，树立人与环境协调发展的意识
	阅读	坚持阅读 善于积累	1.知道阅读的重要性，通过每日的阅读积累，增强自身的人文修养和情感体验；2.在阅读中认识世界，拓展思维，拓宽眼界
	表达	乐于表达 自信阳光	1.能够在宽松和谐的氛围中锻炼自己的交往能力；2.唤起自己的自信心和表现欲，敢于、乐于、善于表达自己
	遵纪	遵纪守法 严于律己	1.明白班规校纪的要求及其对自我发展的重要意义；2.知道规则意识的重要性，严于律己；3.养成遵纪守法、遵守社会公德，维护公共秩序的良好习惯

表 4-3（续）

框架	主题	主题诠释	内容分解
放眼全球理解世界	科创	用心创造改变未来	1. 知道"科创教育"的真正内涵；2. 善于发现生活中"创造"的细节；3. 能够利用学校和生活中的资源在自己感兴趣的方面进行创新
	文化	多元文化感受风情	1. 了解世界各民族人民丰富多样的文化；2. 能够在多元文化中保持文化自信；3. 做到尊重不同于自己的文化和信仰
	格局	与时俱进顾全大局	1. 理解什么是格局；2. 能够体会到一个有格局的人的人生价值的不一样；3. 让自己成为一个有格局的人
	领导	凝聚团队创造价值	1. 面对任务，能够主动组建团队；2. 能够给予团队成员清晰的责任划分和任务分配；3. 能够在团队遇到困难时，带领队友积极解决问题
	技术	了解科技玩转世界	1. 体验科技发展所带来的新技术；2. 衷心热爱并投入到国家科技发展的浪潮中
	规划	我的人生我来做主	1. 意识到人生规划对人生发展的重要性；2. 主动去发现自己的兴趣和爱好；3. 能够在教师的帮助下进行短期、中期、长期的人生规划
	向学	莘莘学子憧憬未来	1. 认识到知识改变世界；2. 了解全世界发展最快的科技领域及其发展动向；3. 了解世界著名学府和科研机构
	创新	创新意识引领思维	1. 了解我们国家在科技进步中为世界所做出的创新贡献；2. 意识到创新是提升国家政治地位和经济地位的重要抓手；3. 树立创新意识
	视野	海阔天空登高望远	1. 学会做一个观察世界的人；2. 掌握观察世界的途径和方法；3. 学会筛选自己所获得的大量信息，并加入自己的价值判断
	理想	砥砺前行诗与远方	1. 明白理想的重要性，尊重有理想的人；2. 能够清晰地认识到真正的理想是关乎人类发展的理想；3. 确定自己的人生理想并为之不懈奋斗

教育具备共性的特点，更具备个性的特色，不是所有学生、所有班级都能够符合设计目标要求的，承认学生的差异化发展，认可教师的个性化，是教育的基本原则。所以，我们要求各班级对主题班会进行个性化的创新开发，并遵照三个原则。第一，符合学情的才是优秀的班会课。目标设定、材料运用、流程设计等环节，都要符合学生基本认知能力与实践水平，这样的班会课才是有意义的。第二，正确解读主题。全景德育背景下的主题设计是根据"全人发展"的基本要求进行的，正确地解读主题内涵，正确地选择课程材料，正确地设计实施环节，都是个性化创新的先决条件。第三，符合时代要求，与时俱进，贴近生活。班会课既要面向学生，也要面向现实，更要面向未来。我们培养的是具备未来意识、民族精神与全球胜任力的学生，要摒弃"本本主义"，不能将以往的经验完全嫁接在现在的课堂上，因为世界变幻莫测，学生将来要面临的问题与世界也是变化多端的，只有面向未来，针对现实，才能实现我们的德育目标。

下文将以"规划"主题为例予以呈现。案例中初一、初二、初三的班主任在设计班会课时，基于学段和班级特点，目标各有侧重。

案例1 "整理扮美人生"主题班会课设计方案

初一×班　班主任　朱　莉

【活动对象】

初一年级学生

【班情分析】

初一年级学生正逐步进入青春期，开始有了较强的自我意识，这个阶段也是人生观和价值观形成的重要时期。我经过对班级孩子的观察、调查以及与孩子父母的交流发现，孩子普遍不太适应住校生活，特别是不太适应严格的寝室整洁、教室整洁要求。所以，我安排在初一年级三班进行一堂关于"整理的意义"的班会课，希望能引导孩子们懂得整理的必要性和重要性，明白"整理扮美人生"的道理，从而在平时的生活和学习中重视整理、学会整理。

【活动目标】

（1）认识整理的必要性。

（2）理解整理的重要性，特别是整理对个人、对集体、对社会的重要作用。

（3）能主动整理自己的物品，规划自己每天的学习。

【活动重难点】

课堂的层层推进，让学生明白整理对个人、集体和社会的重要意义；升华思想，让学生能够主动约束自己，主动学会整理、坚持整理。

【活动过程】

1. 导入班会

大声朗读班规，发现班规中出自《锦源》习惯篇的一句话，进而聚焦"整理"这个词。

2. 晒一晒：整理对个人的意义

（1）赛一赛速度；

（2）亮一亮"名片"；

（3）诊一诊心理。

3. 看一看：整理对集体的意义

4. 想一想：整理对社会的意义

【班会总结】

整理的意义：

对个人——提高效率、提升形象、健康身心。

对集体——班级有序、班风优良、促进学校管理、树立学校品牌。

对社会——有助于促进社会的井然有序、高效文明。

"整理并不是人生的目的。真正的人生，始于整理之后。"

第一，本课结合初一年级学生的实际需要，特别是考虑到寄宿在学校的学生，不仅要面临学习方面的要求，还要面临生活方面的要求，故而对"整理"的细节作了精细化的讲解，并引导学生动手学习，让学生习得整理技能。第二，将"整理"进行意义升华，正确解读了其对个人、集体、社会的价值，提升了课程的德育价值。第三，在学生活动方面，开展了多样的学习模式，通过定量比拼、自我展示与互帮互助等形式，有效提高了学生的学习能效。

案例2 "仰望星空,脚踏实地"主题班会课设计方案

初二×班　班主任　李 滔

【活动对象】

初二年级学生

【班情分析】

锦城一中的学习活动时空切换频繁,需要学生在动与静之间切换自如。因此,根据学段特点,我选择在初二开始给学生强调做事要目标明确有计划。在初二上期,我通过系列学法指导(如入学学法指导、期中复习安排、期末学法指导等)让学生适应中学的学习节奏。暑假时,我们年级布置了自行制订学习计划的任务,并在入学学法指导时安排优秀学生进行展示和分享。

初二年级是初中生活分化的开始,目标的树立和计划的制订落实对于学生意义重大。本班学生个性鲜明,学业成绩两极分化严重。绝大多数同学都有明确的目标,但从调查问卷来看,目标制订普遍不切实际,或是目标制订后无后续计划跟进保障目标的实现。我们不能把孩子培养成只有想法而没有行动的人,而是应该把他们培养成有人文情怀和国际视野且会自主管理的学生。在这种情况下,与他们一起探讨目标和计划的内涵,分享优秀的实例,既是让他们在新的成长阶段进行交流,也是让他们通过这种思考为自己重新定位,找到自己的方向和学会制订切实可行的计划,从而树立远大的理想并落实到每一天的行动中,做到知行合一,立大志,成大才。

本堂课重点在于引发学生从理性上认识目标和计划,让学生从管理学的角度了解目标和计划。呈现目标计划相关的理论如SMART和PDCA以及其蕴含的核心能力和素养,如时间管理、契约精神和反思能力。让学生初步掌握目标和计划制订方法和原则后,在接下来的学习生活中还会通过系列活动让学生更深入地认知和更系统地践行。仰望星空,让学生涵养创造未来的智慧;脚踏实地,让学生沉淀行走全球的品格!

【活动目标】

(1)学生认识和了解目标和计划各自的内容和两者间的逻辑关系。

(2)学生学会制订短期目标并有规划初中三年生活的意识。

（3）学生了解管理学中目标管理和计划推进的一些原理或工具，如 SMART 和 PDCA 等。

（4）学生认识目标和计划背后全球化视野下的通识内涵，如时间管理、契约精神和反思总结等。

（5）学生学会运用原点问题(what、why、how)思考法。

【活动过程】

1. 导入

教师活动：通过微信展示星球图片，引导学生发表观点。

学生活动：根据所见图片发表自己的看法。

2. 破题

教师活动：

（1）呈现做事明确有计划这个好习惯的内涵。

（2）通过引导学生发表观点和呈现具体实例，让学生懂得做事有明确计划这个好习惯的重要性。

学生活动：

（1）发表与做事有明确计划这个好习惯内涵有关的观点。

（2）组内分享所收集到的与做事有明确计划相关的名言警句和事例。

（3）观看与做事有明确计划相关的各层面实例（组织和个人）。

3. 目标

教师活动：

（1）呈现学生关于目标的调查结果。

（2）引导学生分享自己的目标。

（3）邀请学长通过视频分享经验，介绍目标对学习生活的重要性。

（4）带领学生观看视频并引导学生总结目标制定时的注意事项和原则。

（5）呈现目标管理 SMART 原则。

（6）引导学生制订期末目标。

学生活动：

（1）分享目标。

（2）结合呈现出来的目标，讨论制定目标的注意事项和原则。

（3）结合总结出来的原则，制订切实可行的期末目标。

（4）思考、讨论并呈现目标与计划的关系。

4. 计划

教师活动：

（1）引导学生讨论制订计划时的注意事项。

（2）呈现计划制订和落实的实例。

（3）引导学生总结并验证自己的观点。

（4）引导学生知晓计划制订背后的核心能力或素养：时间管理、契约精神和反思能力。

学生活动：

（1）讨论并呈现计划制订和落实的相关原则。

（2）观看视频并总结和验证自己关于计划制订原则的观点。

（3）了解管理学中关于计划的 PDCA 原则及其背后的核心能力和素养。

5. 结尾

教师活动：

（1）总结计划和目标的关系。

（2）引导学生许下初中心愿即初中毕业后的中期目标。

（3）点题：仰望星空、脚踏实地。

学生活动：

（1）了解目标与计划的关系。

（2）制订初中毕业后的中期目标。

【教学反思】

本课以"计划"为课程内容，建构了一个逻辑严密、操作性强的实施方案，其亮点有三：第一，符合学生学情，针对初二年级学生的认知水平，引入新的学习思维与方法，推动学生提升在学习实践中的思维能力；第二，逻辑严密，解读准确，本课梳理了目标与计划的关系、短期目标与长期目标的价值等，有效地深化了主题的内涵；第三，符合时代要求，本课融入"全球胜任力"的发展要求，符合学生未来发展需求。

"仰望星空，脚踏实地"主题班会课

案例3 "构筑职业理想 规划个人发展"生涯指导课程设计方案

学生发展指导中心 龙 洲

【活动对象】

初三年级学生

【背景分析】

国务院2019年发布的《国家职业教育改革实施方案》提出，推动职业教育资源面向基础教育开放，提升中小学综合实践活动课程、劳动与技术课程学习实施水平，促进普职融通，深入实施素质教育。

走出校园，走进社会，走向世界，引领未来，这是锦一办学定位的题中之义，它将引导学生思考为天下、国家、家乡、家庭、自己发展而应具备的道德品质与人格风范，培养"四为"精神，为实现"涵养创造未来的智慧，沉淀行走全球的品格"的成长目标奠基。

锦城一中初三年级将开展"构筑职业理想 规划个人发展"职业体验活动，通过"走进一家企业、体验一种职业、接触一下社会、认识一下自己"的方式，让学生在"体验、发展"中，用思考去认识自我，找到自己的兴趣、能力、价值所在，同时了解社会发展趋势，亲身感受未来社会人才需求方向，为人生发展规划提供有益的参考，进一步提高综合实力，打造自我核心竞争力。

【活动目标】

通过开展职业探索活动，让学生尽可能接触并体验多种职业，加强学生对社会分工、职业角色的体验与认识，形成平等开放的职业观，初步培养学生的职业内涵认知、职业情境认知、职业价值认知，促进学生自我认识，学会自我调控和分工合作，具备一定的职业素养和实践能力，进一步树立远大职业理想。

【活动时间】

在2019年7月12日至8月18日期间，任选3至5天时间。

【活动内容】

（1）兴趣职业选择。

（2）行前评估与信息搜集：学生完成行前调研报告，带着问题观察、体验自己感兴趣的职业。

（3）职业活动体验：学生完成职业视频日志，记录职业体验过程中的关键信息。

（4）职业人物访谈：学生完成职业访谈，全面记录职业体验的信息。

（5）模拟职业面试。

（6）职业体验报告：再次评估职业匹配度，完成职业体验报告。

【活动评价】

评选优秀"职业体验报告"：每人提交一份职业体验报告（包括文本和PPT），并用PPT向全班同学展示。

初三年级生涯规划课程之职业体验

模拟面试：通过笔试答卷，由专业HR（人力资源管理者）进行评分，各班得分最高的同学晋级学校模拟面试活动，参与现场面试。

评选优秀实践个人，进行年级研学汇报。

本课以"规划"为主题，将职业发展作为现实媒介，完整地还原了职业发展中的现实场景，具有很强的现实意义。其突出特点在于符合现实需要、切中主题要害、满足学生发展需求。其一，本课将行业动态、任务采访、职业模拟融入课程，实际是建构了现实场景，为学生未来发展奠定了基础，具有较强的现实意义；其二，"规划"的价值在于充分掌握信息后的准确决策，本课在流程设计上是符合主题要求的；其三，初三年级学生已经初步形成自己的世界观与价值观，职业规划的雏形已经形成，这有利于学生后期的发展定向与选择，符合真实学情。

主题班会课在社会主义核心价值观的引领下，紧紧围绕锦城一中培养学生"四为"精神的目标，从行为、思维、精神、境界等方面建构班会课的内容体系。以上内容关注学生行为方式的培养，包括策划、践行、反思与重建；注重学生思维方式的优化；促成学生的精神发育，包括学生体验的丰富、情感的发展、道德与信仰的形成等；注重提升学生的学习境界，包括学会学习、享受学习等方面，帮助学生实现全人发展。

（四）班会课的素材"全景"

全景德育班会课的内容确定要遵循"小、近、巧、实"的原则，以"聚焦成长事件，立足过程进步，展示最佳成果，及时记录反馈"为基本方法。

在"聚焦成长事件"方面，要以成长故事为单位，抓住学生的成长点，发现学生的转变面，透析学生发展的原因，拓展事件的意义。这是一个定性的思考与研究，可以作为良好的德育素材。对此类素材，应做到及时使用，个性发挥。在"立足过程进步"方面，要意识到这是一个动态过程，抓住进步点的表现，将进步点连成线索，展现学生成长轨迹，其中最为重要的是提出进步过程中的多元环节，但这个环节并不是原生态的，而是经过加工与调整的，具备启发与教育意义。在"展示最佳成果"方面，要注重集体性教育的价值观引导作用，无论应用我们生活中的实际案例，还是应用名人大事，都要注重与主题相扣，与核心价值观相吻合。在"及时记录反馈"方面，要重视对真实数据的积累与反馈。在现代技术日益更新的今天，运用信息技术记录相关数据，并将其运用于班会课，会使得课程更加聚焦问题、更加真实可信。但也要注意，真实性是信息记录与反馈的核心，只有尊重现实才能获得班会课的成功。

例如，在设计以"有序"为主题的班会课时，对于初一年级学生来说，有序的概念并不陌生，已初步知道做事要有序进行，也具备一定的能力管束自己的行为；但受理解能力与自我认知程度不深的影响，学生难以理解和认知有序的学习生活对自己的青春时代的意义与价值，从而导致自我克制能力弱化、意志不坚定，同时对有序缺乏自律，需要教师的提醒。班会课要坚持德育的真实性、立体感原则，从个人需要秩序、青春需要秩序、人生需要秩序的递进关系来设计。首先，通过可操作性实验总结出"个人需要秩序"，落实到每天需要有序，为后续系列深化奠基；其次，以"秩序是什么"为元认知探究核心，获得秩序就是"正确的时间做正确的事"的结论，并结合历史与当代实际，认识到"青春需要秩序"，突出德育课程中的实际逻辑规律，强化课程的真实性；最后，将有序的内涵升华到"人生需要秩序"，以扎克伯格和比尔·盖茨为例，说明他们是在储备了能量的前提下进行了创新创造，因此学习时间不限于课堂，要终身学习，具备学习力和竞争力，增加生命的宽度，为自己的幸福人生奠基。班会课层层推进，达成本课的德育目标。

再例如，爱国主义教育是德育的重要内容，锦城一中围绕"爱国"这个大主题，开发了系列班会课。在全国教育大会上，习主席提出了"九个坚持"，深刻回答了培养什么样的人、怎样培养人、为谁培养人的根本问题，这是新时代国家对教育提出的更高要求。锦城一中深入思考、积极实践，通过开展系列班会课，培养学生的家国情怀，激发爱国热情，促进全人发展。初一年级班会主题为"勇担责任，敢为敢当"，从担当是忠于职守的履职、担当是敢作敢当的担责、担当是为国为民的取舍、担当精神薪火传四个方面理解责任和担当的意义，明确初一学生的"有为"之处。初二年级班会课的主题为"我和我的祖国"，通过"阅读纪实文学展现伟人风采""赞颂辉煌成就铭记民族脊梁""言颂我与祖国争做逐梦少年"三个板块，用情景剧、《红星照耀中国》精彩片段讲解、诗歌朗诵等不同形式，回顾新中国奋斗历程，赞颂新中国辉煌成就，为祖国母亲点赞。

案例 "勇担责任，敢为敢当"班会课设计方案

初一4班班主任 葛 赛

【活动对象】

初一年级学生

【活动目标】

（1）让学生理解担当的含义。

（2）让学生学会在学习生活中敢于担当。

【活动重难点】理解担当的内涵，懂得担当对于自己、社会的重要意义。

【活动方法】讨论法、谈话法、案例分析法、图示法。

【活动准备】多媒体、视频资料、图片资料。

【活动过程】

1. 导入新课

【老师讲述】同学们，上课之前，我们一起来朗诵一段我们非常熟悉的名言。

【学生朗读】

【老师讲述】我们稍微变化一下，再读一次。

【老师讲述】可以删掉这个"为"字吗？

【学生回答】不能，加上为字，有一种使命感和责任担当的感觉。

【老师讲述】所以，我们的校训蕴含着对同学们勇挑重担肩、负使命的期许，我们能不能够领会其中的含义？能不能担当起这份重任呢？下面我们就一同进入今天的"勇担责任，敢为敢当"班会课。

2. 担当是忠于职守的履职

【老师讲述】今天我们现场来了这么多老师，我们来介绍一下自己吧，请用"姓名＋职务"的方式介绍自己。

【学生自我介绍】

【老师讲述】我们4班很有特色，每位同学在班级内都有角色，人人有事做。如果我们评选担当标兵，大家会推选谁呢？

【学生热烈推荐并说明理由】

【老师讲述】我们可以看到，大家推选的同学有优点，那大家有没有发现我们推选的同学都有一个共同的特点呢？

【学生回答】尽职尽责。

【老师讲述】是的，我们每位同学都有职责，但在大家看来并不是每一位同学都担当起了自己的职责。我们来看一下梁启超先生是如何讲担当的。

3. 担当是敢作敢当的担责

【老师讲述】最近葛老有一桩小纠纷，大家一起来看看，到底怎么办？请看情景剧《水杯风波》。

【学生发表观点】

【老师讲述】这几位同学各说各有理，那我想问一下，大家认定谁来赔偿的依据是什么呢？我们分小组讨论一下，然后每组选择一位发言人来阐述你们小组的观点。

【学生讨论】

【老师讲述】大家都有自己的观点，我们有没有发现故事中几位同学都是从对方的责任出发，都认为是别人的责任，如果按照这样的情况发展下去，大家预设一下，事情的结局会是怎样呢？

【学生回答】吵架、打架……

【老师讲述】其实这个故事有真实的原型，下面我们请出故事的主人翁——我们班的柴天娇同学。

【老师讲述】我们预想的故事结果和真实发生的事情的结果大不相同，为什么呢？

【学生回答】……

【老师讲述】我们的同学没有相互推诿，没有斤斤计较，而是主动地、勇敢地承担起了责任，就像视频中同学讲的，一人做事一人当，敢作敢当！通过刚才的案例，同学们能理解到担当是什么吗？

【学生回答】担当是勇于承担责任。

4. 担当是为国为民的取舍

【老师讲述】其实，当我们踏入社会的时候，这样的考验比比皆是。比如这个视频里出现的情况。下面我们看一段视频，这样的担当你有吗？（观看视频）

【老师讲述】为什么人们不敢扶老人？

【学生回答】怕被讹诈，有危险，被老人的亲友误会，耽误时间。

【老师讲述】大家说到了很多很多不敢扶的理由，看来，扶人有这么多风险，不敢去扶的确可以理解，情有可原。但是在这么大风险、这么多不扶的理由背后，有没有人去扶了呢？

【学生回答】有。

【老师讲述】有这么大的风险，为什么还有人挺身而出呢？

【学生回答】这就是一种担当，在个人利益与他人的生命安全之间做出了高尚的取舍。

【老师讲述】如果说刚才我们谈到的履行自己的责任、为自己的过错担责是我们生活的常态，是为自己负责，要更容易理解，那在生命与风险之间的取舍则更显得艰难，这一份担当的背后需要更多的勇气。这是一份高贵的品质，是我们应该具备的正确价值观！

【老师讲述】人的一生总有几次艰难的取舍，比如这位，我国的功勋科学家、两弹元勋钱学森。让我们回到钱学森当年面对的取舍，换位思考一下，面对国内外如此巨大的待遇、研究环境等差距，为什么他还要回来？

【学生回答】为了祖国的发展。

【老师讲述】这是科学家为国为民、敢于取舍的担当！

5.担当精神薪火相传

【老师讲述】在历史长河中，你还知道哪些仁人志士有着为国为民的担当情怀？千百年来，无数仁人志士视责任如泰山，先天下之忧而忧，后天下之乐而乐，他们的精神已成为华夏子孙奋斗不息的精神动力！

今天，民族精神薪火相传，洪水冲不毁，地震震不垮！今天的中国和平发展，以责任铸就了大国形象，用担当展示了民族尊严！

国家的发展，民族的振兴，离不开这些仁人志士。他们胸怀天下，心系苍生。他们崇高的价值信念和高尚的理想追求，是对古圣先贤"修身齐家治国平天下"的最好诠释，是对张载的"为天地立心，为生民立命，为往圣继绝学，为万世开太平"的生动实践。

【老师讲述】我们金苹果锦城第一中学以"四为"精神为校训,这是我们锦一每一位师生的担当!同学们,作为锦一学子,我们应该如何践行"四为"精神呢?请拿出纸笔,写下自己的担当辞。

【学生书写担当辞】

【老师讲述】在大家的担当辞中,我感受到了同学们强烈的责任感和担当精神。那就让我们肩负使命,心怀担当,齐诵我们的誓言。

【学生齐诵四为精神】

本课以"担当"为主题,将学生的真实事件作为课程素材,并将主题升华与学校教育目标相结合,做到了"小、近、巧、实"。班会课的核心在于让学生在真实的生活中发展自己的成长点,从而获得进步。本课以班级真实事件为素材,阐述事件过程、分析事件原因、引导成长方向,这不仅是对个人的现实教育,更是对集体的能力提升。学生在展示的过程中,凸显了行动力与价值观的转变,这是"全景德育"应当有的样貌。

三、班会课的完整实施:从设计到反思的全程跟进

完整实施是班会课的核心,这是预想与设计对标考核的重要环节,一节班会课的成功与否就在于课程实施中的环节设计是否能够达成目标。班会课的实施主要包含设计意图、学情分析、辅导年级、活动目标、辅导重难点、活动准备、活动设计、教学反思八个方面。其中,最为重要的是设计意图、学情分析、活动设计。

设计意图是教师对班会课的缘起及课程价值的一个综合阐述,班会课缘起的合理性决定着班会课的价值取向。我们需要从社会生活实际、学校教育指向、班级发展目标等方面进行综合阐述,聚焦核心点,说明班会课的现实价值与意义,这也是班会课后续升华的方向。

学情分析是班会课实施的基础环节,设计意图的达成程度与学生学情密不可分,如果没有学情分析,我们的课程也就失去了意义。学情分析主要从学生相关知识储备、学生年龄特点、学生学习能力以及学生学习习惯等方面进行解读。对不同班级、不同

群体的学生来说，精准的学情分析是上好班会课的基础。学情不仅可以从学生、教师方面了解，更要从班级重大事件、班级重大活动、班级常规课堂表现中去了解，这样才能更加清晰与精准。

活动设计是课程实施的中心，我们所有的课程预想都要在这里进行对标实施。在活动设计中，我们要注重"一个中心，两个重点，三个环节"。"一个中心"是指一个核心词，也就是课程主题，它必须贯穿整个班会课，呈现三个形态：解释—理解—运用，只有具备这样的核心词，课程才有灵魂。"两个重点"即是学生的反馈值与活动的有效度。反馈值的表达形式是观察学生的参与度，参与度不仅仅是指有多少学生参与问题的回答，还指有多少学生参与问题的探讨。参与度的对标在于问题的有效性，但并不是参与度越高越有效，而是控制在探讨系数为 2.5~3 最为合适，也就是以 4 人小组有 2~3 人积极探讨为标准。活动的有效度在于活动设计的成果产出比，以小组为单位，产出的活动成果与设计预想符合度比较达到 60%~80%，就是一个比较合适的比例，比例过低证明活动的效果有漏洞，过高证明活动的开放性不够。"三个环节"是指课程设计的三个维度，这与"一个中心"的三个形态相吻合。第一个维度是用实例引导出主题，第二个维度是理解核心词的内涵，第三个维度是运用核心词进行现实考证，三个维度需要不同的材料或者活动来进行实践。

案例　"斜杠青年"的自由与远方
——多重职业的能力起点
成都金苹果锦城第一中学　　梁佳斌

【设计意图】

随着社会经济结构的转型与深化，知识与创造力解构了原有的职业空间，互联网的介入改变了经济生产与服务的方式，同时也颠覆了人们对于职业的认知。多重职业在当今社会流行起来，我们将拥有多重职业与多重生活的人称为"斜杠青年"。对于中学生来说，了解职业结构变化是适应社会发展的认知基础，具备多重职业的能力是时代发展的潮流。在中学阶段，培养学生具备多重职业的思维意识，是中学生生涯规划辅导中的重要内容。

多重职业的思维起点可以用三个维度来突破,一是在知识层面的跨界融合,二是在思维层面的交叉碰撞,三是在精神层面的积极尝试。本课也是从这三个方面进行设计的。其一,从知识层面突破对知识的学科界限,认识到知识的现实性与跨学科的融合性;其二,对所学知识的消化是需要思考的,没有思考的参与和重组,知识依旧是零散的,不可运用于现实生活;其三,多重职业不仅需要勤于思考和更广泛的知识,更需要孜孜不倦的探索精神和敢于尝试的进取精神。

【学情分析】

初一的学生对客观世界具备一定程度的认知能力与逻辑思维能力,愿意在教师的引导下积极思考,对现实生活中的各种职业具有一定程度的认知,并保有对新奇事物的好奇心,更向往自由、独特的生活状态。但他们对多重职业的认知不足,知识迁移与融合的能力缺乏,勤于思考的习惯也没有养成,特别是在学习中的探索与尝试精神缺位。

【辅导年级】

初一年级

【活动目标】

(1)通过达·芬奇的人生经历,解释"斜杠青年"的内涵,使学生了解实现多重职业的必备条件包括知识整合能力、思维开拓能力以及敢于尝试的探索能力三大方面。

(2)通过"匈奴人为何南犯中原"的问题探究,使学生在历史、地理知识整合的过程中,认识到知识具有融合性,打破知识的学科壁垒是实现多重职业的基本能力。

(3)通过"量杯测水"的情景还原活动,使学生认识到在职业定位与谋求发展的过程中,突破定式思维是实现多重职业的核心能力。

(4)通过"把梳子卖给和尚"的商业模拟活动,让学生理解敢于尝试、勇于尝试是实现多重职业的精神支撑。

【辅导重难点】

重点:知道"斜杠青年"的内涵;了解多重职业是未来社会发展的大趋势;理解多重职业实现的三大基本能力。

难点:理解多重职业实现的三大基本能力。

【活动准备】

（1）准备课程辅学案。

（2）准备辅导课件。

【活动实施过程】（见表4-4）

表4-4　活动实施过程

教学环节	教师活动	学生活动	活动说明
新课导入	1.以达·芬奇的职业经历导入新课。2.以熟悉的"斜杠名人"为引导，激发学生对职业的向往，提升课堂兴趣，引出"斜杠青年"并解释其内涵	1.根据达·芬奇的资料，知道多重职业一直存在，现代社会更甚。2.通过教师讲述，理解"斜杠青年"的内涵	以学生熟悉的著名人物导入，并用现代概念解读，实现人物与事件的现代意义，有利于学生理解新概念，活跃课堂氛围
跨界知识	1.以"斜杠"名人梅棹忠夫为例，进行问题探究：匈奴人为何南犯中原？2.总结出"生态史观"的概念，提出跨界知识的实际价值与意义。3.引导学生讨论梅棹忠夫成功的原因；总结知识跨界是多重职业的基础能力	1.积极参与项目式问题探究，运用现有知识，探究问题。2.根据老师的讲述，总结知识跨界的实际价值与意义。3.了解知识跨界的运用使得职业成功的案例，认识到知识跨界是实现多重职业的基本能力	对于初一学生需要从感性材料入手，引导其认识知识的重要性，并让其了解到现代知识的多样性与融合性
突破思维	1.以科学家卢瑟福与学生的"量杯测水"的活动，使学生认识到思考无处不在，不能被定式思维禁锢。2.列举多重职业转换中，思维突破的成功案例，总结思维突破是多重职业的基础能力	通过教师讲述与活动，积极讨论，了解突破定式思维的价值，知道勤于观察、积极思考的重要性，理解突破定式思维是多重职业实现的基本能力之一	通过"情景创设"，让学生参与活动，进行思维拓展，使学生在实践中认识到突破定式思维的重要性
勇敢尝试	1.在学生"把梳子卖给和尚"的职业体验活动过程中，积极表扬敢于尝试的学生，鼓励还没有发言的学生，让学生感受到勇敢尝试是实现多重职业的必备精神。2.列举多重职业转换中敢于尝试的成功案例，总结敢于尝试是多重职业的基础能力	1.按照教师要求，积极参与讨论，与大家分享。2.通过教师讲述与活动，积极讨论，了解敢于尝试的价值，知道敢于尝试是多重职业实现的基本能力	深化学生对于敢于尝试的认知，让学生认识到敢于探索、尝试是实现多重职业的精神支撑

表 4-4（续）

教学环节	教师活动	学生活动	活动说明
总结提升	1.通过制作自己的"名片"及探讨自我实现路径，总结全课，让学生从现实出发，思考如何培养自己的多重职业能力。2.根据学生分享的内容，升华课堂立意——任何的自由与梦想都是立于关键能力之上的	1.结合自身经验与学习内容，模拟自己的职业生涯与规划。2.认真聆听教师讲述，理解多重职业的实现是需要自我培养、自我发展的	通过"预设情景"活动，总结本课的内容，将知识迁移至自身，让学生回到原点，思考现在应该做什么，为自己未来的发展奠定基础

【教学反思】

（1）本课设计以积极心理学为基础，创设课程活动，有效营设课堂氛围，有利于学生深入课程，提升学习效果。

（2）在课程执行中，特别注意创生性问题的生成与引导，以及案例的生活化，更能有效提升学生参与度，体现课堂是师生共同创造的；此外，这是一堂探讨性的课，对于以学生为主体的发言与表现应当给予支持和理解，多元化的评价才能开创丰富的课堂成果。

（3）本课需要改进的地方在于：知识体系并不完备，流程的逻辑性不强，过渡还有待加强。只有不断总结提高才能使课程的各个部分有效融合，使主题升华。

本课以"职业规划"为主题，运用积极心理学的基本原理，搭建了完备的班会课框架，突出了环节设计的价值与意义。班会课的底层框架是逻辑严密的，从设计意图到课程实施再到教学反思，每一个环节都是环环相扣但又相互独立的，每一个环节都必须在课程整体框架下独立设计。本课将职业发展的基本能力串联起来，将认知、能力与精神梯度融合，完整实现了"一线多元"的班会课设计。

第五章

如何设计和开展新时代的全景德育活动

提升直接经验绝不是贬抑间接经验的价值,只是要把间接经验从它所僭越的位置上拉回来,回归它原来应有的位置。

——石中英

一切学习都是从直接认知开始的，道德学习也不例外。传统德育重在间接经验的传递和灌输，因此，学生常常熟记道德条款却缺乏道德修养，这是因为他们熟记的条款是他人认为极其重要的道德，而不是自己对道德条款的切身体验。新时代的学校德育要改变传统德育的低效现状，就需要加大直接经验的获取力度，引导学生在丰富多彩的活动中感受道德的重要性，熟知必须遵守的基本道德。在学校德育场域中，活动是获取直接经验的重要途径，是品德教育的重要载体。丰富多彩的德育活动，能培养学生良好的道德感知，积累涵养道德行为的直接经验，锻炼坚强的意志，养成良好的行为习惯。

　　2018年9月10日，习近平在全国教育大会上强调"坚持把立德树人作为根本任务"。新时代中学全景德育要求"立德"符合新时代的价值需求，要让中学生在社会生活中自然主动认同符合时代主流精神的道德规范、人格修养和社会价值认知，进而按照所认同的规范来指导自身的行为和活动，从而实现"树人"的目标。中学全景德育要顺应新时代要求，实现立德树人的目标，必然要具备新的功能与样态，才能有效设计和开展符合新时代要求的全景德育活动。

一、起点：追寻新时代全景德育活动的新功能与新样态

　　立德树人的过程，是促进学生的道德认知、道德情感、道德信仰、道德责任、道德意志与道德行为协同发展、互动发展的过程。设计和开展新时代的学校全景德育活动，首先要追寻其在新时代体现出的新功能与新样态。

（一）新时代全景德育活动的新功能

新时代全景德育活动的设计与开展要力求体现和发挥如下功能：

第一，在全方位、立体化的活动中提高学生的网络式道德认知水平。全景交互

是新时代中学全景德育的基本特征。它决定了新时代全景德育活动与过去的学校德育活动不同，具有全方位、全过程、立体化的特点。这种立体化的德育活动要求培养学生立体化的思维，让学生不再单一地、平面化地思考问题，学会从立体化的角度思考问题：构建事物与事物之间的联系，在事物的相互关系中思考问题；把局部的事物放在整体中，从宏观的角度思考局部的问题；具备整合的思想，深究事物之间因联系构成的网状结构，以此提升网络式道德认知水平。在德育专题活动中，需要整合学科知识，依托活动、课堂和课程，丰富学生的道德认知，让学生明确道德是什么、有道德的人应该做什么、如何从道德的视角审视和评论社会现象、如何用道德的方式解决矛盾冲突等问题，以此发展学生的道德认知能力。

第二，在多维度、动态、整体的道德体验中陶冶丰富深邃的道德情感。陶冶道德情感是道德教育和道德修养的重要环节。它包括两方面的任务：一方面是形成和增强同所获得的道德认识相一致的道德情感；另一方面是改变那种与应有的道德认识相抵触的道德情感。在"体验"中"悟"，是全景德育的主要特征之一。新时代全景德育活动，避免过去只见道德不见人、只见教条不见生命的德育弊端，重视学生的情感体验，以学生发展为本，关注学生生命成长的感受与质量，强调用道德滋养生命，用生命践行道德，把学生、生命、道德、人格等有机地结合起来，有助于学生在多维度的、动态的、整体的道德体验中形成和增强健康的、正当的、丰富而深邃的道德情感。

第三，在合作参与的个体或集体的活动中磨炼团队合作的集体道德意志。德育活动，是组织学生进行社会活动与交往的过程。在做中学，在体验中悟，在评价中省，在反思中化，是新时代全景德育的主要特征。新时代全景德育活动具有广泛的社会性和很强的实践性。无论是个人还是集体的活动，都应重视学生全程、全方位参与体验，注重个人与集体的交互性。学生在参与活动的过程中，为完成活动任务，会根据生活场域自觉地调节行为，积极参与、相互合作，彼此分享、共同分担，克服内外困难，从而产生一种坚强的信念和集体的道德意志力。

第四，在多维度管理与评价的改革中促进整合式知行合一、知行互动。新时代全景德育活动的管理与评价避免过去学校德育"唯分数论"的单一评价模式，以"聚焦成长事件，立足过程进步，展示最佳成果，及时记录反馈"为原则，建构综合素质评价体系。它注重全面立体多维度管理与评价学生的技能、知识、能力、态度、情感、视野、精神、格局与境界。全景德育活动管理与评价系统关注细节、抓住关键、强化管理、落实评价、促进反思，在提升学生道德认知水平的同时，引导学生把道德认知转化为实际行为，用行为的变化体现道德认知水平的发展，促进学生知行合一，真正提高学生的道德素质与人格整合发展水平。

（二）新时代全景德育活动的新样态

德育活动包括五个方面的基本内容：理想信念教育、社会主义核心价值观教育、中华优秀传统文化教育、生态文明教育以及心理健康教育。新时代全景德育以"文化引领，过程整合，知行合一"为思路，在实践的过程中也呈现出新的样态。

第一，在价值定位上，新时代全景德育活动的育人体现为全方面的复杂性的"真实化"。首先，德育活动的目的是什么？立德是为树人，德育活动的最终价值当然也指向育人。然而，当下很多学校开展的德育活动，其立足点与出发点却相当多地带上了功利化的色彩，更多的是从教育管理的角度出发，为学校的招生装裱上华丽的外衣而已。这样的德育活动不但无益反而有害，培养的不是学生健康的正面的道德认知，而是弄虚作假的低劣品质。新时代的全景德育要求在价值定位上让学校德育活动回归育人的本质，让学校德育活动从管理者的工具转化为学生德性生长的平台。

新时代中学全景德育活动要求学生德性生长的场景、过程及参与的主体必然真实。全景德育聚焦学生的成长事件，贯穿学生成长的全过程，覆盖了学校、家庭、社会与虚拟世界，渗透在学生成长的每一个时空交汇处，它必然具有真实性。

新时代全景德育活动引导学生面对复杂的社会、真实的事件，看到事件中矛盾对立的双方，认识事物的两面性，既看到事件中的积极因素，也看到其中的消极因素，既看到生活中阳光的一面，也看到生活中的阴霾。这种真实是动态的、鲜活的、错综复杂的，却也是成长路上绕不开的真实。新时代的德育活动就要培养学生有能力正确面对这样一种动态复杂的真实，培养学生的道德认知，形成坚强的道德意志。

第二，在存在形态上，新时代全景德育活动走向"课程化"。课堂是教育的主阵地，课程是学校实施教育的重要途径，育人活动是需要设计的，更需要文化的支撑。德育课程化是新时代学校德育活动存在形态的一个重要发展趋向，它要求德育工作者从学生全学段的德性生长特点来整体设计育人活动，以课程的规范和有序来设计、开展和评价育人活动，把德育课程、学科必修课程、学科选修课程、跨学科课程整合起来，形成整合性的德育课程阵地，以提高课程多方面的发展力，让德育活动呈现为系列化的主题德育活动课程，从而让学生在完整的德育活动课程中成为一个全人。

第三，在实施策略上，新时代全景德育活动呈现出多维度的"整合性"。正如顾明远先生所说："教书育人在细节处，学生成长在活动中。"新时代全景德育活动，参与主体是全体学生，涉及学生的学习与生活的方方面面，贯穿学生的成长全过程，以此实现活动全面育人功能的整合。新时代全景德育活动突破了过去德育活动的表面化、肤浅化、目标单一化、策略简单化的缺陷，体现出多维整合的特点。

活动目标的多维整合：活动目标从传统德育活动孤立零碎的、单一的目标，转向了目标多维整合。活动的系列化、主题化、结构化是新时代全景德育的必然要求。以初中德育活动的设计为例，全景德育要求德育活动在规划设计之初就必须充分考虑到初一到初三年级学生不同阶段的成长需求，纵向整合形成德育活动的序列。每一个活动的目标，既要考虑学生现阶段成长的需求，还要考虑学生未来成长的需求。这样的活动才是有延续性和前瞻性的。

学科课程的多维整合：新时代全景德育要培养学生面对现实、面对未来的能力，而现实是无比复杂的。面对未来的生活，学生要具备正确判断的能力，这必然要求新时代全景德育活动要打破传统德育活动学科与德育的壁垒，讲求学科与学科的整合、学科与德育的融合与渗透。

活动资源的多维整合：新时代全景德育不是培养锁闭在狭小校园内的听话的孩子，而是培养具有全球视野、面向未来的人才，因此全景德育活动要广泛调动和整合社会场馆资源、优秀人才资源、跨行业家长资源等，形成不同层次、多维全面的德育资源。

第四，在评价方式上，新时代德育活动呈现出"多元性"。有效的评价不是给学生一个等级或分数，而是让学生通过评价认识自己。琳达·达林－哈蒙德指出："有效的评价意味着安排学生从事某项工作——不管是一篇文章，一个研究项目，一项科学探究，还是一件雕塑——并允许学生继续从事选定的工作，同时得到教师支持性教学与反馈，该反馈能拓展学生的理解与技能。教师可以将同伴评价、学生自我评价、教师评价结合起来，以便学生们学会如何评价他们的工作，获得确定与解决问题的策略，进而明白如何进一步完善他们的工作，以不断接近专家型实践。"

新时代全景德育活动参与主体的多元性，必然要求评价时要照顾到多元主体。不同主体在活动中担任的角色与任务的不同，必然要求评价的标准不能像过去那样搞一刀切、统一化，而是有不同类别的、个体化的、多元化的。

全景德育，以思想品德、学业成就、身心健康、艺术修养、社会实践等为主要板块。活动内容的多元，要求对学生评价的角度具有多面性，评价的方式应坚持全程化和发展性原则，将过程性评价与形成性评价、外部评价与自我评价相结合，评价过程从校内延伸至校外，切实发挥多元德育评价的诊断调节和激励导向功能，全面立体地评价学生的技能、知识、能力、态度和视野，力求在四个维度上实现整合与统一。

第五，在活动平台上，新时代德育活动呈现出"开放性"。这种开放性，突出地表现在如下几个方面：

活动参与主体的开放性：习近平总书记在全国教育大会上指出，"办好教育事业，家庭、学校、政府、社会都有责任"。新时代，单一化、封闭式的教育，逐渐被更为开放、更为丰富的学习方式取代。在这样的大趋势下，学校、家庭和社区不是相互孤立的教育"孤岛"，而是彼此联系、互通互联的"环岛"。家庭教育指导、学校生活参与、家校互动沟通、社区融合协作成为未来教育的一种常态。

活动设计理念的开放性："涵养创造未来的智慧，沉淀行走全球的品格"，是新时代全景德育的育人目标。现代科技的迅速发展，缩小了地球上的时空距离，国际交往日益频繁便利，地球村在今天的社会已经变成了现实。今天我们引导学生思考问题不应再像过去那样孤立地只想到个人，还应想到集体，进而上升到国家与世界的层面。世界从未像今天这样紧密联系，正如"蝴蝶效应"所说的那样："一只南美洲亚马孙河流域热带雨林中的蝴蝶，偶尔扇动几下翅膀，可以在两周以后引起美国得克萨斯州的一场龙卷风。"任何一个国家的极其细小的事件，都可能导致全球的未来前景的巨大变化。

活动价值判断的开放性：全景德育活动的目标价值判断不仅着眼于当下学生获得了什么知识、掌握了何种技能、收获了某种情感体验、培养了某种道德意志，更在于这些知识与技能、情感体验与道德意志在未来会对他乃至他身边的人产生怎样的正向影响，以及学生是否能肩负起社会责任。

二、三大"全景"的学校德育活动内容

从前文谈及的锦城一中全景德育内容框架可知，新时代全景德育活动的内容主要是对社会主义核心价值观的践行。在具体落实过程中，锦城一中把全景德育分为个人全景、集体全景、世界全景三个板块，由每个学生的个人全景成长组成了集体全景的发展，也通过不同集体的全景发展，从而实现了世界全景的体现。而集体全景和世界全景又同时作用于学生个人的成长，让学生在集体活动中、在认识世界中去真正促进个人的全景发展。因此，三个板块是相互作用、互为影响、连贯一体的，既是不同的内容体系，又是一个不可分开的全景成长的场域。

应根据三个板块的不同分类的德育培养目标，系统化建构学校的德育内容。个人全景发展对应的是五育并举的落实，着力培养学生的德智体美劳，尤其是劳动教育，应该是我们的重要抓手。集体全景发展对应的是民族精神的塑造和弘扬，让学生在集体建设中涵养团队责任、国家认同、民族自信是我们的重点工作。世界全景的发展则主要着力在全球胜任力的培养上，培养学生探究世界、尊重多元、文化互助、主动参与等素养和能力。最外围则是保障全景培养目标实现的主要方式，包括综合实践系列、专题活动系列、学科渗透系列、学生发展指导系列。这些不单独属于全景德育的某一个板块，而是在培养过程中交叉地、融合地、适时地、灵活地进行的。设计学校全景德育活动内容时，可根据"个人""集体""世界"三大全景设计相应活动内容。

（一）"个人全景"的学校德育活动

初中三年是学生成长的关键时间，因为学生在这期间会经历很大的变化和起伏，会在面对问题和解决问题的过程中去实现自我的认知。这三年里学生不是一成不变的，而是会从少年成长为青年，这个过程是学生从依赖发展到初具独立个人意识的过程，是学生从简单的吸收接纳到批判地认识世界的发展过程。对应每一个学段，也有其不同的任务和重点。据此，锦城一中的德育活动设计了如下内容：

1. 习惯奠基梦想——筑梦锦一

这主要是在初一年级开展的活动，针对小初衔接、初中入格适应、自我意识觉醒、人际关系变化、自信心的再建等主题进行活动设计。例如，以迈好初中第一步为主题

的"新生入学教育""入学典礼""寝室文化展评"等活动；以尽快适应初中学习生活节奏为主题的"学长教你玩转初中生活""初中学霸养成记""大家来找茬之习惯再培养"活动等；以培养新的人际关系为主题的"认识你真好""生涯课程之如何做一个受欢迎的人系列活动"等。

2. 坚韧书写青春——追梦锦一

这主要是针对初二年级的学生进行的活动，主要教育学生在适应中学生活之后，如何在面对成长困惑和青春期问题时重新认识自己，明确青春的意义和找到人生的目标，形成自己的积极人生观、价值观。如以认识青春期为主题的"我被青春撞了一下腰""青春色彩拼图"等。

3. 奋斗成就理想——圆梦锦一

这主要是在初三年级完成的活动。初三年级是初中生活的最后阶段，也是孩子们要面对中考的一年，更是孩子们三年成长的一个总结和升华，对自己的认识和人生观、价值观、世界观集中呈现的一年。这一年也是学生对自己的理想信念的更加坚定和笃行的一年。因此，我们会在这样一个成长阶段加强理想信念教育，用理想信念教育引领青春的成长。如以激扬斗志为主题的"初三动员会""誓师大会"等；以规划人生、树立梦想为主题的"职业生涯体验""遇见最好的自己"等。

4. 做谦谦君子——个体修身的德育活动

个体修身是关于礼、关于自律的培养，也是对一个成功和幸福的人的基本要求。围绕这个主题设计和建构的活动有：

文明礼仪示范班级评选。分年级，在每学期分两次进行评比，并以此激励学生、引领正确的导向。

文明礼仪形象代言评选。通过班级、年级分级推荐的评选方式，在学生中营造学礼、尚礼的风气，引导学生形成文明素养。

系列国学讲座。邀请专家、教师或者学生对自己理解的国学经典与同学们进行分享；从历史、文学、校训理解等方面，对文明礼仪进行阐释和学习。

5. 做会学习的人——学习能力提升的德育活动

根据教育部考试中心印发的《中国高考评价体系》及说明，我们可以发现，未来对学生综合学习能力、信息处理能力、理解运用能力、创造创新能力有更高的要求。

未来我们要培养的是优秀的、适应时代发展需要的，能在各领域独当一面的社会主义事业的建设者和接班人。因此，学习是中学生成长中非常重要的一环，它既包括对学科知识的学习，也包括综合能力素养的提升，更包括学会学习本身。从激发兴趣、提升能力、培养终身学习的方面出发，对这一主题的活动设计有：

科技活动月。通过科幻画、科幻小说、科技论文、科技发明、科技实验、创意大赛等系列活动，鼓励学生大胆创新、主动探究、勇于质疑、细致求证、严谨研究，让学生享受创造的乐趣。

学法指导和分享。于每学期期中，以年级为单位进行学法分享，同时进行优秀学习小组评比，以此激励学生积极学习、相互促进。

以科技活动月活动为例，学校通过活动的组织，激发学生创造力的发展，使学生以科创目标为引领，进行自主学习、设计分析、团队协作，在培养学生智育的同时，促进学生动手能力、参与意识、管理能力、观察能力的提升，并极大地助力学生科学意识、研究意识的增强，从而在活动中积极实现"五育并举"。

金苹果锦城第一中学第二届科技活动月活动方案

【活动主题】

科技创想未来

【活动目标】

培养学生的创新意识，提升学生的科学素养，展示学生动脑动手的能力。

【活动时间】

2019年3月4日—2019年4月1日

【组织领导】

组长：杨斌

副组长：何刚

组员：学生工作部、教学管理部、物理组、生物组、美术组、信息组、语文组相关人员

【活动内容】

1. 参与体验类（见表5-1）

表5-1　参与体验类活动

序号	类别	比赛项目	交稿时间	作品数量	参与年级	负责人	负责部门
1	个人参赛	科幻画	3月25日	3	初一、初二年级	王晓梅	大队部
2		科幻小小说	3月25日	3		朱莉	社联
3		科技小发明、小制作	3月25日	2		吴兴成	学生会
4		科技论文	3月25日	2		伍佟莉	大队部
5		锦上添花：生态微景观设计比赛	3月25日	2	初二年级	张晓梅	社联
6		金点子：屋顶生态系统设计文案比赛	3月25日	2	初一年级		学生会
7	班级组队参赛	水火箭比赛	3月25日	1	初一年级	欧林阳 黄晓芳	学生会
8		极限承重比赛	4月1日	1	初二年级	欧林阳 张亚雄	社联
9	学科活动	著名科技发明的青铜造型比赛	课堂完成	3	初一年级	王晓梅	大队部

2. 学习提升类

（1）升旗仪式

在科技活动月开幕式、学科大讲堂、闭幕式时举行升旗仪式。

（2）专家讲座类

科学家集中讲座（待定）："科学家进校园"班级专题讲座（3月18日）。

3. 氛围营造类

在教室后展板进行主题展示、世界前沿科技发展视频播放、相关活动作品展览。

【各项目要求】（以各项目策划书为准）

（1）各班按时将作品交到项目负责人处。

（2）每件电子作品按标准格式修改文件名，标准格式为"班级－姓名－项目－作品名称"，例如"初一年级1班－李明－金点子－美丽家园"。

【宣传报道】

学校微信公众号、学校网站都要积极、及时宣传报道本次科技活动月的相关活动。微信公众号和学校网站的新闻稿的文章与图片由各项目负责人撰写并整理打包发给郝霜。

【奖项设置】

1. 各项比赛分年级设置一、二、三等奖，分项记录分数。最后各分项得分相加为科技活动月的总分，按总分评选科技活动月优秀班级。

2. 比赛得分

个人项目：一等奖积5分，二等奖积4分，三等奖积3分。

获奖比例：初一年级设一等奖4名，二等奖5名，三等奖4名。

初二年级设一等奖3名，二等奖4名，三等奖3名。

集体项目：按1~10名或者1~13名的顺序，从10分开始依次递减0.3分。比赛时未完成班级按低于最低分0.3分计分。

3. 数量要求

（1）班级内先进行评选，上交各项目的最佳作品参赛，多交不计分。

（2）各班上交作品不足规定数量的，每少一份减1分。（作品数量见表5-1）

【评委设置】

评委主要由本校各相关学科教师担任，并请部分校外专业教师参与。

附：各项目策划书（略）。

（二）"集体全景"的学校德育活动

马克思曾经指出："只有在集体中，个人才能获得全面发展其才能的手段，也就是说，只有在集体中才可能有个人自由。"根据"集体全景"的德育要求，锦城一中强化了如下系列活动：

1. 以培养善待他人、悦纳自己为目标的德育活动

这一目标旨在培养学生与人相处、善于沟通、认识自己的能力，让学生在成长过程中有积极正确的思想观念，有宽厚包容的处事原则，有坚定坚强的意志品质，为自己打造一个良性的、共力促进的成长环境。为此设计的主要活动有："生涯规划之如何成为一个受欢迎的人系列活动"，从日常生活的角度让学生了解他们需要的为人处事的原则和方法，从而寻找到自己和他人的和谐共处之道；"班旗班徽展示活动"通过对班级文化符号的理解和设计，使个人能更好地融入集体，促进集体意识的形成；"安全演练""生命急救常识学习"整合校内校外资源，与医院、消防队等合作，加强生命安全教育，让学生提高保护自身和他人安全的能力；"青年论坛"以组织演讲、辩论、学生讲坛等形式，促进学生对青年生活样态的思考讨论，以学生的视角，引导学生形成积极进取的观念。

2. 以培养心念家国、使命担当为目标的德育活动

以新时代教育目标为指引，锦城一中以学校校训"四为"精神为目标，让学生了解祖国的发展，担负建设祖国的重任，产生强烈的爱国热情和民族自豪感。为此设计的主要活动有："国庆表彰"把学生自己的成长进步与祖国的发展联系起来，把学生一学年最重要的荣誉与国庆联系起来，更高位地引领学生发展。"研学系列活动"如"红色路、三农情、中国梦"让学生重走长征路，到当地友好学校同上一节课，到当地农村了解革命老区乡村建设的发展，从而滋养强烈的爱国热情；"走进中国制造感受大国风采"让学生亲自感受大国制造成就，走进我国科技、工业、基础建设发展的最前沿，了解国家在很多方面从不断成长到世界领先的过程，增强民族自豪感和建设祖国的责任意识。

以"走进大国制造 接触创新科技"活动为例，锦城一中以培养学生的民族自豪感、民族责任感为出发点，组织全校学生分10条左右的路线进行研究学习，先后深入华为基地、C919大飞机制造厂、三一重工、洋山港自动化码头、复旦大学、江南造船厂等国家科技发展和建设的前沿基地，让学生认识国之重器，学习当代大国工匠精神，了解国家现在的优势和短板，从而通过自己的体验、见识、学习，在涵养民族自豪感的同时，主动把自己的目标与国家的发展结合起来，培养历史责任感，并以此进一步激发学习动力和自主成长的强烈意愿。

成都金苹果锦城第一中学
初一年级"走进大国制造 接触创新科技"研学活动方案

【活动目标】

(1) 以见识开拓新眼界,靠知识锤炼真本领。

(2) 落实国家研学课程,实现学校"全人教育"目标。

(3) 感受国家强大,培养新时代爱国主义精神。

(4) 体会匠人匠心,立志为国为民。

【活动内容】

本次研学,我们将深入到伟大创造的背后,体会中国制造业由小变大、由弱变强的发展历程,学习工匠精神,既要体会匠人匠心,更要立志为国为民。

本次研学将于 2019 年 4 月 24 日至 2019 年 4 月 27 日开展。我们将组织学生在西安、长沙、深圳、上海等地进行研学。活动通过参观、听取讲座、现场体验、资料收集等方式进行学习,凸显学业性、参与性、研学性,目的是把研学活动落到实处。

【行程安排】(见表 5-2)

表 5-2 行程安排

日期		行程	课程安排	课程目标	用餐	酒店
4月24日	上午	成都飞上海	从学校出发前往本次研学目的地——上海	全程分小组出行,保持良好的精神面貌,展示锦一风采		上海希尔顿欢朋酒店
		机场到市区	乘坐磁悬浮列车到达市区	感受磁悬浮列车的魅力与速度		
	下午	复旦大学邯郸校区(杨浦区邯郸路220号)	参观校园,与优秀学长交流	了解复旦大学校史、校园文化,学习优秀学长的学习经验	中餐	
	晚上	入住酒店	研学日记	分组讨论,总结	晚餐	上海希尔顿欢朋酒店

表 5-2（续）

日期	行程		课程安排	课程目标	用餐	酒店
4月25日	上午	汽车博物馆（嘉定区博园路7565号）	了解汽车的发展史	了解汽车发展史与现代汽车制造技术	早餐	上海希尔顿欢朋酒店
	下午	中国商飞（浦东新区金科路5188号）	参观企业（9班）	参观中国商飞公司沙盘、国家重点实验室、C919大型客机展示样机；观看习总书记视察中国商飞公司纪录片，中国商飞公司十周年纪录片，C919大型客机首飞纪实片	中餐	
		上海光源（浦东新区张衡路239号）	参观企业（1班）	参观中科院上海光源研究所，探究神奇的光		
	晚上	入住酒店	研学日记	分组讨论，总结	晚餐	

（三）"世界全景"的学校德育活动

"不谋万世者，不足谋一时；不谋全局者，不足谋一域。"围绕"世界全景"的构成要素和"全球胜任力"的培养要求，锦城一中强化了德育活动。

1. 以放眼全球、理解世界为目标的德育活动

我们要培养的学生是新时代的青年一代，是国家发展的生力军。当然，他们需要有中国风骨，也要有世界担当。为此，锦城一中设计的活动有：

国际活动月。通过英文演讲、英语剧表演、配音比赛、法语歌唱比赛、德语情景剧表演、英文辩论、各国主题游园活动等，邀请国际教师、国际学生参与，激发学生主动进行国际文化理解、语言交流、国际差异分析、国际形势的讨论，从而加强学生的国际理解力、国际活动力等。"锦眼看世界"通过学生自己到电视台收集材料，编排节目，从学生的视角去发现世界，分享对世界的理解。"国际理解与参与的社团活动"根据学生成长需要，开发引进模拟联合国、APEC（亚太经济合作组织）青年论坛、国际商赛等课程，坚持全英文授课并开展活动，让学生从形式到内容、从表面到纵深，科学、全面、客观地了解国际发展，熟悉国际表达的方式和规则，涵养国际竞

争的眼光、思维、素养。（部分集体项目见表5-3）

表 5-3　部分集体项目

集体项目	阶段	时间	地点	负责人	学生组织
初一年级：唱给祖国的赞美诗——班级合唱比赛	决赛	12月10日周一 15：45—17：15	音乐厅	王龙 杨帆	学生会 大队部
初二年级：舞动青春的五彩练——班级舞蹈比赛	决赛	12月17日周一 15：45—17：15	音乐厅	路霞 张浪琳	社联
初一年级：用你的方式描绘"锦一"的足迹——研学手绘作品展		16~18周	大厅	美术组	摄影社
初二年级：英雄赞歌——主题剪纸作品展		16~18周	大厅	美术组	动漫社

2. 以追求卓越、立己达人为目标的德育活动

未来眼光、世界胸怀离不开丰厚的学识和能力。这是对学生成长的更高的标准，以期学生通过中学的学习发展，形成对自己人生的高远追求、对个人价值的正确理解，实现对终身发展的奠基和规划。如"锦一之星"、荣誉学生的评选，以学期或者学年为单位，对各方面表现优异的同学进行表彰，让学生在认可自己和学习他人的过程中，更自律、更自立，完善对卓越的追求。生涯规划系列活动，从个人意志品质培养到生涯职业了解再到对未来奋斗目标的寻找，让学生更科学地树立不断卓越的奋斗目标，引领自己的成长。离队入团活动，从身份的转变上强调青春意识和价值认同等。

如学校重点打造的社团——模拟联合国，是全国唯一一个在初中阶段进行全英文交互学习活动的社团，由学生组织管理，由专业老师进行教学和引领。模拟联合国让学生通过学习模拟联合国的辩论方式，对热点国际问题进行了解、分析、讨论及提出初步解决方案等活动，培养学生的国际理解能力、跨文化包容能力、国际交流能力、民族自信力。同时，让学生积极参加哈佛模联活动、旁听联合国现场讨论，代表学校进行国际交流，接待到校外宾等，通过这些活动的开展和知识的传递，实现"世界全景"德育目标。

三、新时代全景德育活动的整合实施策略

"全景"是一个系统,三大"全景"的德育活动必须整合实施,才能多维、持续地促进整全生命的不断成熟。锦城一中在建构上述德育活动时,就强化了多种关系的处理与整合实施的策略。

(一)处理好多种关系

第一,个体与整合的关系。对全人的培养需要整合各方面的资源和力量,形成合力才能更好地实现培养目标。全景德育活动内容的建构就需要主动对各种资源进行整合,包括学科活动与德育活动的整合,校内资源与校外资源的整合,教师个人教育行为与班级、年级、学校整体教育活动的整合,学生成长发育阶段的培养目标与人的终身培养目标的整合等。如每个学期的研学旅行活动,需要整合家长资源、社会资源、教师专业指导、学生多种学习渠道、校内组织管理、校外对接协调等,才能让学生的研学做得真实、落到实处。

第二,重复与上升的关系。活动设计中,很多的活动是不能简单以年级段彻底分割的。很多同一主题的活动会从初一年级延续到初三年级,而每一时段的具体操作和实现形式又会根据学生的学段变化和成长需要不断提高要求和目标。如科技活动月每一年都有,但初一的活动更侧重于激发兴趣、了解科技、尝试操作;而初二年级的活动更侧重于从现象观察到理论的总结,从理论的学习到实践的印证,进一步培养和提升思维能力、操作能力、创造实现力。又如艺术节活动,初一的校园歌手大赛重在展示、学唱等;而初二的活动则更侧重于学生的原创能力提升,通过平时的学习,引导学生利用乐器、App进行乐曲创作和呈现,如"经典永流传"原创音乐大赛。

第三,显性与隐性的关系。活动设计和开展都是为了实现培养目标。但在目标实现的过程中,既有显性的与主题密切相关的内容,又有隐性的过程性的对人有全面影响的内容,如举办的一月一赛事和艺术节活动,通过活动的开展鼓励学生积极锻炼、主动展示,培养集体荣誉感和班级凝聚力。同时,在这些活动的组织过程中,学生志愿者的参与、学生干部的管理、活动组织过程学生的全程介入本身就在培养学生的团

队协作能力、沟通能力、领导力等。学生从自己亲自参与过程中得到的体验会更长久，从而更深远地影响自己的发展。又如社团活动，学生通过自发组建、自主管理、互助学习的方式开展活动，不仅培养了兴趣特长，发展了某方向的特定能力，而且在经营社团、管理社员、策划活动、备课上课等过程中，真切获得了比较完整的创业体验和鲜活的人际关系处理和团队建设经历。

如锦城一中组织的一年一度的艺术节活动。从活动内容上看，有个人项目，更有集体项目，是学生个人才艺与班级整体风貌的集中展示；同时，内容设计贴近学生生活，是学生感兴趣的，也有对祖国、家乡、英雄的赞美，是"个人全景"与"集体全景"的有机整合。从组织方式上看，学校统一组织这种活动，在年级和班级层面会将这个方案分解为班级海选会、年级选拔赛，把学校活动与班级和年级建设有机结合起来；同时，每一个比赛都是由某个学生组织来具体承办，把学生喜欢的活动交还给了学生，让学生展示了才艺的同时，更培养和展示了学生的领导力。学生自己参与和体验，去尝试大型活动的组织和多人团队的管理，从而促进个人的全面成长，更是对未来能力的全面培养。

金苹果锦城第一中学第二届校园艺术节活动方案

【活动目的】

进一步推进学校"全景德育"的实践思路，丰富锦一的"全景德育"场域建构，拓展学校德育内涵与艺术教育工作，营造高雅、文明、和谐的校园艺术氛围，为全体学生提供展示艺术才华的舞台，激发学生艺术创造、艺术表达的热情，提高学生的艺术审美和欣赏水平，为培养合格"全人"、优秀"全人"、卓越"全人"提供动力，促进学生全面发展。

【活动时间】2018年11月27日—2018年12月17日

【活动主题】艺术点亮青春　文化润泽生命

【活动安排】（见表5-4）

表 5-4 活动安排

类别	序号	项目	时间		地点	负责人	学生组织
个人项目	1	和诗以歌·传唱经典——校园歌手比赛	初赛		至善楼6楼音乐排练厅2	王龙 杨帆	学生会
			决赛		音乐厅		
	2	管弦华章——器乐比赛	初赛		至善楼6楼音乐排练厅2	王龙 杨帆	大队部
			决赛		音乐厅		
	3	舞动青春——舞蹈比赛	初赛		负一楼形体房	路霞 张浪琳	社联
			决赛		音乐厅		
	4	翰墨飘香——现场书法比赛	初赛		各班教室	语文组 美术组	摄影社
			决赛		室内篮球馆		

（二）丰富整合实施策略

首先，促进体系化实施。锦城一中对全景德育内容的实施不是分割的、单独的，而是前后呼应、与教育功能匹配的。学校把活动与培养目标结合起来，形成体系化，对学生的培养成为一个有机的整体。

如社团活动与赛事一体化。学校在开展社团活动时，从学生兴趣与培养目标入手，提升学生的智、体、美、劳素养。同时把社团作为学生领导力培养的平台，让学生在活动中学会团队协作、集体认同、群体归属，在相互影响中实现集体全景的成长。学校把社团活动和平时训练与展示方式结合，这样既发展了学生的兴趣和能力，还能通过赛事，进一步验证学生的成长，在过程中激励学生持续学习，也为学生打造更大更高的成长平台。这样既有全员参与，又有分梯队训练，同时以赛促练，让学生分层体验成功，对社团的组织和社团活动的开展都有很好的促进作用。

又如年级与校级德育活动一体化实施与响应。锦城一中在推进全景德育内容构建时，既有校级的也有年级的，既是分层的又是统一的，把各级活动统筹起来，一体化实施和响应，以避免让学生与教师都疲于应付各种活动内容，甚至是同质化的内容。学校设计一学年的培养目标和全校性活动，年级和教研组在此基础上，把特色活动与之结合或者配合，整合为一个参与面广泛又各有侧重的整体。如在校级活动离队入团活动中，学校会统一组织学生学习规范的入团程序，各年级再开展相应的常规考核与评比工作、"与优秀同行"等活动，既进一步推进和延展了活动的内容，促进年级的管理和发展，又助力了推优入团工作的开展。

再如学校开展的班级文化建设活动，主要包括班级环境文化、制度文化、精神文化的建设。首先由学校设计方案、制定标准、提出要求，同时进行全校宣传，引发全校的关注度和学生的整体积极性及荣誉感。各年级在具体落实中会把相关要求分解为班级文化墙布置、环境整洁度评比、学生个人形象规范、班徽设计大赛、班训宣讲大会等活动与工作。各班级在具体落实这些活动时，又会进一步交付给学生团队策划和承办，形成独立项目，如：与美术课合作进行班徽设计，与家长合作进行班级文化符号的设计、开展仪容仪表规范周等活动。从学校到年级再到班级，形成德育活动的一体化实施和响应链条，并实现了在活动中整合学科资源和家校资源，从而营造培养学生的全景场域，促进学生的全景成长。

其次，促进多主体整合。多主体整合主要是对全景德育活动参与对象的整合。德育活动不可能只通过学校进行或者班级进行，而应该是借助一个健康的德育生态圈。这就要对参与对象进行整合，包括班主任与班科团队的整合，班级管理者与学生成长导师的整合，学校组织与家长参与和资源分享的整合，学校活动开展与社区整体建设的整合，校内教育与校外教育平台和资源的整合……

锦城一中组织开展的"我和我的城市"研究学习活动，目的是更好地为学生提供学习机会，促进学生深度学习。学科上整合了地理、生物、语文、数学、英语、物理、化学、历史、道德与法治等内容，指导学生有针对性地确定研究方向并拟订计划。资源上通过家委会获得了大学教授的指导，并确定了15个研究学习路线，近50个研究学习点。在研究学习的过程中，学校又进一步整合了社区、乡镇资源，让研学活动在落地时得到了很好的支持，同时也对部分企业、社区的经营与工作起到了促进作用，提升了其影响力，间接促进了本地研学资源的开发。通过活动，学生对日常生活中的很多环节进行了深入的了解和学习，如供水、供电、垃圾处理分类、城市规划、绿化、公交系统运营等。这次活动培养了学生的家乡情怀，让学生更加珍惜我们的美好生活。

最后，促进多效益整合。在设计和实施全景德育内容时，通过系列活动实现学生成长的多效益强化，把个人全景、集体全景、世界全景有机整合和推进。既考虑个人成长，也兼顾团队的发展；既考虑表层的活动目标，也考虑内在的培养目的；既着力于现在的学习生活需要，更着眼于学生一生的成长需求。

锦城一中正在推行的校内农耕教育，通过分地到班、承包到组，让所有学生都能在学校完整体验翻地、选种、播种、培苗、浇灌、养护、收获的过程，实实在在地让学生在体验中接受劳动教育，促进了个人全景德育的实现。同时，以小组、班级、团队为管理单位，通过地块命名、设计、维护、研究等过程，促进团队的发展，让他们在劳动过程中体会劳动创造生活、劳动创造幸福的内涵，实现集体全景德育。通过引导学生对不同地域、不同环境人们主要耕种的作物的学习和研究，让学生了解和体验到劳动促进人类的发展和世界的多彩融合，促进了世界全景德育的实现。学校在农耕活动中还对各学科内容进行整合，让学生通过市场研究和成本核算进行选种，通过网络分享种植过程、设计农产品包装、广告等宣传方式实现营销，通过土壤监测、气候监测、病虫害防治实现科学种植，通过研究声波驱鸟、远程浇灌、自动滴灌、音乐对作物成长的影响等实现对现代高科技农业的认识，从而通过劳动教育为学生成长营造全景场域，实现学生的全面成长。

第六章
走向综合实践的全景德育

  从知、情、意、行的关系来看,知要成为信念,行要成为习惯,没有切身的体验、反复的实践,是不可能奏效的,也是不能达到预期目的的。

——黄济

锦城一中校内的全景德育活动，为学生成为整全的生命积累了直接经验。要把这些经验变为德性生长的持续动力与优良土壤，还需要把学生从校内引向校外，从个人全景引向社会全景和世界全景，在校外的综合实践中，把"知"变为信念，把"行"变为习惯。因此，新时代的学校德育，应是走向综合实践的全景德育。

一、新时代教育改革中的综合实践

中华文化历来重视实践的作用，"耳闻之不如目见之，目见之不如足践之""纸上得来终觉浅，绝知此事要躬行"这些重视实践的诗词俗语比比皆是。孔子将诗、书、礼、乐、易、春秋作为教学内容，其中包含了比重较大的实践教学内容。

我国早期的教学计划和教学大纲，以学科课程作为主导性课程，而把学科课程以外的各种形式的活动统称为"课外活动"。"课外活动"可以说是综合实践活动的雏形。这是综合实践活动的萌芽阶段。对于这一阶段的认识，不得不提及的是20世纪20年代陶行知所发起的乡村教育运动。他创办了晓庄师范学校，并在实践中提出了"生活教育"理论。他提倡教育与社会生活、教育与生产劳动相结合的思想，反对以"教"为中心，主张"教学做合一"，主张生活教育的目标是培养能够拥有"农夫的身手、科学的头脑和有改造社会的精神的真人"。陶行知的教育主张和教育实践直接影响了后来"活动课程""综合实践活动"理念的提出。

改革开放后，中国社会整体处于谋求发展的重要历史阶段，中国教育改革也如火如荼地进行着。1992年，国家教委将"活动课程"纳入课程计划中。1993年秋季开始试行的《九年义务教育全日制小学、初级中学课程计划》规定：新的课程结构由学科类和活动类两部分组成。学科课程和活动课程是使学生在德智体诸方面得到发展的必不可少的教育途径，都有各自独特的教育功能，互相不能替代。1996年1月，国家教委颁布了《九年义务教育活动类课程指导纲要（草案）》，明确规定了活动课程的培养目标、内容与形式、组织方式与方法等。这一阶段是综合实践活动课程整个历程中极为关键的时期，"活动课程"正式被纳入基础教育课程体系，初步奠定了后来"综合实践活动课程"在整个课程体系中的地位与作用。

进入21世纪，经济全球化和信息技术、互联网的快速发展给教育带来了前所未有的发展机遇和挑战。为了满足未来社会对21世纪的人才的要求，2001年，国务院启动了第八次基础教育课程改革。这次课程改革的任务之一就是调整和改革基础教育的课程体系、结构、内容，构建符合素质教育要求的新的基础教育课程体系。2001年6月，教育部印发的《基础教育课程改革纲要（试行）》（简称"旧版纲要"）规定：从小学至高中设置综合实践活动并作为必修课程。

本纲要对综合实践活动的定义是：综合实践活动是基于学生的直接经验、密切联系学生自身生活和社会生活、体现对知识的综合运用的课程形态。基本理念是：坚持学生的自主选择和主动探究，为学生个性充分发展创造空间；面向学生的生活世界和社会实践，帮助学生体验生活并学以致用；推进学生对自我、社会和自然之间内在联系的整体认识与体验，谋求自我、社会与自然的和谐发展。综合实践活动的总目标是：获得亲身参与实践的积极体验和丰富经验；形成对自然、社会、自我之内在联系的整体认识，发展对自然的关爱和对社会、对自我的责任感；形成从自己的周遭生活中主动地发现问题并独立地解决问题的态度和能力；发展实践能力，发展对知识的综合运用和创新能力；养成合作、分享、积极进取等良好的个性品质。

2017年9月，教育部正式颁发新的引领和规范综合实践活动课的政策性文件《中小学综合实践活动课程指导纲要》（简称"新版纲要"）。与旧版纲要相比，新版纲要在有关综合实践活动的定义、基本理念、目标、活动内容的阐述上都有所变化。

新版纲要中，综合实践活动的定义发生了五方面变化。一是注重课程设置中学生的"发展需要"。新版纲要要求课程不仅要从学生的真实生活出发，立足学生直接经验，而且还要求从"发展需要"出发，更为注重课程的前瞻性和发展性。二是明确提出培养学生"综合素质"的目标。旧版纲要的定义只是笼统地说课程对学生的发展有价值，新版纲要则明确指出"综合素质"培养是综合实践活动课程的目标所在。三是提出了"跨学科"概念。新版纲要强调综合实践活动是"培养学生综合素质的跨学科实践课程"，而旧版纲要未提及"跨学科"性质，只是要求"注重对知识技能的综合运用"。四是新版纲要直接指出了综合实践活动的方式，即探究、服务、制作、体验等，旧版纲要的定义则没有。五是突出了"活动主题"的意义和地位。新版纲要直接提出将生活情境中的问题转化为活动主题，而旧版纲要则未在定义中提及这一点。

新版纲要有关综合实践活动"基本理念"的表述改动较大。从范畴上看，旧版纲要的基本理念主要涉及课程的开发与实施这两部分；新版纲要则增加了课程目标和课程评价两个范畴。新增的这两个范畴分别提出"课程目标以培养学生综合素质为导向""课程评价主张多元评价和综合考察"。在课程的开发和实施方面，旧版纲要不区分开发和实施活动，笼统地提出"引导学生主动发展，为学生提供开放的个性发展空间，发展创新精神和实践能力"；新版纲要将课程的开发活动与实施活动区分开来，指出课程开发要坚持"面向学生的个体生活和社会生活"理念，课程实施要注重"学生主动实践和开放生成"理念。在新版纲要的四个理念中，主动发展在课程实施理念中以主动实践的方式做了表达，但未提及个性发展和创新精神及实践能力发展。

新版纲要在总目标的表述上主要有两点变化。一是用"价值体认、责任担当、问题解决、创意物化等方面的意识和能力"的培养，替代了原来的"发展科学精神、创新意识与实践能力，形成强烈的社会责任感与良好的个性品质"，且将"价值体认、责任担当、问题解决、创意物化"作为各学段设定目标的范畴和维度，每个学段的目标都是从这四个方面加以表述的。二是在"对自然、社会和自我之内在联系的整体认识"方面，旧版纲要只是说"提高"，新版纲要则提出要"形成并逐步提升"，反映了新版纲要对综合实践活动课程设置的整体意识和过程的关注，并将这一视角落实在各学段具体目标的设定和课程实施上。同时，新版纲要更加强调综合实践活动的整合性和连续性，这在旧版纲要中是没有的。

突出综合实践活动方式而不是活动内容，也是新版纲要的一个特点。旧版纲要详细阐述了综合实践活动的四大基本内容：研究性学习、社区服务与社会实践、劳动与技术教育、信息技术教育以及它们间的相互关系。尽管旧版纲要一再强调上述四个领域是相互关联、密不可分的，但在一线学校的课程实践中，以上四个方面的内容还是常常被误作四个彼此分离的活动领域。新版纲要则不再强调这四个方面的内容，而是突出强调四种活动方式：考察探究、社会服务、设计制作、职业体验。新版纲要一改旧版纲要对四大活动领域进行冗长的解释和关系区辨的做法，更加重视典型范例的作用,在纲要的最后部分,附上了"中小学综合实践活动推荐主题汇总",完整覆盖了考察探究、社会服务、设计制作、职业体验四类活动领域,其中设计制作活动还进一步分为信息技术、劳动技术两部分,分别予以推荐。

综上所述,国家对综合实践的要求及变化体现着整体、整合的思路;体现着从时间、空间上,从发展层次上,着力推进学生的能力不断加深、加宽的变化要求。

二、走向整合的综合实践德育体系

国家对综合实践的强调,对德育提出了走向综合实践的育德要求。不少学校开始了这一方面的探索,着力推进走向综合实践的全景德育。为了提高德育质量,锦城一中依据综合实践的改革重点,强化学校德育的整体、整合思路。

(一)纵向整合德育过程,形成纵向发展的综合实践景致

纵向整合德育内容,形成中学阶段的阶梯德育内容体系。整体规划中学的德育内容,在充分了解学生道德素质发展状况的基础上,形成初一年级至初三年级的梯度发展内容,引导学生在阶梯式的德育内容中一步一个脚印,把每一个脚印变为道德素质发展的一个节点,将这些节点串起来形成生命的发展轨迹。在学生工作部的整体规划下,逐步形成学生发展指导序列、班会课序列、德育活动序列、学科德育序列、项目研究序列等,不同序列相互呼应、逐层深化、螺旋发展,实现德育内容的序列化,促进德育内容的纵向整合。

纵向整合德育策略,形成阶梯发展的德育策略体系。根据学生的认知发展规律和德性养成的阶段特点,建构与阶段德育内容相匹配的阶段德育策略。初一年级以"活动体验"为重点建构德育策略,初二年级以"道德认知和道德体验并重"的思路建构德育策略,初三年级以"道德体验"和"道德自律"为重点建构德育策略,高中以此为基础,围绕道德责任、道德信仰等建构德育策略,以此促进德育策略的纵向整合。

纵向整合德育评价标准,形成阶梯式的德育评价体系。与阶梯式的德育内容和德育策略相匹配,根据全人的阶段发展要求,建构阶梯式的综合素质评价标准,促进德

育评价标准的纵向整合。

（二）横向整合德育过程，形成横向优化的综合实践景致

横向整合，是指不同德育路径相互呼应、彼此补充、形成合力，建构促进学生发展的德育场域。

一是课堂整合。包括同一学科在不同课堂上的德育整合，同一学科在不同层次的课堂上的德育整合，不同学科课堂的德育整合等。

二是课程整合。把德育课程、学科必修课程、学科选修课程、跨学科课程等整合起来，形成整合性的德育课程阵地，以提高课程多方面的发展力。如讨论朝鲜半岛危机问题，涉及地理位置、自然环境、社会环境、历史渊源、地缘政治、国际局势等多种因素，可以整合历史、地理、生物、道德与法治等学科，形成跨学科的有深度的教育专题，促使学生调动多学科知识解决现实问题，提升自己的道德判断力与化解道德冲突的能力。

三是活动整合。锦一有专门的德育活动，有依托社团开展的活动，有在项目学习中开展的活动，有在选修课程中参与的活动，更有课堂学习中的活动，将各种活动整合起来，共同发挥德育功效，才能提高活动的德育价值。如让德育活动扎根课堂，让活动彰显课堂学习成果：学生在课堂学习中习得技能，人人拥有参与活动的机会，人人具备取得佳绩的能力。再如艺术节中的班级画展，就是本期学生优秀的美术作业的作品展；班级合唱比赛，就是音乐课的成果展；诗歌朗诵比赛，就是语文早读成果汇报等。

四是德育与心育整合。以"学生发展指导"为统领，促进德育与心育整合。德育与心育既有区别，又相互联系、相互作用，共同培养学生健全的人格。人格包括品德（信仰、公德、法制）和性情（兴趣、性格、情绪）。国内外的研究表明，心育与德育共同作用，才能培养出自我、本我、超我相互协调，品德、性情皆佳的健全人格。无论是学科教师还是班主任，都要在自己的"阵地"上把德育和心育整合起来，促进学生人格的健全发展。

五是整合学校德育与家庭德育。学校的德育工作离不开良好的家庭教育，怎样让家长成为学校教育的同盟军而不是教育的阻力，是全景德育必须解决的问题。学校采

取办好家长学校、建立家校互动平台、开办家长沙龙、增设家长开放日等方式，通过系列化的课程学习、实践指导、学生实际发展状况反馈，颁发"荣誉家长"证书等办法，提高家长的德育水平，逐步加大学校德育与家庭德育的整合力度，提高家校整合育人水平。

六是学生综合素质发展评价的整合。运用一套科学的评价工具，全面立体地评价学生的技能、知识、能力、态度和视野，力求在四个维度上实现整合。首先是实践活动。主要评价班级内学生组织开展的各类班级活动和以班级为单位参与的学校与社会活动的实际质量，其评价主体往往是班主任、年级主任、学校领导、社会人士等。其次是日常观察。无论是学生自我，还是教师，都可以借助日常观察，形成丰富的发展评价信息，将相关评价日常化，通过师生记录作业、课堂表现、当日做的好人好事等，呈现学生每天的成长点滴，最后形成学生个人成长的轨迹。再次是学生作品。在班级建设中，学生的作品渗透在全部的班级生活内容中，如班级里的岗位工作质量、班级内社团的运行状态、班级报纸、教室外墙、黑板报，相关班级活动的方案与成果，学生创造的班级的相关标识等，都是学生的作品。学校的综合素质评价应高度重视不同领域内的学生日常作品，通过整合学生的日常作品，对学生的发展状况进行综合判定。最后是行为、思维、精神、境界的整合。

七是资源整合。整合和利用场馆资源，如博物馆、科技馆、图书馆、展览馆等资源，并对其进行深度开发和利用；整合和利用高校的人才、图书馆、实验场馆等资源；整合和利用校外导师的资源，如充分利用金苹果教育集团的优势，引入社会精英担任学生成长导师，并据此整合和利用他们的资源；整合和利用家长资源，如发掘来自各行各业的成功家长资源等，通过不同层次和不同方面的资源整合，形成学校的全景德育资源。

三、综合实践德育的内容框架

走向综合实践的全景德育强调内容的系统规划，内容框架的质量决定了德育的质量。锦城一中根据新时代学校全景德育的实践样态和内容框架，建构了有自身特色的综合实践德育框架。

锦城一中将综合实践活动的目标精要概括为：培养行走全球、创造未来的高品质"全人"。锦城一中认为具有世界品格的高品质"全人"应该具有以下四个基本特征：一是中国脊梁，即具有中华民族的精神特质，具有深厚的民族根基，能成为民族优秀文化的代表；二是世界担当，即具有世界眼光和胸襟，具有承担世界使命的责任感与能力基础；三是生态人格，即具有妥善处理人与自然、人与社会、人与自我关系的精神与能力基础；四是领袖潜质，即在解决世界性复杂问题时所呈现出来的引领能力、决策能力、组织能力和影响能力等基础素质，要具有成为世界领袖的潜质。

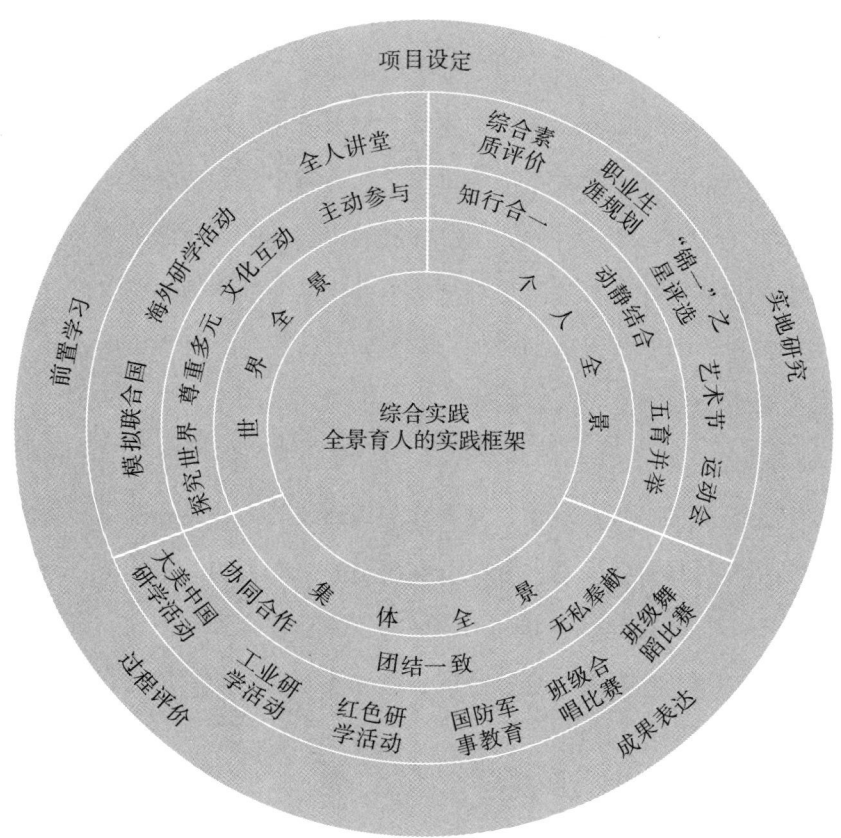

综合实践全景德育的实践框架

锦城一中以学生综合实践活动后的"自主学习力、学习内生力、资源整合力、学习表达力"是否提升作为目标是否实现的具体评判标准。

综合实践活动的设计理念：活动主题设计的系统性、主题化、校本化。以下是锦城一中的研学主题（见表6-1）。

表6-1 研学主题

年　段	研学主题	总项目
初一年级（上）	中华文化涵泳	行走丝绸之路，探究大美中国
初一年级（下）	意志品质磨炼	深入革命老区，红色寻根之旅
初二年级（上）	科技创新体验	走进中国制造，接触创新科技
初二年级（下）	主动责任担当	我和我的城市
初三年级（上）	青春梦想飞扬	职业生涯体验，规划个人发展

（一）综合实践中的"个人全景"

知行合一是实现个人全景德育的学生的第一个精神特质。综合实践中的"个人全景"德育，是指通过综合实践活动，学生的道德认知在日常的一言一行中内化，点滴践行，坚持不懈，在内心深处生长出美好的德性，进而转化为人格风范。学生在"做"中"学"，在"体验"中"悟"，在"评价"中"省"，在"反思"中"化"，学生把道德认知转化为实际行为，用行为的变化体现道德认知水平的发展。

动静结合，能够将静态的知识运用到动态的现实情境中，把握动态发展，是实现个人全景德育的学生的第二个精神特质。从知识到素养是一个动态发展变化的过程，学生在综合实践活动中将静态知识加以运用，以解决复杂多变的现实问题，以发展的眼光看待世界，实现从"知识"到"素养"，从"学科"到"学生"，从"静态"到"动态"，从"单一"到"多元"的生命的优质发展。比如，红色研学活动中，学生重走长征路，在巴中、泸州、广元、广安等地对课本上学到的有关"川陕革命根据地的创建""泸顺起义""四渡赤水"等历史知识进行实地考察和探究，深刻感受红军是如何在情势极其险恶、给养严重匮乏、环境异常艰苦的情况下，涉过了数十条大江、大河，翻过数十座高山峻岭，越过数座终年积雪的雪山，跨过了数百里的茫茫草地，进行战役、战斗近六百次，解放县城一百余座，最终突破数十万国民党大军的围追堵截，胜利地完成这一史无前例的战略大转移的。通过实地探究，使学生更能感受幸福生活来之不易，继承先辈的革命精神，立志创造更加美好的未来。

五育并举、德智体美劳全面发展是实现个人全景德育的学生的第三个精神特质。五育并举需要课内外结合、学科间整合、活动中融合，需要打破五育的边界壁垒、打通五育的内在联系。综合实践活动本来就具有整合性，能很好地实现学生德智体美劳全面发展。

案例1 综合素质评价

综合实践活动是促进学生"全人发展"的重要方式，"全人发展"的实质是学生的综合素质得到了有效发展。锦城一中建立、完善了综合素质评价系统，既检验学生道德素质与人格发展的状况，又引导学生根据评价结果调整自己，以实现更好的发展。

综合素质评价是观察、记录、分析学生各方面发展状况，发现和培育学生良好个性，促进学生健康成长的重要手段。要促进学生全面发展、个性发展，必须建立尽可能全面的、多维度的评价选拔指标体系，必须关注学生个体的进步和多方面的发展潜能，促进对学生的评价理念、评价方法与手段以及评价实施过程的转变。

锦城一中的综合素质评价分为九大部分：艺术素养、个人成长、学业水平、身体健康、活动实践、诚信道德、组织协调能力、集体奖励及其他。这九大部分和锦城一中的学生发展目标紧密相关。

以上九大部分又分为若干小项，贯穿在学生生活的方方面面，让综合素质评价不是空中楼阁，而是根植于学生的生活，让学生在每一个生活、学习的事件中观察、记录、分析自己的表现和发展。

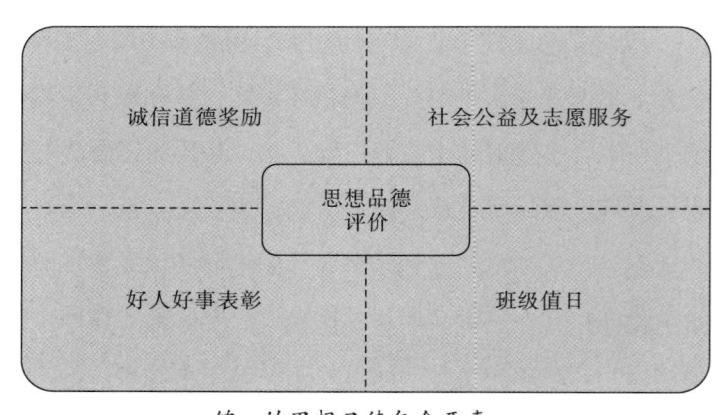

锦一的思想品德包含要素

比如，锦一的思想品德评价主要包含诚信道德奖励、社会公益及志愿服务、好人好事表彰、班级值日四个方面，主要关注学生在理想信念、诚实守信、仁爱友善、责任义务、遵纪守法等方面的表现。

锦一的学业成就评价主要包含作业表现、课堂表现、课堂考勤、会考成绩、学业奖励、创新成果、学术志趣与偏好发展、读书分享与人文探索等方面，主要关注学生的各门课程基本知识、基本技能掌握情况以及运用知识解决问题的能力等。

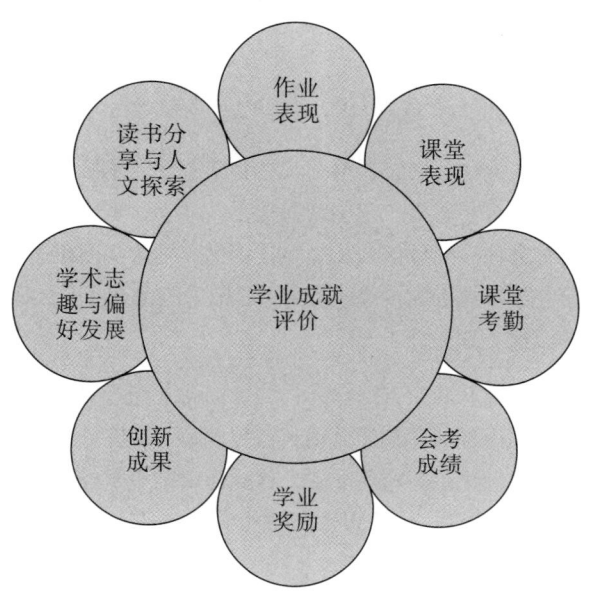

锦一的学业成就评价包含要素

在每一项综合素质评价内容后面都附有一两个问题，引导学生思考自己的优势或缺陷，找准下一步努力的方向等。

比如，在思想品德评价项目的后面，有这样三个问题：怎样做一个思想和品德都"棒棒哒"的锦一少年呢？你觉得自己哪些方面做得很好，哪些方面还有不足？你还能从哪些方面提升自己的思想品德修养？

根据每个项目的完成情况，一学期后同学们都会有自己综合素质考评的分数。对照分数，学生从中看到自己的优势和不足，以便更好地安排下一阶段的学习和生活。以下是初一年级小张同学根据某学期综评分数做的总结（见表6-2）。

表 6-2 初一年级小张同学根据某学期综合评价分数做的总结

总结时间	2017—2018 学年（上）
情况概述	本学期综合素质考评成绩偏低，全班排名 39
原因分析	主要失分项目有艺术修养和社会实践。艺术修养的成绩偏低，原因在于课上发言不积极，未主动参加艺术活动，也没有加入社团，起评分低，无加分项，导致该项成绩整体偏低。社会实践也有相似的原因，本学期第一个短课程完成度不够好，因此未能拿到高分，后来又没有参加社团，导致这类别无分
解决方法	艺术修养从两个方面提升，一方面课上积极发言，认真完成作业，另一方面积极参加学校的活动，像艺术节等。在社会实践方面，在短课程的时候要做充足的前期准备，这样活动结束才能够有成果。另外，我准备报名参加学生会，还想报名参加乐团。如果两个都参加会有一定压力的话，那我先参加一个

综上，学校通过综合素质评价系统对学生进行多维度、较全面的评价，关注学生成长的过程，关注学生的自我发现，关注学生的反思与自我矫正。综合素质评价的价值不是对学生评出 ABCD 的等级，而是记录学生的成长，记录学生的生命发展轨迹；不是思想的简单灌输，而是用心灵去挖掘创造之源，最终在创造的过程中，让学生找到自己生存的价值所在，帮助学生在发现世界的过程中发现自己。

案例 2 生涯规划指导

生涯规划指导，是在引导学生感受社会行业，体验职业经历的基础上，根据自身的发展基础与兴趣，对未来的专业学习与职业愿景进行设计的过程。国务院发布的《国家职业教育改革实施方案》提出，推动职业教育资源面向基础教育开放，提升中小学综合实践活动课程、劳动与技术课程学习实施水平，促进普职融通，是深入实施素质教育的重要途径。初中阶段的职业体验活动，有利于拓展学生对社会分工、职业角色的体验与认识，形成平等开放的职业观，初步培养学生的职业内涵认知、职业情境认知、职业价值认知，促进学生拓展职业自我认识，学会自我调控和分工合作，具备一定的职业素养和实践能力,进一步明确职业意向。

锦城一中建校伊始,就把职业体验活动纳入生涯规划的课程中,把职业体验作为一项重要的综合实践活动加以实施。通过"走进一家企业、体验一种职业、接触一下社会、认识一下自己"的方式,学生在"体验·发展"中,用思考去认识自我,找到自己的兴趣、能力、价值所在,同时了解社会发展趋势,亲身感受未来社会人才需求方向,为人生发展规划提供有益的参考,进一步提高自己的综合实力,打造自我核心竞争力。

初2017级400多位同学分别走进律师事务所、酒店、医院、研究院、电信公司、银行、民族中学、科技公司等几百个单位,体验上百种职业。

职业体验让学生在现实的职业场景中获得真实的感受与思考。

何融潋、何融宽同学在职业体验报告《平凡岗位带来的思考》中记录了他们走进酒店工作的感受和思考:

今年暑假我们来到了一家酒店,"辛苦、劳累"是我们对酒店相关职业的最初定义,但随着体验的深入,我们认识到更多不一样的东西。三天的时间,我们在酒店里体验了三个不同任务的工作:客房服务、前台服务、运营和管理。

第一天,主要任务是打扫酒店的房间,我们熟悉具体步骤后,开始工作。随着阿姨的耐心讲解和一步步的演示,我们也慢慢地了解了关于客房服务的要求。体验工作让我们认识到,我们外出旅游能够有一个优质、舒心的环境,离不开每一个行业服务者专注、认真的工作态度和精益求精的品质追求。

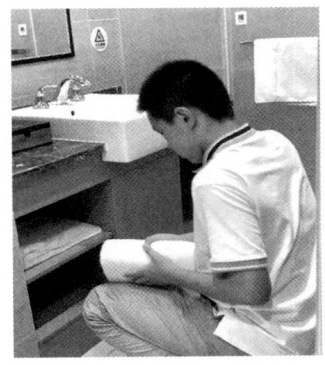 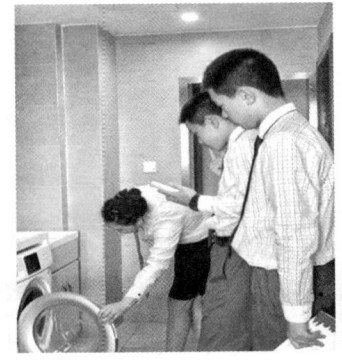 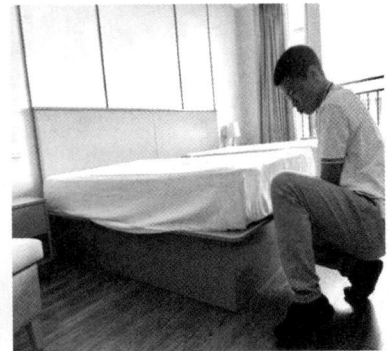

何融潋、何融宽在酒店体验工作——打扫酒店房间

二十多个步骤，十几个细节，工作内容多且复杂。"细节决定成败"这一句话更是深深地刻在了我们的脑海里。无论从事什么职业，都要从最基础的地方做起。然而这些最基础的事情，往往也是最累最苦的，但只有做好这些小事，才能继续往上走。工作就像我们的学习，只有基础的铺垫才会造就日后的成功。

第二天，我们体验的是前台服务。当我们做了前台服务员之后，才体会到每个行业都有我们想象不到的辛苦。前台会接待不同的客人，要尽最大可能满足客人的要求，即使自己当天心情不好都绝对不能影响对客人耐心的服务。前台，就代表了酒店的形象。有一次，两个人来给他们的领导看房间，其中一人对我们的态度很不好。我们问他对酒店有什么地方不满意，他却说"都不满意"！我们很生气，但为了酒店的利益，我们必须好好对待每一个顾客。

第三天，我们体验运营经理的工作。这一职务相当于副店长，相比前两天的客房服务和前台服务，做的事情要多得多。

运营经理的工作包括检查房间的打扫情况、消防设备、公共设备等。虽然职位上升，但工作并没有减少，反而需要承担更多的责任。管理人员与一般员工的区别并不仅仅是所做的工作不同，而更多的在于对自我的要求不同，因为对员工的负责和严格，需要自己付出更多的努力。也就是说，管理者不仅要具备管理能力，还应善于学习与思考，只有这样才能够随机应变，做好领导职务。"Learning is a lifelong journey！"我们深深体会到，不管是学生时代还是日后进入职场，学习都是我们应该时时刻刻铭记的事情。另外，在学习的同时，不断地思考和反思才能帮助我们更有效地学习，从而达到更高的水平。

酒店服务是一个面向全社会的行业，在这次体验中，我们除了学会如何在酒店工作，还更加全面地了解了这个社会，日后也会更加注意自己的言行举止。

职业体验让学生对未来职业的变迁与社会对行业的新要求有一定的预测能力。

刘宸岑同学在职业体验报告《小小地球站，大大通信梦》中写道：

之前，我对于卫星通信的了解只有两点印象：第一，卫星通信对于我们来讲太"高大上"，遥不可及，和老百姓的生活没多大关系；第二，中国卫星通信主流市场上大多都是卖进口的产品，或者卖贴牌的进口产品。假期里，我来到了一家民营科技公司，进行了为期三天的职业体验学习，对卫星通信有了新的认识。

卫星通信简单地说就是地球上（包括地面和低层大气中）的无线电通信站之间，利用卫星作为中继转发而进行的通信。卫星通信系统由卫星和地球站两部分组成。地球站就是那个长得像锅盖，顶着一个天线的东西。我们一般在抗震救灾、演唱会等时候能看到它的身影。

第一天进行了入职培训。我入职的岗位是卫星通信现场工程师。一个卫星通信现场工程师需要做卫星通信相关项目的现场测试及维护，完成项目施工资料收集整理、项目工作执行等工作。比如说，当年青藏铁路通车，胡锦涛总书记坐火车进藏，在这样的高原上有线通信无法发挥作用，要保持通信畅通，就得靠着这些卫星通信现场工程师，用汽车带着便携式地球站一路行进到青海、西藏等地区进行通信保障。当时地球站通信技术不够先进，这些工程师就在汽车里待着。冬季青藏高原气候严寒，地球站被大雪覆盖，就会影响地球站的信号接收，所以每隔两个小时就需要人员去人工清理地球站的积雪。当然，现在已经有自动扫雪地球站了。

第二天，体验操控地球站连接卫星。大家知道，我们的卫星都在赤道上空运行，我们国家处于北半球，所以，地球站一定是朝着南边的。这一天，我们体验了手动操控，用地球站，就是那个锅盖，先对俯仰角度，再调整方位角度，但是20分钟过去了，我却始终对不准指定的那颗卫星，不由得急得满头大汗。无奈，我只好靠边站，让便携式地球站自动对准卫星。一摁开机键，寻星—建链，它一下就连接上了，哇！那个感觉，太帅了！

职业体验让学生发现"自我潜能"，对自我发展的优势领域进行评估和判断。

郑文杰同学经过前期的职业测评，发现自己是十分匹配律师这个职业的，于是他走进律师事务所去体验。他在研学总结中写道：

我觉得律师在我心中就是在法庭上能说会辩，十分威武的形象。但是在这次研学中，我尝试了与律师一起工作，了解诉讼流程，修改文稿，帮助律师完成一些力所能及的事情，我体会到了律师不仅仅有法庭上雄辩的光鲜的一面，也有职业背后的艰辛，如诉讼的所有资料、向法院递交文件都由他们全权负责。可能和大多数同学不同的是，我们是四个人一起合作体验的。这也是我第一次尝试在工作中与同伴们合作完成分配到的任务。我也体会到了在职业中合作的重要性。比如说我们在刚开始审查资料的时候，因为每个人都是"小白"，所以会有很多遗漏，但是我没发现的问题同伴却发现了。正是有了团结合作，我们总能往更好的方向发展。有一次，本来我们是要去法院的，因为没带身份证、没和律师沟通好等，我们错失了这个机会，临时调整为梳理、采访、总结，但又因为时间过于仓促，而资料又是分散在每个人手中的，最后我们花了很多的时间才将这个错误弥补。这一次研学体验不仅仅让我了解到了律师职业光鲜背后的辛苦，也让我体会到了工作中团队合作的重要性。

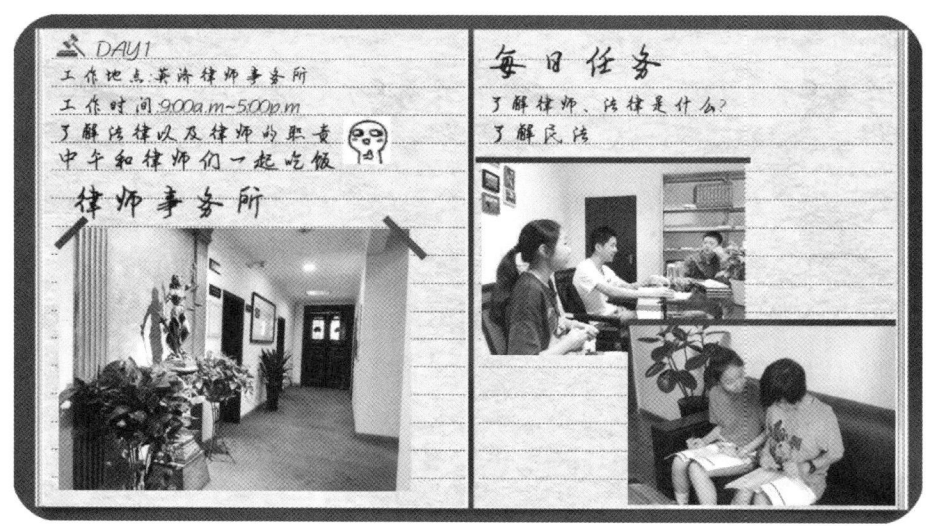

郑文杰和同学们在律师事务所体验工作

王美静同学在职业体验总结报告《让青春之花，绽放在祖国最需要的地方》中表达了她长大以后一定要去"最艰苦的地方，做最有情怀的事"的志向。她写道：

利用这个假期我做了相关的信息搜集，通过家长和朋友了解到了许多关于支教的现状，这也使我对支教有了初步的认识。在我最早的认知中，支教就是在一个条件稍微艰苦的地方教书，上班很轻松，课程很简单，难度自然也不会太大吧。但是在青海省玉树藏族自治州第三民族中学（简称玉树三中）担任了为期三天的政治教师后，我彻底改变了从前的认知。

这所学校是十年前震后重修的，位于海拔四千多米的青海省玉树藏族自治州，这里的学生也均为藏族聚居区的孩子。一走进校门，映入眼帘的便是他们的校训：善和爱。其意为保持一颗善良的心，去爱自己、爱国家、爱人民。我想这或许也是我去西部支教的初心吧。

第一天，我按照玉树三中的教师招聘标准进行了职业面试，通过了支教的第一关，面试官也对我的面试表现给予了相应的评价和建议。接下来我分别采访了三位不同职位、不同教龄的教师。从他们那里我知道了，在西部地区即使是当一名普通的教师也非常不容易。因为西部地区教师资源稀缺，所以这里每一个教师的工作量都非常大，许多教师甚至会跨学科教学。锦一政治组的何耀宏老师曾说过："人生价值分为自我价值和社会价值，而一个人人生价值的高低是由社会价值决定的。"我想，我的人生价值不就是应该在投入西部支教过程中实现吗？因此，当我采访完三位教师之后，我更加坚定了到西部支教的决心。

王美静的西部"支教"——职业采访

第二天，在该校学生的积极配合下，我完成了人生中的第一节支教课。我也体验到了当教师的辛苦和要面对的重重困难与挑战。由于这里信息闭塞，许多我们常见的东西，学生们却闻所未闻。例如，当我在课堂上用"地铁"跟他们举例时，他们却满脸疑惑地问我："老师，什么是地铁？地铁是干什么的？"我顿时有些慌张，因为我不知道该如何去跟他们解释这个我们常用到的交通工具。最后，我也是花了很大的力气才勉强让他们知道何为地铁。这也让我深深意识到了西部教育的落后，要想达到教育的平等，我们需要努力的地方还有很多很多。

王美静的西部"支教"——职业体验

支教体验结束后,我们一起站在民族团结亭前,等待着相机记录下这个美好难忘的瞬间。当快门按下的那一刻,我的职业体验也就结束了……因为这次支教,我的假期变得格外有意义;因为遇见他们,我的这个假期显得格外美好。其实我们都一样,我们都是学生,都是中国的学生;我们都是少年,都是国旗下的少年;我们都是孩子,都是祖国母亲的孩子;我们都是希望,都是祖国繁荣富强的希望……

因为看过了这里令人沉醉的风景和渴望知识的眼睛,所以我下定决心要努力提升自己,达到足够优秀的标准后,再到西部去,到基层去,到祖国最需要的地方去,去教书育人,把我认为教育最美的样子带给西部的孩子们。

这次职业体验后,我知道了当一名西部支教教师并不轻松,每一位教师都要身兼数职,每一位教师都要带着基础薄弱的同学们探索知识,每一位教师都要下定决心在这个艰苦的环境下教书育人。我更知道了所有教师的不易,他们要保证同学们都学会重要的知识点,要把最好的教育带给他们。或许只有当我真正做到了不负青春、不负梦想、不负拼搏、不负此生,才能让青春之花绽放在祖国最需要的地方。

(二)综合实践中的"集体全景"

综合实践中的集体全景德育,是指学生通过综合实践活动,形成协同合作、团结一致、无私奉献的精神特质的过程。

案例 "行走丝绸之路,探究大美中国"研学活动

金苹果锦城第一中学"行走丝绸之路,探究大美中国"研学活动是基于核心素养

的获得和学校的育人宗旨而开展的。在这项研学活动中,全年级同学历时5天,分为10条路线分赴各地,行程从陆上丝绸之路到海上丝绸之路,从北京、西安、敦煌、南京、苏州、杭州,到洛阳、徽州、西双版纳,每个人平均行程超过1000千米,总行程超过5万千米,重走丝绸之路,探究大美中国,探访祖国的名川大山,穿越悠久的历史长河,欣赏丝绸之路大美景象,感悟自然与人文交融的壮丽诗篇。以游历为载体,以课题研究为核心,学生们以小组为单位开展研究性学习活动,在领队教师的指导下经历了选题、做开题报告的过程,并积极查找文献资料,不断完善研学考察的计划,并在研学之旅中实地考察、思考、记录,完成研学课题汇报。

"学会求知、学会做事、学会共处、学会发展、学会改变"是本次研学活动中学生们要实现的目标。学生们在实践中主动进行分工与合作,进行良好的沟通协调,培养个人服从集体的意识,团结协作,无私奉献,实现集体全景德育。

苏杭研学组学生白沂臻说:"从课题研究到吃饭,团队之间的共处无处不在。课题研究,从分时间段进行研究,再到按分工来进行研究,团队共处与个人处事,无一不是重点。"云南研学组学生虞小语也认为,研学旅行中大家都有了转变,男生变得更大气,女生变得更勇敢,"去植物园离地面大概有三十多米的树冠走廊时,男生毫不畏惧争先恐后走在前面,都想做一个榜样,也有一些男生走在后面,为队伍断后。没有人退缩,没有人离开,因为我们是一个集体"。"通过这次的研学之路,我深刻体会到了团队带给我的力量。"北京组的王嘉怡说。她在故宫时摔了一跤,一时无法行走,因而在游览故宫的两个多小时里,沉重的背包一直由其他同学帮她背着,第二天登长城,大家会刻意缓下来等待她。"整个队伍因为我的原因行走得很慢。但是,在同学们的搀扶下,我爬到了顶峰!那一瞬间,没有疼痛,有的只有快乐与激动。"

"行走丝绸之路,探究大美中国"研学活动不只是一次旅游,也不单是一次学习,而是让同学们去感受中华文化的博大精深,从历史、自然、政治、文化、技艺、生命的角度,去深刻体悟:未来我们要做什么样的人,才能肩负起振兴中华的重任。

在此次研学旅行活动中,学生行走在大江南北,用脚步丈量祖国山河的壮美,用身心感受中华文化的博大,了解文化之根,增强民族自信。

苏杭组的陈柔燕、梁璐雯同学探访了苏州园林,撰写了结题报告《从拙政园看苏州园林装饰细节的象征意义》。她们从色彩与文人精神、借景与天人合一、简约与审美追求、细节与美好期待四个方面,讲述了对中华文化的理解。以下是她们研学报告的部分内容:

第一,色彩显情怀——从建筑的整体色彩来看,大家能从两幅图中区分出它们分别是出自哪里的园林建筑呢?很明显,一幅是北京故宫,另一幅是我们拍摄的拙政园。故宫的金碧辉煌、红墙绿瓦象征着皇权与富贵。而江南园林普遍采用的是青瓦白墙,清清白白、两袖清风,色彩中折射出儒家修身做人的思想和情怀,也给予我们清白做人的启示。

第二,借景依自然——"开门见山"的独特布局,"移步换景,一步一景",让人"不出城郭而获山林之怡,身居闹市而有林泉之趣"都是中国人独有的"天人合一"思想在建筑中的体现。古人诗意地栖居在城市,可是心中却住着自然。这一点是我们值得骄傲的文化,更是值得我们现代人反思的地方:"我们是否在快节奏的生活中忘记了与自然的对话,忘记了我们传统文化中对自然的那份亲近呢?"

第三,简约中留白——我们在拙政园中发现了几十处漏窗。平整素白的墙面衬出叠砌的漏窗,漏窗的深度加强了形象美;不同角度的阳光又可使同一漏窗看起来完全不同。南方园林中的墙面总要刷白,巧妙地衬出日月所照射的竹影。白墙、绿叶、青瓦、木作,组成了拙政园的基调。中华文化崇尚简约之美,删繁就简,善于从自然中借力,形成视觉和心理上的双重美感。这与中国美学讲究的"留白"的技法可谓一脉相承。当我们回到校园,听语文老师讲起古典文言文和中国画里的留白技巧时,真是觉得别有洞天。比起西方建筑的繁复华丽,这种东方的审美更是独具风韵。

第四,细节藏祝福——比如,我们在拙政园中发现了一个特点,女主人的堂厅往往左边摆放镜子,右边摆放花瓶,预示"平平静静",而中间的石头寓意"家业永固"。最朴素的愿望,以最含蓄的方式来表达,这不也和中国诗歌的含蓄优美一样值得反复玩味?再看我们脚下的铺路石头,通过导游的讲解,我们才发现原来这些小路不仅仅是好看那么简单。"钱"与"花"交替排列,先踩"钱"再踩"花"预示有钱花;先踩"花"再踩"钱"预示会花钱。"五蝠"即为"五福":表示"长寿""富贵""康宁""好德""善终"。还有老爷走的地砖为人字形。导游告诉我们,正好一万个"人"字预示着"一人之下,万人之上"。夫人走的路为平稳的青石板路,预示夫人在家平平稳稳地相夫教子。方正的地砖也体现了古代女子要规规矩矩。

花代表着美好生活，体现了对未来的向往。动物是自然的象征，古人喜爱、信仰动物，所以，园林中的装饰也离不开动物。我们做了一个粗略的统计，兰花与荷花在园林花卉中占了四分之三。兰花是花中君子，荷花出淤泥而不染，它们都有高洁、廉洁的品格，蕴含着儒家思想。那动物呢？蝙蝠和蝴蝶，都谐音福，预示福到，象征着古人对富足生活的期盼。一处处细节流露出了古人对君子品格的推崇，彰显着中国人对美好生活最朴素的期待。

最后谈谈我们的收获和反思。穿梭在历史的长河中，看到时间在砖瓦上刻下不可磨灭的印记——古典建筑装饰细节，我们可以看到古人对自然的尊重与向往、对美的追求与表现、对幸福美好生活的期盼……这些都是值得我们继承和发扬的。当然，我们也发现在建筑装饰中，老爷的装饰与夫人的装饰大不相同，这是一种"男尊女卑"思想，是男权社会的畸形产物，当今社会当然要摒弃——我们的文化自信还来源于对古代文化的批判性继承。在研学中，我们更意识到"文化自信"不是一句口号，而是一种行动，需要我们用知识，用文明，用中国人的自知、自尊、自爱、自强去实现。

（三）综合实践中的"世界全景"德育

世界全景德育要让学生明白随着全球化的不断深化，人类命运联系越来越密切，同呼吸、共命运的价值取向已经被广为认可，和平与发展是时代的主题。所以，培养符合世界发展要求的人才，必须遵循"全球胜任力"的价值取向，其核心价值在于主动参与、尊重多元、探索世界、文化互助。

锦城一中的学生成长目标是"涵养创造未来的智慧，沉淀行走全球的品格"。锦一学生当有"世界担当"，胸怀世界、了解世界、走向世界、奉献世界，为成为具有全球胜任力的世界人奠基。

1. 模联课程

模联课程的目的在于培养学生主动参与、尊重多元、探索世界、互帮互助的能力。

（1）锦一模联的教学目标是为学生提供有参与感的模联课堂。

（2）锦一模联的课程是系统完整的MUN（模拟联合国）主题课程。

（3）锦一模联的课堂是对标模联会议环节的课堂。

```
明确主题,教师讲解 → 完成思考,学生发言 → 自由探讨,模拟谈判 → 归纳总结,完成作业

课堂开始,先由授课     讲解完毕,教师提出本      围绕本节课涉及的重难     在完成讲解、发言和讨
教师明确本节课授课     节课大主题下几个需要    点,学生进行自由讨论,   论的过程后,根据每节
主题,进行课程主干     学生思考的具体问题,    或根据代表国家的利益     课的特点布置学生需要
知识和内容的讲解       而后学生逐一发言          进行模拟谈判               完成的作业,学生分组
                                                                              进行展示,教师总结

对标模联议题           对标正式发言、            对标自由磋商             对标结盟和
                        有主持磋商                                          文件写作
```

锦一模联课程

（4）锦一模联课程注重发挥MUN活动本身的特色——以对标模联会议环节的方式组织课堂，让学生在课堂中感受MUN的学术特点。

锦一模联的课程安排如下（见表6-3）：

表 6-3 锦一模联的课程安排

课程名称	课程梗概
A：必修课（9周） 必修课内容是学生参加一次模联会议之前必须习得的基本知识与技能	
A1：联合国 与模拟联合国	联合国与模拟联合国作为选修课首次课程，目的是让学生在参与 MUN 之前首先了解历史和现实中的联合国，从联合国的"前世今生"了解联合国在国际舞台上所发挥的重要作用，从而明确参与模拟联合国的意义
A2：模联会议的"时空观"	从时间和空间两个维度，解析一次模联会议由哪些环节与角色组成、如何运行，了解模联会议的规则和流程
A3：全球化背景下的热点问题	模联会议的议题来源于真实国际关系历史、现实甚至未来的重要问题，从全球化背景下理解热点问题，帮助学生理清分析错综复杂问题的基本思路，掌握研究模联议题理解的方法是本节课的重点
A4：国家的调研与代表策略	模拟外交官的身份要求学生在开会之前能够充分了解会场上本国与别国的国情与政策。本节课将全面讲述如何调研一个国家，并根据国情采取恰当的会场策略

表 6-3（续）

课程名称	课程梗概
A5：模联演讲与辩论	从古希腊时代到 21 世纪，公众演讲一直是青年精英所必备的能力。演讲稿应该怎样构思、如何用词对于参与模联的代表而言是必备的基本功，而辩论也是模联会议中非常重要的一个环节，需要代表做到有理有据。本节课将为学生介绍模联中的演讲和辩论
A6：英文正式文件写作方法	文件写作是模联会议的一个落脚点，在会议前期磋商和讨论的成果需要在会议文件写作的环节进行总结，模联会议中的决议草案要进行投票表决。本课程将从英文正式文件写作方法的角度让学生了解模联文件的语言特色与内容特点
A7：投票前的"结盟风云"	模联的规则决定了一个优秀的代表不仅要能积极争取本国利益，更要学会合作与妥协，团结更多力量一道完成会议方案的设计。本课程将告诉学生如何在会场上以积极的交流和理性的博弈做出最优选择，尽可能争取更多的盟友
B：选修课（四选二，2 周）以具体的模联议题为切入点，让学生选择一个感兴趣的话题进行案例教学	
B1：环境社会问题	气候变化带来的种种风险严重危害到全球环境与社会的可持续发展。本课程在介绍气候变化的科学依据与外交政策争论的同时，鼓励学生针对可持续发展议题中存在的矛盾与辩论提出自己的观点，理性地看待气候变化为人类社会带来的机遇与挑战
B2：公共卫生问题	公共健康水平作为衡量一个地区发展水平的重要指标之一，在很大程度上影响甚至决定着该地区经济发展的水平与可持续性。这门课程以某种流行性传染病防控为具体情境，并将这个问题与当地的安全与经济、宗教与民族情况结合起来，使学生初步理解公共健康政策制定与实施的重要性及其基本原则
B3：文化遗产保护问题	文化遗产是人类社会最为宝贵的财富之一，是文明和时代的标志。由于战乱冲突、意识形态矛盾等原因，人类的文化遗产被盗窃、贩卖甚至直接毁坏。本课程将介绍文化遗产遭到破坏的历史和现状，使学生认识到保护文化遗产的重要性，激发学生保护文化遗产的意识，对文化遗产保护的概念具备初步理解

表 6-3（续）

课程名称	课程梗概
B4：难民问题	难民问题是困扰国际社会的重大问题之一，冲击着社会道德观念和价值观念。接收难民后可能产生的种种社会问题、难民的危险处境、联合国介入的困难重重，这些矛盾都让国际社会对处理难民问题感到棘手不已。本课程将从多个方面介绍难民和接收国的处境，激发学生的多元思维
B：会议实践课（1~2周）	
会议实践课是班级模拟会议，让学生在会议中真正体验模联活动，做一次真正的代表	

（5）锦一模联的课程具有灵活的评价机制，课程评价体现在每节课后的评价反馈和学期末的评价考核中（见表 6-4）。

表 6-4　课后评价与期末评价

课后评价	教师在每节课后结合课程内容特点布置课堂作业，学生仿照 MUN 会议中的国家联盟（bloc）分组合作完成并分组展示，教师点评
期末评价	学期末根据模拟会议等多种灵活多样的形式考查学生的学习效果，并据此提供学生下阶段 MUN 参与建议

锦一学生在模联课程中

2. 参加世界模联会议，提升全球胜任力

案例 1　乔治敦大学北美模联中国会议

2018 年 7 月，锦一学子参与乔治敦大学北美模联中国会议。本次会议由 11 位乔治敦北美模联核心成员主持，350 名来自全国 21 座城市 70 所学校的中学生齐聚一堂，共同见证这一拥有 55 年历史、北美地区最大规模会议的首次海外分会。

锦一的 8 位学子承担其中联合国环境规划署（UNEP）和联合国儿童基金会（UNICEF）的话题讨论。

在模联中，学生参与讨论的话题涉及军事、社会、法律、环境、经济等方方面面，通过会议的准备与讨论，培养全球公民意识。其委员会及议题设置如表 6-5 所示。

表 6-5　委员会及议题设置

委员会	议题	代表设置和会场规模
联合国大会 - 裁军审议委员会 (DISEC)	Modern Piracy 当代社会海盗问题 Drone Warfare 无人机战争	单代表 大型会场：100~120 人
联合国环境规划署 (UNEP)	Management of Natural Disasters 自然灾害的管控 Maintaining Biodiversity 保持生物多样性	单代表 大型会场：100~120 人
联合国亚洲及太平洋经济社会委员会 (ESCAP)	Combatting Drug Trafficking 打击毒品非法交易 Addressing Terrorism Financing 控制恐怖主义经济来源	双代表 大型会场：100~120 人
联合国儿童基金会 (UNICEF)	Reintegration of Child Soldiers 童子军在社会中的再融入 Improving Access to Education 教育渠道的拓宽	单代表 大型会场：100~120 人
《马斯特里赫特条约》会议（第五委员会)*	Formation of the European Union 欧洲联盟的缔造	单代表 中小型会场：20~30 人

* 第五委员会只接受代表以个人名义单独申请

北美模联开幕式现场的主席们

同学们与委员会主席合影

北美模联现场的学生们

【学生参会感受】

参加模联，让我扩大了视野，看到了另一张关系图与利益网，并开始了一种全新的思考，不再局限于自身小我。放眼世界，我才发现其中很多我们不曾在意的东西实则很重要，如礼仪、与他人关系的处理、利益冲突的解决等。

——钟沛辰

对于"儿童教育资源"这样一个看似熟悉却又陌生的话题，要用英语来完整表达自己的观点，准备功夫一定要下足。在会议上，我们要用英语向所有人表达自己的观点，当感觉词穷时，需要迅速寻找另一种方式来阐述，这是对英语表达能力的很好锻炼。

——李皓文

我之所以参加模联，是为了寻找更多锻炼自己英语口语能力的机会。当我再次回首整个活动过程时，我发现我收获的绝不仅仅是英语口语能力的提升，与各国的协商过程、自身方案的讨论修改，也锻炼了我的沟通能力、变通能力，更让我知道了该如何高效有序地解决问题。

——刘凤仪

模拟联合国大会可以培养具有国际视野与独立思维的未来领袖人才，使之成为国家之栋梁，同时可以改变一个人不当的思维与行为方式，这对国家与个人都大有裨益。个人以为，这才是模联真正的核心价值所在。

——叶诗雨

很开心能够参加这次北美模联大会，这是我第一次参与模联大会。在整个准备过程中，我学到了很多，学会了如何从宏观、微观、辩证的角度看问题，也学会了如何巧妙地争取自己国家的利益和如何去妥协。

——屈信

案例2 哈佛大学模拟联合国会议

2019年1月，锦城一中学子参加了哈佛大学模拟联合国会议。此次哈佛模联会议与会代表约3000人，委员会约有30个，经选拔脱颖而出的锦一代表们分布在8个委员会当中。在为期4天的会议中，他们充分参与、自信演讲、勇敢表达观点、积极辩论，也通过模联的平台结交了更多的各国友人。

融入国际青年群体，发出中国锦一之声。锦一学子代表的国家是厄立特里亚，因此，他们在哈佛模联会场上拥有着"代表国"与"来自国"的双重国家认知，当他们以该国外交官身份去发表言论时，表现出了强烈的自信，展现了锦一学子的高素质，展示出了中国初中学生的风采。

锦一学子与国际青年交流

【锦一学子谈收获】

在这次活动中,我见到了许多有趣的人,交到了很多新朋友。同时,我也意识到了自己的英语水平有待提高、知识面不广以及其他不足。

——张宇嘉

在我所处的团队中,有一个亚洲人,每一次我们团队的主席发言时,当他听到一些他不赞同的观点时就会主动提出自己的观点。我认为做人还是得有自己的主见,在国际交谈中,自己的基本功也必须十分扎实。

——张之睿

这次我的委员会是比较特别的,是在讨论该如何破坏恐怖主义背后的金融网络。我发现那些外国代表很多都是亲身经历过恐怖袭击的,我现在是真正地想要提出一些有效的方案来解决这个十分严重的问题,并且从心底里真正的有了一种危机感。

——李长沛

有时候你遇到了问题,你应该相信自己可以解决它,你并没有想象的那样差。所以不要担心自己,要相信自己,你就会获得成功!

——邱诗祎

开了四天会，让我记忆最深刻的却是开幕式上一个主席的发言。她讲述了自己第一次参加模联的经历，最后她说："最重要的不是你发了几次言或是拿没拿奖，而是你是否有所改变。"所以最后我问自己："你改变了吗？"

——李睿祺

3. 外方师生交流，加强文化互动

在教育国际化的大背景下，以建设"世界一流中学"为目标的金苹果锦城第一中学在国际交流与合作中大步向前，为"中国脊梁、世界眼光"的优秀锦一学子搭建世界的舞台。

案例3 外方师生与锦一学子的交流

2019年3月20日，联合国教科文组织和平中心主席Guy Djoken参观了成都金苹果锦城第一中学。参观过程中，Djoken主席与锦一学子在锦一模联教室就英语口语、教育、科学、中西方文化差异等话题展开交流。他说道："如果没有文化差异，没有因文化差异产生的势差，就不会很好地进行文化交流，我们要珍惜这种'差异'，在各自尊重对方的前提条件下，充分吸收各自文化中有价值的部分，最终实现共赢。"

Djoken主席与锦一学子进行交流

2019年5月13日上午，在澳大利亚维多利亚州政府教育服务主任王多晓先生、澳大利亚贸易投资委员会倪婷女士陪同下，澳大利亚芙班科文法学校（Firbank Grammar School）国际交流与合作办事处主任Tom O'Connor、澳大利亚教育协会成员Gary Li一行到访锦城一中。赵启喆、余乐涵、吴珂、谭爱凌仪同学担任本次活动的"导游"任务。孩子们用流利的英文向客人们介绍了学校的木工房、陶艺室、服装创意室、图书馆、室内体育馆、模拟联合国大厅,并分享了他们在学校多元课程中快乐学习的经历。Tom O'Connor先生对校园英文导游流畅及详尽的介绍赞叹有加,宾主相谈甚欢。在模拟联合国大厅,Tom O'Connor先生邀请四位小导游坐在圆桌旁,饶有兴趣地模拟起联合国大会召开的情景,请四位同学代表不同的国家与他就当前国际热点问题发表各自的观点。

Tom O'Connor先生与四位锦一"导游"交流

法国国民作家、龚古尔文学奖评委埃里克-埃马纽埃尔·施米特先生首次来华,莅临金苹果锦城第一中学,以"生命的礼物"为主题与孩子们探讨写作,分享文学。

施米特先生与锦一学子探讨写作,分享文学

在作品分享环节,施米特先生首先分享了作品《奥斯卡与玫瑰奶奶》中身患白血病、不久将离开人世的小男孩奥斯卡尊重生命、努力生活的故事。施米特先生告诉同学们:"面对生命中的不幸,我们的本能是回避。但回避并不能使它们消失,我们需要学习如何面对亲人的离去,如何面对突如其来的疾病,如何理解人与人之间的冲突,如何处理自己的哀伤……在学会面对这一切的过程中,我们就是在尝试理解生命,尝试拥有一个完整的灵魂。"

同学们认真聆听作家的发言,并在之后的交流环节提出了许多自己的思考和极具启发性的问题。一位同学提问:"您认为生命的意义是什么?人来到世界的使命是什么?"另一位同学问:"人来到这个世界上,是该为了自己而活,还是为他人而活?"

在分享和交流讨论中,锦一学子与大师对话,接触了多元文化,更深刻地理解到:生活在这个世界上是幸运的,我们要用积极的心态拥抱学习和生活,生命值得我们珍视和热爱!

锦一学子认真聆听大师发言

2019年11月,国际科幻大咖、意大利著名科幻作家弗朗西斯科·沃尔索先生莅临锦城一中,给锦一学子带来"如何开始科幻写作"的主题演讲,带着学生一起在科幻的世界中遨游。弗朗西斯科·沃尔索的演讲引起了锦一学子对科幻作品的浓厚兴趣,也让学生更深刻地了解到科幻作品的意义。在互动交流环节,现场的孩子们积极思考,踊跃发言,都希望在与弗朗西斯科·沃尔索先生的交流探究中找到自己心中的答案。

学生:先生,我的第一个问题是,哲学、科学这两者和科幻有怎样的关系?

弗朗西斯科·沃尔索:哲学是一门很重要的学科,教会我们如何更好地使用科学。在科幻小说中也会涉及很多有关哲学、科学和道德的问题,这也是我们写书的原因。我们的肉体会死亡,但我们的精神会永存,而哲学与科学可以有利于我们在科幻写作中更好地塑造我们的精神。

学生:先生,你真的相信过去能改变未来,或者现在可以改变过去吗?

弗朗西斯科·沃尔索:我们通过时光隧道回到过去的真正目的是改变未来。我认为我们要改变未来,现在必须不断努力。我们想要改变未来,必须要立足于现在。

学生：先生，你认为在写作时更注重文学的语言还是科学的语言，如何保持两者的平衡？

弗朗西斯科·沃尔索：你问了一个很好的问题。科幻小说是一种体现思维的小说，思维和语言都重要。很多文学家可以用精美的语言去阐释思想，但我更注重激动人心的情节，而非精美的文字。我的高中老师说过，最理想的状态是内容与形式的统一，我也希望每位同学能找到自己的平衡点。

学生：先生，你认为东、西方科幻小说有何不同？

弗朗西斯科·沃尔索：外在形式不同，但内核是相通的。文字和文化的差异会体现出不同的方式，但对未来的思考是一直存在的，我们都会将期待投射到未来中，只是进度会不同。正如中国目前的发展一样，你们（学生）就生活在我们的未来。中国现在的技术发展，也许对其他一些国家来说就是他们未来的发展。我特别感兴趣的是有关中国的科幻小说的信息。这里面有诸多的差异，比如中国较为看重家庭，而西方则更看重个人。但因为（东、西方的不同形式）这个差异，才有今天异彩纷呈的展现。

学生：你是如何捕捉灵感的？

弗朗西斯科·沃尔索：保持好奇心，并善于提问。作为一个作者，首先应该是一个很好的读者，大量地阅读让你更早地知道别人是如何思考的，这样才能成为原创的作者。当然，非原创也可以，但必须掌握大量的素材、技巧、方式，然而这也需要我们大量地阅读。这是一个非常好的问题。

科幻打开科学与文化的大门，引领学生走向未来，展望属于他们的未来。科幻与科学，未来与展望，这是社会对未来的期待，也是锦一学子对未来的展望与担当。

弗朗西斯科·沃尔索在锦一演讲

弗朗西斯科·沃尔索与锦一学子交流

四、综合实践德育的实施流程

综合实践德育是一个系统工程,必须精心谋划、全局统筹,才能增强德育实效。锦城一中设计了综合实践活动的实施流程:前置学习、实地研究、成果表达、全程评价。研学活动涉及学校的各个组织部门,从准备到实施的过程较长,研学活动的负责人需要梳理一个清晰的活动流程,让师生都能有计划地推进研学活动。

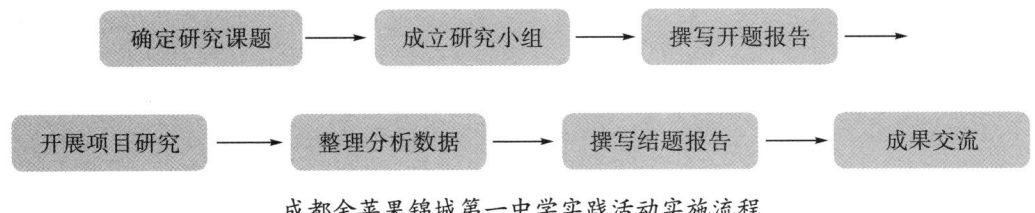

成都金苹果锦城第一中学实践活动实施流程

现以"行走丝绸之路,探究大美中国"研学活动为例具体阐释实施流程。

(一)前置学习

研学旅行以项目研究为载体贯穿全过程,是促进学生"立德树人"核心素养发展的途径。对于项目研究,学生是陌生的,教师需要对项目研究的方法、过程、内容进行指导。学生则通过前置学习,确定研究课题,成立研究小组,撰写开题报告。

首先,学生需要确定研究课题。学生根据教师的指导,在确定了研学旅行线路后,查阅相关线路资料,自主选题进行项目研究。例如,根据洛阳线路的研学点位,指导教师给出了相应选题参考(见表6-6)。而学生在查阅研学点位的相关背景资料后,提出了以下题目:浅析大峡谷奇观——关于"水往高处流"与"佛光罗汉崖";少林功夫及禅宗现代文化研究;关于洛阳汤食文化的历史研究等。

表6-6 选题参考案例

研学线路	研学点位	选题案例
洛阳	龙门石窟、隋唐洛阳城遗址(明堂)、范仲淹墓、东周王城遗址、新区博物馆、汉魏洛阳城遗址、丽景门、天子驾六博物馆、洛邑古城、十字街、白马寺、少林寺、龙潭峡	1. 对龙门石窟保护管理现状的研究 2. 对龙门石窟佛像雕刻艺术的研究 3. 对洛阳城市文化建设与隋唐文化关系的研究 4. 对少林寺社会功能发展历程的研究

其次，学生成立研究小组，根据小组同学的特点进行科学分工。在研学过程中，学生通过观察了解处在广阔的生活领域中的老师和同学，反观自我的发展，能更全面更立体地认识自己，让学生在发现世界中发展自己。研学旅行中，学生需要跟商店老板、景区工作人员、游客、同学、老师等产生交集，学生交往的对象范围相对于在学校时大大拓宽，生生评价、师生评价、与陌生人之间的交流评价，构成了一个大视角的发展空间。在这一空间里，学生必须懂得合作才能愉快学习和生活，因为研学活动必须通过协作才能完成，科学分工是有序协作的基础。表6-7是初2017级9班敦煌研学组同学的任务分工表，直观地体现了学生的协作任务。

表6-7 初2017级9班敦煌研学组任务分工表

组员	项目负责制作人	在莫高窟的研究任务与计划	研究方法
刘芷言	开结题总负责人，担任组长，负责总结所学方法与知识，撰写论文的主要内容	观察人物总体结构特征并总结	观察法，在莫高窟时分析人物形象；访谈法，采访导游与当地人，得到所需信息
李梓霖	开结题副负责人，协助组长做总结，并制作论文的展示课件	主要观察人物手势，从代表手势中总结出佛教人物的特征	文献法，研学前在网上查找所需资料；在研究时，运用访谈法在导游处得出手势的信息
张恩华	信息技术负责人，旅行影视集制作人，记录旅行的点点滴滴，制作结题报告的课件	细致观察人物的表情并加以总结	文献法，在网站和书籍中寻找资料；观察法，在莫高窟时仔细观察人物
叶泓妤	美术负责人，负责将不能拍照的地方用笔勾勒出来，撰写研究背景	主要记录人物言行及手中乐器的种类	观察法，在洞窟考察期间进行记录与观察；文献法，在互联网上查找洞窟其他乐器的种类

最后，学生撰写开题报告，进行前置研究。开题报告是对研究课题的文字说明，让学生进一步明确选题依据、研究背景及意义、研究目的等，进一步梳理研究思路，

制订研究计划。

研学小组成员分工协作

（二）实地开展项目研究

学生按照开题报告的研究方案实地考察，搜集所需要的信息，在考察过程中做好详细的记录。

（三）整理分析数据

在考察过程中，通过不同的研究方法，我们可以搜集到大量的信息，包括数据、图片、视频等。这些信息往往是杂乱无章的，需要进行加工整理，得到研究结果，再对研究结果进一步分析，得出研究结论。

比如，初2017级4班同学在论文《论述唐朝是否"以胖为美"》中写道：

我们通过对唐诗的大数据分析发现，在635首描写唐朝女性的诗中，有437首描述了以瘦为美，而描述唐朝最有代表特色的以胖为美的只有163首，通过整理其中具有代表性的诗句可以看到，唐诗中不乏驳斥唐朝"以胖为美"的证据，比如《琴曲歌辞·白雪歌》中"为人无贵贱，莫学鸡狗肥"，意思是为人无论贵贱，都不应该养成肥胖的样子。再比如从《公子行》"愿做轻罗著细腰，愿为明镜分娇面"、《和春深二十首》"秋千细腰女，摇曳逐风斜"等诗句中可以看到大量"细腰、窈窕"等词汇的使用，有力地反驳着唐朝以胖为美的观点。另外，有不少反映唐代繁荣昌盛、丰衣足食的诗句，如诗圣杜甫曾在诗句中书"稻米流脂粟米白，公私仓廪俱丰实"。

这些资料让我们不禁怀疑唐朝真的是以胖为美吗？多少人被唐朝以胖为美的传闻

欺骗？是因为美丽的杨贵妃富态的体型得到君主宠爱而改变了唐朝的审美，还是因为唐朝经济开放、物质充裕，人们更愿意保持健康丰满的体格，或是唐朝的皇族身上有鲜卑的血统，所以他们天生喜爱健硕体魄的女性？难道唐朝真的是以胖为美吗？

学生从数据分析和诗词研读中得出结论，盛唐时期唐朝社会的审美主流方向应该是以瘦为美。

（四）撰写结题报告

研学结束后，学生撰写研究论文，并用不同的形式展出，比如海报、视频、图片、影像、实物模型等。

案例　峨眉山独特的地质遗迹及其成因浅析
——以清音电站—五显岗—洪椿坪路线为例（部分）

初 2018 级 5 班　吴珂　　指导教师　张萌

【摘要】通过此次职业体验，我对地质师这一职业有了全新的认知。在这 4 天当中，我们通过理论和实践相结合的学习和体验，对峨眉山实习区的地质遗迹有了初步的认知。

峨眉山有着珍贵的自然资源和独特的文化。我们观察了峨眉山实习区地质遗迹的特征，并对其成因进行了浅析，在此基础之上，对峨眉山实习区的地质遗迹进行了分类，包括 4 大类、7 类、9 亚类，共 15 处。

【关键词】峨眉山；地质遗迹；成因浅析

【目录】

第 1 章　引　言

　　1.1 地质遗迹

　　　　1.1.1 什么是地质遗迹

　　　　1.1.2 国内外研究现状

　　　　1.1.3 峨眉山地质遗迹

1.2 选题依据和意义

1.3 论文的主要内容

1.4 研究技术思路

第 2 章　峨眉山实习区概况

2.1 地理位置

2.2 路线简介

第 3 章　峨眉山实习区地质遗迹及其成因浅析

3.1 深切曲流及其成因

3.1.1 说法一：新构造运动和科里奥利力

3.1.2 说法二：新构造运动和 X 型剪节理

3.2 牛心石及其成因

3.3 一线天峡谷及其成因

3.4 断层

3.4.1 万年寺断层及其成因

3.4.2 观心坡断层及其成因

3.4.3 大峨寺断层及其成因

3.5 生物遗迹化石

第 4 章　峨眉山实习区地质遗迹分类

第 5 章　结论

参考文献

致　谢

第1章　引　言

1.1 地质遗迹

1.1.1 什么是地质遗迹（略）

1.1.2 国内外研究现状

我国地域辽阔，地理条件复杂，地质构造形式多样，地质遗迹也同样丰富多彩，并且是世界上少数几个地质遗迹种类齐全的国家之一。研究地质遗迹的目的是保护和展示地质遗产，为地学旅游提供资源（赵汀，2009）。因此，国际上对地质遗迹的保护工作十分重视，联合国教科文组织设立了地质遗产工作组，专门负责全球地质遗产保护工作。世界上许多国家和地区对地质遗迹保护工作十分重视，如中国、美国、加拿大、英国等国家，制定了严格的法规体系，采取了一系列行之有效的保护措施。如英国把地质遗迹分为两大项，一项是"具有特殊科学意义的地质遗迹"SSSI（sites of special scientific interest），由英国自然署负责办理；另一项是"区域性重要地质及地貌"RIGS（regionally important geological and geomorphologic sites），由民间团体办理，自然署提供经费资助。我国台湾地区对地质遗迹保护工作也很重视，从1989年起进行了大量工作，建立了一整套地质遗迹调查、评价办法。国际上地质遗迹保护的通行做法是建立自然保护区和国家地质公园。

地质科学分类中，有些学科的地质现象是不可视的，称为隐性地质遗迹，如与地球化学学科有关的微量元素界线。当然其有时可以与其他学科相关的地质遗迹吻合，共同显示一种地质遗迹，但当其单独存在时，就难以用肉眼见到了（赵汀，2009）。在峨眉山自然（地质）遗产方面，前人的研究多集中在自然遗产的可持续化发展等方面（陈沙沙等，2010）。

1.1.3 峨眉山地质遗迹

20世纪80年代至21世纪初完成的1∶20万填图初步揭示了峨眉山地区的底层构造（四川省地质矿产局，1971）。这期间对峨眉山地区的地层及构造特征、古生物、古环境等方面的研究（刘仲兰等，2015）都说明人们对于地质遗迹越来越重视。峨眉山地质遗迹在开发的同时，也被精心地保护了起来，所以现在登山，都会看到各种各样的保护措施。这些措施一是为了保护旅客的人身安全，二是要保护峨眉山的地质遗迹不被不必要的冲击损坏，以便后人继续开展对峨眉山的探究。对峨眉山地质遗迹的研究在古生物与地质学、沉积学、地球深部动力学、构造学等方面具有重要科学意义（刘仲兰等，2015）。

（五）成果交流

一次完整的研学旅行活动，一般应包括活动选题确定、活动方案设计、活动准备、活动过程、活动总结与交流评价等过程。评价学生研学旅行的效果或成果，应当既注重过程，又关注成果。

锦城一中设计了如下研学成果的体现形式：

（1）纸质材料，翔实记录。详细的开题报告、旅行记录、结题报告能真实地反映学生的研学状况。开题报告让学生带着问题出发；旅行记录让学生随时记录下所见所闻所想，真正做到研旅一体；结题报告促使学生总结反思，深化认识。

（2）媒体材料，如实记录。学生在研学活动中通过照片和视频记录研学活动的全过程，体现活动的实践性和真实性。

（3）多样成果，精彩展现。学生研学活动的原始材料可制作成PPT、电子相册、视频、展板等，或以实物展示，生动精彩地展现活动的过程、效果与成果。

在研学这样一个综合实践活动中，学生学会求知、学会做事、学会共处、学会发展、学会改变，学生的综合素质得到了极大的提升。比如，敦煌组的刘芷言作为小组长，不仅要管理好自己还要管理好组员：帮人检查有没有落下东西，替人打热水，甚至安排组员上厕所……她这样评价自己在研学中的表现："在学校，我们接触的都是已经呈现好的东西，但是在研学的过程中，各种突发情况考验着我们的综合素质。"

又比如，敦煌研学组同学梳理成果，利用汇报演示文稿分享研究成果。学生在研学过程中将大量的研究过程以文字和图片的形式记录在iPad（苹果平板电脑）和研学手册上面，这些内容处于零散、无序的状态。研学结束后，需要学生利用演示文稿，从研究背景、研究内容、研究过程、研究结果以及研学感悟五个部分梳理研究成果，其中研究过程为重点介绍部分，要求组员将本组的研究变为直观生动、条理清晰的展示内容。

学生在学校进行研究成果汇报

五、综合实践全景育人的反思与展望

综合实践活动在全景育人中发挥了重要作用，但在具体实施中还有一些亟待解决的问题。比如，综合实践活动课程的评价现已成为影响课程实施的关键性问题。如何以适宜方式将综合实践活动课程的评价纳入中考内容范围，则是更为核心和关键的问题。目前，国家已经开发了一些信息平台来解决这个问题，但评价标准相对粗略，不能全面反映学生综合素质发展水平。

综合实践活动是新一轮课程改革的重要标志，我们必须担负起这一重要使命，以促进学生社会化和个性化的和谐发展为己任，加强综合实践活动课程研究，丰富实践活动资源，健全课程管理，规范课程运作，努力使综合实践活动成为每一名学生充满自信、追求卓越、走向成功的纽带。

第七章
走向全景的学生发展指导

一个人是由感性和悟性所构成的,有一种推理能力把两者连接起来,它们的次序是感性从属于理性,理性从属于悟性。

——［德］库萨的尼古拉

学生的发展是感性、理性、悟性相互交织、螺旋循环上升的结果；对学生的发展指导，是在全时空中激活学生的感性、理性、悟性，从而让学生获取做人的认识与经验的过程。整全的生命是全时空延伸的生命体，只有在全时空里获取生命成长的认识与经验，才能让自己变得日渐整全。

这就需要学校里的学生指导活动不断走向学习、生活、社会与世界的全景，形成走向全景的学生发展指导内容体系，在个人全景、集体全景和世界全景的发展指导中提升全人品格、优化整全生命的样态。

一、走向全景的顶层设计

构建新时代中学全景德育的发展指导内容体系，需要从顶层设计、指导思想入手，结合国家方针、学校理念、学生实际情况。锦城一中提出四点建构思路，包括"整体谋划，分步实施""上下结合，抓住关键""内外结合，全科互补""契合成长，体验为主"。

（一）"全"与"实"：整体谋划，分步实施

学生发展指导内容体系以全景德育为指导思想，以学生的全人发展为目标，分阶段、分年级逐步建构中学六年的课程结构。

1. 立足全景，整体谋划

《国家中长期教育改革和发展规划纲要(2010—2020年)》明确提出要"建立学生发展指导制度，加强对学生的理想、心理、学业等多方面的指导"。这是适应新时期教育发展的需要，是落实"五育并举，立德树人，以人为本"教育理念的重要体现。根据纲要要求，锦城一中在"三全"教育理念指导下，学生发展指导从学生的特点出发，聚焦学生全人发展，将"做人指导、生活指导、心理指导、学业指导和生涯指导"作为学生发展指导的核心内容，对学生发展指导的功能、内容、对象进行整体建构，

分年级确立了指导核心词、课程或活动名称、开设时段等，形成学生发展指导顶层框架和学生发展指导课程实施框架（见表7-1）。

金苹果锦城第一中学学生发展指导顶层框架

表7-1　金苹果锦城第一中学学生发展指导课程实施框架

指导内容	核心词	实施载体	课程/活动名称	开设时段
做人指导	责任 奉献 善待	班会课 道德与法治课 学科渗透 研学活动 常规管理与评价	全人讲堂	每月初
			典礼系列课程	开学、重大仪式活动
			红色研学项目	初二年级上期中
			入学教育	新生入学、每期开学
			班会系列	每周
			家校共育亲子共建系列	班级家校活动日

表 7-1（续）

指导内容	核心词	实施载体	课程／活动名称	开设时段
生活指导	自理 自立 自强	新生适应训练 班会课 食宿日常指导与评价 研学活动	入学教育（校园生活安排）	新生入学
			小鬼当家	初一年级上
			家长讲坛	每年一轮
			社团课程	每周日晚
			厨艺课程	初一年级下
			国防训练研学项目	初二年级上
心理指导	乐观 开放 自信	发展指导必修课 心理辅导 家长学校 项目式活动 心理活动月	必修课心理指导系列 （初一、初二、高一年级）	每周一节
			心理剧创作与表演	每年一剧
			5·25心理健康活动月	每年5月
			屋顶项目式活动	每周五
			团体心理辅导	初三年级
			个体心理辅导	每日
			家庭心理辅导	每日
学业指导	爱学 乐学 善学	发展指导必修课 班会课 选课指导 学科渗透	必修课学业指导系列 （初一、初二、高一年级）	每周一节
			项目式学习（短学程）	期末考试后3~5天
			学科学法指导	学科日常教学
			全人讲堂	每月初
			模拟联合国	每周五下午、周日晚

表 7-1（续）

指导内容	核心词	实施载体	课程/活动名称	开设时段
生涯指导	适应 潜能 设计	发展指导必修课 研学活动 班会课 家长学校	必修课生涯指导系列 （初一、初二、高一年级）	每周一节
			情商与领导力训练营	寒暑假
			职业体验研学课程	初三年级暑假
			生涯人物进课堂系列	初二年级上、高一年级下
			家长职业访谈	初二年级下

2. 务实前行，分步实施

在立足整体谋划的基础上，还需要脚踏实地采取分步推进的措施，做到"全"与"实"的有机结合，真正建构出走向全景德育的学生发展指导内容体系。践行以"结构换效益"的课程整合方式，节省时间和空间，在校历整体活动的基础上，分步、分年级、分阶段推进，具体实施见表 7-2。

表 7-2　金苹果锦城第一中学学生发展指导的分步实施表

年级	课程	指导内容	具体内容	时间
初一	发展指导必修课	心理指导	适应指导、人际关系、沟通与表达、情绪与压力管理	每周一节
		学习指导	学习动机、学习方法	
		生涯指导	自我探索、人际关系	
	发展指导选修课	心理指导	沙盘游戏	每周五下午
	项目式学习	做人指导、生活指导	入学教育 班级、宿舍建设 班旗、班徽设计 "我与我的城市"研学	开学前 班会课 短学程
	家长学校	家庭教育指导	家校协同共育 家庭教育理念与原则 家长自我成长 家委会组建与运作	每周五下午

表 7-2（续）

年级	课程	指导内容	具体内容	时间
初二	发展指导必修课	心理指导	青春期心理 沟通与人际关系	每周一节
		学习指导	目标与时间管理 学科学习方法	
		生涯指导	外部探索（社会、职业）	
	发展指导选修课	心理指导	趣味心理学、观影疗心	每周五下午
	项目式学习	心理指导	我"型"我"塑"（绘画疗法）、 "锦"上添花微景观设计（园艺疗法）	初二上
			"剧"焦心灵——校园心理剧创作	初二下
	家长学校	心理指导	案例分享 个性化问题解决 家庭教养风格	每周五下午
初三（直升班）	团体心理辅导	心理指导	情绪管理、学习心理、考试心理、压力管理、学习方法、自我效能感、亲子关系	根据校历安排而定
	项目式学习	生涯指导	"构筑职业理想 规划个人发展"职业体验研学	初三前的暑假
	家长学校	心理指导	个性化问题解决 专题工作坊 读书交流	每周五下午
高一	发展指导必修课	生涯指导	生涯唤醒、文理分科 决策与选择	隔周一次 每次两节
		心理指导	适应指导、潜能激发	
		学习指导	学习意义、学习风格	
	项目式学习	做人指导、生活指导	生涯电影课堂	短学程
		生涯指导	专业探索比赛	短学程
	家长学校	心理指导、生涯指导	家委会建设 家庭规划、一起成长	每周五下午

表 7-2（续）

年级	课程	指导内容	具体内容	时间
高二	项目式学习	生涯指导	"走进大学与专业"研学	暑假研学
高三	团体心理辅导	心理指导	情绪管理、学习心理、考试心理、压力管理、学习方法、自我效能感、亲子关系	根据校历安排而定
	项目式学习	生涯指导	志愿填报、决策与选择	高考后
	家长学校	生涯指导、心理指导	个性化问题解决、学习交流	每月一次

（二）"上"与"下"：上下结合，抓住关键

根据教育部对学生发展指导工作的要求，结合学校的办学理念及学生现实发展的需求，需要选择学生发展的关键内容进行研究。这个关键内容既要体现国家和学校对学生的培养要求和培养目标，也要体现学生全人发展过程中面临的各种挑战和问题。因此，锦城一中采用上下结合的方式，力求抓住学生的关键问题。

"上"体现为国家相关文件中的教育政策和理念等，即国家的顶层设计，如《国家中长期教育改革和发展规划纲要（2010—2020年）》《教育部关于加强和改进普通高中学生综合素质评价的意见》《普通高中课程方案和语文等学科课程标准》等都表明了国家对建立学生发展指导制度，加强对学生的做人、心理、学业、生活、生涯等指导的纲领性意见。

"下"是学校、家庭和学生的实际情况，学校应通过多种方式和途径调研校情、班情、学情，包括理想目标、生活能力、心理健康状态、学习情况、生涯规划等方面内容。

锦城一中以"上"为指引，以"下"为源头，通过"上"与"下"的结合，建构走向全景德育的发展指导内容体系，挖掘学生的真问题、关键问题，包括做人指导中的责任、奉献、善待，生活指导中的自理、自立、自强，心理指导中的积极心理品质，学习指导中的课堂"四力"，生涯指导中的自我设计等。

下面以学生居家抗疫期间的发展指导课程为例进行说明。

案例1 "在抗疫中成长 在自律中同行"发展指导课

新冠疫情期间，学生在家里上网课，长期单调的授课环境给学生身心健康带来极大挑战，因此需要构建针对性的课程进行指导。《国家中长期教育改革和发展规划纲要（2010—2020年）》提出要加强对学生各方面的指导，其中生活指导强调学生的自制、自主、自理能力的培养。我们通过制作"学生抗疫居家调查问卷"，问卷包括亲子关系、学习、生活、自律等主题，共42题（示例见下图），全面调研学生的情况，辅以个体和家长咨询，发现许多学生被电子产品、漫画、小说等诱惑，表现出懒惰的一面，自律性遭遇重大挑战，造成亲子关系紧张、学生成绩下滑等，由此确定自律是学生抗疫期间的关键问题。

* 4.我最近对任何娱乐活动都没有兴趣。
○ 不符合
○ 有一些符合
○ 比较符合
○ 符合

* 5.一听到附近有人咳嗽、打喷嚏，我就很紧张。
○ 不符合
○ 有一些符合
○ 比较符合
○ 符合

* 6.我非常在意身体上出现的不舒服。
○ 不符合
○ 有一些符合
○ 比较符合
○ 符合

金苹果锦城第一中学学生抗疫居家调查问卷（部分）

确定自律这个关键问题后，我们设计了一节"在抗疫中成长 在自律中同行"的发展指导课，指导学生掌握提升自律能力的方法和技巧，引导学生分享自律小妙招，相互借鉴。

在抗疫中成长　在自律中同行

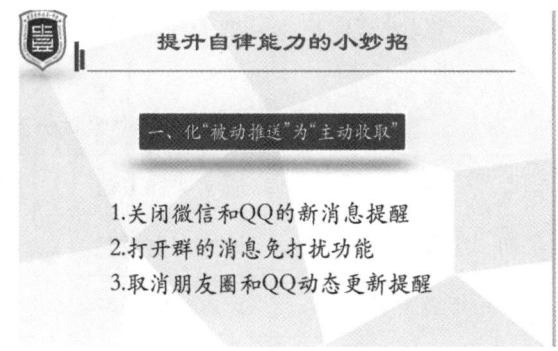
提升自律能力的小妙招（一）

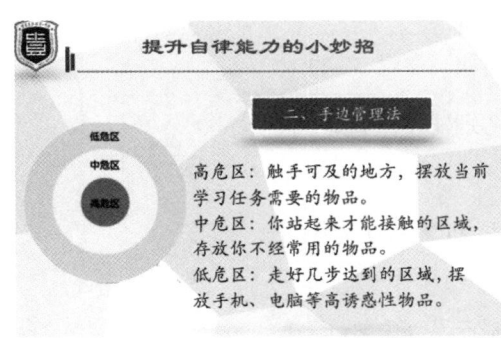
提升自律能力的小妙招（二）

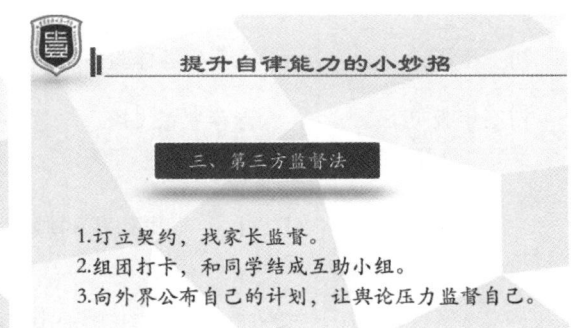
提升自律能力的小妙招（三）

（三）"内"与"外"：内外结合，全科互补

成都金苹果锦城第一中学的学生发展指导内容体系，以全景德育超大视角，综合考虑各学科主要功能和特点，实现跨学科整合，做到内外结合、全科互补。

1. 内外结合，全景指导

内外结合，是指校内校外资源结合。全景指导，指时空上的全面观照，分为空间和时间上的指导。空间上的指导发生在班级、寝室、家庭和社会等多个学生可能活动的区域，导师一般是教师、家长及相关职业人物；时间上的指导指针对过去、现在存在的问题对未来的影响进行指导，时间跨度长，影响不是即时的但却是长远的，有"长期主义"的特征。

锦一的研学课程系列将发展指导延伸到社会，整合校内外资源，拓展指导空间，深化指导时效。不同年级开展不同主题的研学活动，走进乡村，走进革命老区，走进企业，接受农民、军人、工程师、企业家的指导，形成内外结合、全景指导的格局。

锦一的研学课程一共有六个主题，具体内容见表7-3。

表7-3 金苹果锦城第一中学初一至初三年级研学旅行课程实施框架

年级	研学课程主题	涉及项目
初一年级（上）	地方文史探究	民俗风情、地方场馆、非遗文化
初一年级（下）	意志品质磨炼	红色旅行、野外生存、拓展
初二年级（上）	英才素养奠基	精英人才引领、领导力
初二年级（下）	科技创新体验	绿色农业、环保、参观、讲座
初三年级（上）	职业生涯体验	讲座、参观、实践
初三年级（下）	青春梦想飞扬	心理辅导、学长引领

下面就以初一年级（上）"我和我的城市"研学活动为例进行说明。

案例2 "我和我的城市"研学活动

学生在教师的指导下开展选题和研学工作，探索发现我们的城市——成都，课题涉及历史、民俗文化、科技发展等。在研学过程中教师以身作则，教知识、育品德。学生不仅接受教师的指导，也接受每一个岗位工作人员的指导，如司机、讲解员、工人、工程师等，这些指导发生在道路旁、展览馆内、厂房中、车间里。学生通过观察、采访、记录、调研，对每一位坚守在岗位上的工作人员致以崇高的敬意，也在这个过程中，注重点滴积累，在细节中沉淀全人发展的品格。

了解油气的分布情况和形成时期

听讲座环节与讲授者互动

深入中控室了解先进的环保技术

实验体验趣味多

通过研学活动,学生将熟悉的学科知识渗透到研学活动中,在真实情境中加深了对学科知识的理解和掌握,增加了实际获得感。学生在实际的生活场景中,接受更有说服力和感染力的指导;同时,学生在研学过程中,感受到技术推动社会快速发展及随之增加的不确定性,认识到唯有保持终身学习意识和习惯的人,才能适应未来社会。

在研学活动中,学生有了许多感受和体会,呈现了内外结合、全景指导的突出成果。现摘录部分学生感想如下:

今天的研学,我们去到了成都动车段和机务段。在那里,我们真实地了解了"中国速度"的诞生过程。"中国速度"既是指我们的高铁运行的高速,也是指我国从最初"汽笛轰鸣"的蒸汽机车到如今风驰电掣的高铁动车组这背后的中国国力发展的速度。继续加油吧,中国!你的速度不可限量!

——初 2019 级 1 班　阁千涵

满怀着期待,于 11 月 4 日下午,我们初一年级 2 班踏上了研学之旅,首站是九江发电厂。同学们觉得一切都很新奇。听完了技术员阿姨的介绍,参观完整个发电厂,我们收获满满。我们学习到怎样处理城市垃圾、未来城市垃圾的处理方向以及垃圾分类的重要性。首次与初中同学研学,我们都学会了团结合作、互助友爱和尊重他人。纸上得来终觉浅,绝知此事要躬行。

——初 2019 级 2 班　王筱淇

今天上午，听了姚远老师的讲座，我发现环保其实离我们并不遥远，不用做专业的工程，只要减少自己所产生的垃圾，少买一件衣服，少穿一双鞋，都能为阻止全球变暖做出贡献。"不积跬步，无以至千里。"每个人都为之付出一点行动，就会有很大的改变。

——初2019级4班　章浅夏

2. 学科渗透，全科互补

学科渗透，即将学生发展指导内容渗透到各门学科之中，通过各门学科课程化整为零地实施指导。全科互补，即各个学科从学生发展指导的不同内容、不同层面相互补充，最终形成全景德育学生发展指导内容体系。走向全景德育的学生发展指导，不是另起炉灶，而是融合和发挥当前学科特点和优势，将发展指导内容渗透在每一个教育教学的细节中，促进全人发展育人目标的实现。锦城一中的学科渗透、全科互补包括语文的阅读指导、数学的学法指导、英语的口语指导、道德与法治的辩论指导、生物的实验探索指导等。

下面就以生物实验探索指导为例说明如何进行学科渗透、全科互补。

案例3　生物实验探索指导

生物科学的发展依赖于观察、实验、探究等科学方法，它们既是生物科学的教学内容，即习得科学方法和技能，又是理解、掌握科学知识，建立科学概念的必由之路。基于此，成都金苹果锦城第一中学初中生物学科在学生实验教学上下足了功夫，并在实验过程中渗透发展指导内容。锦一初一年级上期生物实验活动如表7-4所示。

表7-4　锦一初一年级上期生物实验活动

第2板块 探索生命 （7课时）	第1课时：几位生物学家的探索		教室	节课时	备注
	第2、3课时： 体验观察法	第1次课：观察法概念	教室	节课时	含3个体验活动
		第2次课：观察面包虫	教室/实验室	节课时	

表 7-4（续）

第 2 板块 探索生命 （7 课时）	第 4~6 课时： 体验实验法	第 1 次课：设计实验	教室	节课时	
		第 2 次课：实施实验	教室/实验室	节课时	
		第 3 次课：交流实验	教室	节课时	
	第 7 课时：研究论文写作	选题 1：实验论文 选题 2：观察论文 选题 3：科学方法论文	教室	章课时	

教师通过向学生讲解生物学家的成长经历，包括其个人性格、兴趣、能力倾向及进入生物学领域的过程，让学生比较不同生物学家的发展路径，激发学生的探索欲，将生物学科和学生未来发展的可能性联系在一起，唤醒学生的生涯意识，达成生涯指导的目的。

学生通过丰富多样且创新的实验活动，在教师的指导下亲身经历和体验科学探究，充分感知生物学事实，为构建概念提供感性认识和支撑，产生对学科学习的兴趣。学生在实验的基础上分析、整理、总结、概括，在教师的指导下完成研究论文的写作，提升自主学习力和成果表达力，达成学习指导的目标。

生物实验探索课程渗透发展指导内容中的学习指导和生涯指导，既充分挖掘和发挥了现有课程的特点和优势，又将指导内容有机地融合在课程体系中，形成以点成线、以线带面的"全景"格局。

（四）"远"与"近"：契合成长，体验为主

"远"，是指学生发展指导要立足学生的终身发展，引导学生树立高远的志向；"近"，是指学生的发展指导要从身边的一言一行做起，强化学生的切身体验。发展指导内容体系，以学生成长阶段遇到的问题、关注的重点确定具体内容，以体验式教学为主要教学方式，最终目的是促进学生全人发展。

体验式教学是教师在课程标准的指导下，根据学生的认知特点和规律，通过创设真实的或经历过的情境，呈现、还原或剖析教学内容，使学生在亲身经历的过程中凭借自身的情感、直觉等进行体验、感知，产生情感共鸣、获得知识、习得能力、提高

素质的教学方法。

体验式教学有利于调动学生的主观能动性，激发学生的学习兴趣与探究精神，增强师生及生生互动，促进学生的感悟反思，提升教学实效性。在学生发展指导课程的教学中，体验式教学形式多种多样，常被采用的有课堂讨论、项目导向、任务引领、案例研究、角色扮演、实验操作、查阅资料、演讲辩论、问卷调查等。根据体验式教学的理念，我们设计了学生发展指导课程体验式课堂教学模式。

下面以高一年级发展指导课程"Pick你心中的'C位'——职业价值观探索之旅"为例进行说明。

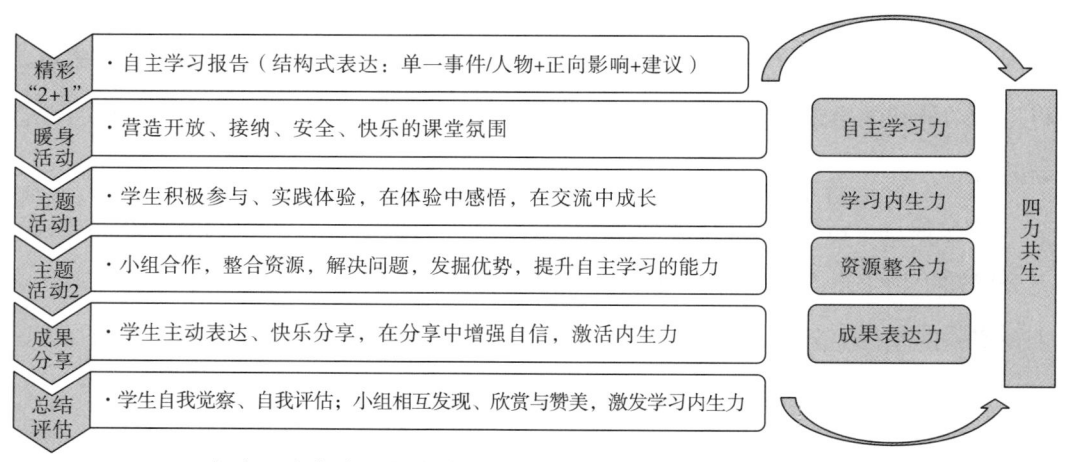

金苹果锦城第一中学学生发展指导课程体验式课堂教学模式

案例4　Pick你心中的"C位"——职业价值观探索之旅

职业价值观是非常抽象的概念，学生一方面没有职业经验，另一方面对价值观的认识更是模糊，缺乏对职业价值观的具体内涵及其重要性的认识。本课通过具体情境和游戏的方式，让学生逐步体验并探索自身职业价值观。体验内容、方式与效果见表7-5。

表 7-5 体验内容、方式与效果一览表

教学环节	体验内容	体验方式	体验效果
活动一：你同意吗？呈现典型情境冲突并提问	1. 高学历女硕士选择做保姆，是对教育资源的浪费，也是人才的浪费 2. 医生从事着很劳累的工作，存在很多风险，又累又不安全 3. 北大工商管理毕业生做房产中介，不仅可以充分利用专业知识，做得好收入还高，是个非常不错的选择 4. 家庭"煮夫""煮妇"的工作能全面照顾家庭，也是一种自我价值的实现	根据情境，回答问题	学生积极参与，纷纷表达自己的观点和立场
活动二：海选价值观	舒适、权力、新鲜感、家庭、自由、健康、影响力、声誉、安全感、热爱挑战、自尊、成就感、帮助他人、人际和谐、智力愉悦、独立性、美感、财富收入、原创自由	学生选择自己认为最重要的6条价值观，写在6张卡片上	学生积极参与，认真思考
活动三：Pick价值观成员团	逐渐舍弃手中的3张价值观，直至剩下最后3张	同桌相互猜拳，输的一方在自己的6张牌中舍弃1张	趣味性、思考性极强，学生参与的热情非常高
活动四：Pick你心中的"C位"	选择3个核心价值观，将其填入框内，用3个短语或者简单的话进行个人解读，最后将其连成一句话，作为自己的人生座右铭	思考填写后并大声向小组成员宣读自己的价值观	学生拥有了属于自己的座右铭

本课的体验形式涉及多个方面，学生通过活动一"你同意吗"的课堂讨论，在认知上体验了职业价值观的冲突，契合了学生成果表达力的成长；学生通过活动二"海选价值观"和活动三"Pick价值观成员团"的任务引领，体验了职业价值观的筛选和澄清，契合了学生自主学习力和学习内生力的成长；学生通过活动四"Pick你心中的'C位'"的项目导向，体验了职业价值观的生成和内化，契合了学生学习内生力的激发。本课通过一系列的体验式教学，最终达成职业价值观的探索，是一堂比较典型的学生发展指导课。

二、发展指导内容体系建构策略

中学全景德育学生发展指导内容体系的建构策略主要包括"精选内容、厘清关系，整合资源、立体建构，家校共育、夯实效果"三大策略。

（一）精选内容，厘清关系

1. 精选内容

中学六年，是学生身心变化明显的青春期，是人生发展的关键时期。发展指导内容须紧贴学生实际，以学生成长各个阶段的现实问题为线索确定指导内容，需要从课堂、个体辅导、家校沟通中看到纷繁现象的本质，看到个性中的共性；需要以全人发展为目标，在全景德育的超大视野下，精选内容，解决真问题。

2. 厘清关系

（1）独立并存。五大内容的关系首先为独立并存，即每个板块有各自的目标与功能。做人指导，引导学生学会善待自己、善待他人、善待社会、善待自然，教会学生待人处事，养成尊重自己、善待他人、心系社会和国家的美好品德；生活指导，引导学生学会生活自理的同时，关注家庭生活、娱乐休闲生活，培养独立生活的能力，塑造良好的自我形象，养成热爱生活的美好品质；心理指导，引导学生关注身心健康，学会正向思考，善于管理情绪，养成乐观向上、开放包容、能感受并传递快乐的积极心理品质；学业指导，引导学生在尊重学习规律，习得基本学习方法的同时，积累、形成和运用课堂学习、活动体验、项目探究等学习方法与习惯，提高学习效益和自主发展能力，养成爱学、乐学、善学的学习品质；生涯指导，注重引导学生在科学认识自我、探索外部世界、初步体验职业经历的基础上，树立职业理想、滋养职业信仰、凝聚职业精神、孵化职业能力，在追梦的路上逐步形成自我规划的意识和能力。

（2）相互补充。学生的成长遵循不断交替、螺旋上升的轨迹。指导成长的五个内容之间须相互补充。做人指导的责任、奉献、善待，需要生活指导和生涯指导的支持和体现；生活指导的自理、自立、自强，需要生涯做人指导和心理指导的浸润和指引；心理指导需要在做人指导、生活指导、生涯指导中得到提升；学习指导的课堂"四力"需要在生涯指导下发挥效能；生涯指导的自我设计需要以做人指导、心理指导和学习指导为支撑。

下面就以学习指导和生涯指导的相互补充为案例进行说明。

案例5　学习指导——了解探索职业的方法

在初二年级的学生发展指导必修课中，有两课时为"了解探索职业的方法"，教授学生如何探索自己感兴趣的职业，其中重点讲解和演示"网络搜索"和"生涯人物访谈"，但受限于教学环境，学生在课堂上无法实践，理解不够深，收获有限。

案例6　生涯指导——职业体验活动

在生涯指导的项目式学习中，初二年级结束的那个暑假开展了以"构筑职业理想 规划个人发展"为主题的职业体验研学活动。学生有3~5天时间体验自己感兴趣的职业，在体验的过程中，将课堂上学习到的知识和方法应用到实践中，解决现实问题。如查询职业信息、职业人物体验、模拟职业招聘、职业体验等。学习指导讲解理论和方法，生涯指导提供实践机会，两者起到相互补充的作用。

	称呼	工作职位	工作年限
职业人物一			
职业人物二			
职业人物三			
简要说明	请同学们阅读参考"附录4——职业人物访谈实施步骤及注意事项"，拟订访谈提纲，尽可能全面地了解一个职业。		
访谈提纲			
职业人物访谈记录	请同学们根据三位职业人物的访谈记录，分类整理，汇总你了解到的关于该职业的信息。		

生涯人物访谈

（3）统合运作。五大内容是统合运作的,因为五大内容涉及面广,需要高位的理念、目标引领,并在强有力的组织架构下统合运作。

在学生发展指导内容体系中,教育教学活动是在学校的统一组织下,统筹学校各部门,整合校内外资源,以学生为主体,以促进学生全人发展为目标,发挥教师主导作用,以家长和社会共同参与的方式开展统合运作的发展指导工作。

下面以高中模拟招聘会为例进行说明。

案例7 "家校共育·职掌未来"高中生模拟招聘会活动

随着新高考陆续在全国推行,生涯教育逐渐受到社会各界重视。为了让学生全方位、多角度了解社会需求,提升学生的职业意识,引导学生将高中学科、大学专业与未来职业选择进行连接,不断思考和明晰自身的发展道路,科学规划未来的学业、职业方向,特此举办"家校共育·职掌未来"高中生模拟招聘会活动,具体活动安排见表7-6。

表7-6　模拟职业招聘活动的简要方案

活动目标	提升职业生涯意识,规划职业发展
活动准备	1.邀请职业导师深度解析职业分类、职业规划探索、简历书写、面试流程及要求、面试的准备等,并从企事业单位角度为同学们解析简历制作、面试准备及面试礼仪 2.邀请企事业单位作为招聘方入驻现场,提供上百个岗位,涵盖教育行业、医疗机构、金融投资、交通运输、销售咨询、信息科技、互联网、文体传媒、生活服务等行业 3.制作并发放招聘会岗位手册 4.学生准备简历
活动流程	1.一对一面试。同学们仔细阅读各企业招聘公告后,拿着手中的简历,选择自己喜欢的企业和职位排队求职 2.无领导小组面试。学生围绕各种两难问题或者开放性问题进行小组讨论,各抒己见
活动成果	获得offer(录取通知)的数量和质量
	评选优秀实践个人

在上述活动中，家委会、企业、社区和媒体等各方面力量在学校统一组织协调下，各司其职，统合运作，促使活动目标达成，即帮助学生通过开展职业体验活动，拓展学生对社会分工、职业角色的体验与认识，形成平等开放的职业观，初步培养学生的职业内涵认知、职业情境认知、职业价值认知，促进学生拓展职业自我认识，学会自我调控和分工合作，具备一定的职业素养和实践能力，进一步树立远大职业理想，从而实现学生全人发展。

（二）整合资源，立体建构

学生发展指导内容体系，力求在全景德育背景下完成多维度、多层面的全时空、全方位的立体建构，这就需要多元社会环境的齐力并进，如社区、企业、家庭等社会各界资源有效整合，开发精良的课程内容，为促进学生全人发展奠定基础。

1. 整合校外资源，合力开发课程

全景德育背景下的学生发展指导强调"全时空""全息"，只是校内资源开发课程已不能满足要求。因此，锦一在全景德育的指导思想下，积极联系校外优质教育资源，合力开发课程。

一方面，学校发动学生家长，使他们成为参与课程实施的重要资源；另一方面，学校与校外优秀企业、机构和组织等建立合作伙伴关系，邀请校外人员为学生开设专题讲座和提供面对面讨论的机会，有计划地组织学生实地考察社会生产和社会生活的实地场景。下面以卡内基青少年情商与领导力培训班为例进行说明。该班由学校和家委会共同引进，旨在培养学生多项社会能力。

案例8　卡内基青少年情商与领导力培训班

情商、人际关系、领导力历来是家长和学生关注的重要领域，卡内基训练作为拥有超过100多年的企业及个人训练成功经验、30年的青少年情商训练成功经验的培训机构，有着丰富的经验。锦一自建校以来就和卡内基训练保持了良好的合作关系。双方利用自身优势和资源，为锦一学子打造定制化的青少年情商与领导力、青少年演讲等课程，现已开办多期，获得家长和社会各界的一致好评。

卡内基青少年情商与领导力班

2. 整合校内资源，跨学科开发课程

在全景德育与全息课程理念指导下，学校把发展指导内容与班会、德育活动、道德与法治、生物、美术、戏剧等学科进行多元整合，共同开发跨学科课程。

与班会、道德与法治课的板块和功能整合，把情绪管理、青春期心理、人际关系归入发展指导内容，人生规划、时间管理、生命教育列进班会课范围，规则意识、公民意识、家国情怀在道德与法治课教授。

与生物学科共同设计"锦上添花"微景观，发展指导融合心理疗愈中的园艺疗法，生物课融合植物的生长发育，做到育知育物育心的完美整合。

与语文、戏剧、音乐、舞蹈等课程一起开展校园心理剧创作。整合发展指导中的心理指导，语文课中的文章写作，戏剧课中的舞台表现，音乐课中的声乐呈现以及舞蹈课中的身体语言，共同呈现完整的戏剧表演。

发展指导跨学科、跨项目的整合，其主要目的是突破"学校德育"的"象牙塔"困境，正视学校德育的现实性、复杂性与艰巨性，增强锦一德育的真实性、整体感和立体感，建构锦一的全景德育生态体系。

下面以成都金苹果锦城第一中学第三届心理健康节——"'锦'心向阳，抗逆成长"为例，说明发展指导整合校内资源，实现跨学科融合的过程。

案例9 "锦"心向阳，抗逆成长
——成都金苹果锦城第一中学第三届心理健康节系列活动

2020年新冠疫情席卷全球，给全人类带来巨大的影响和挑战。身处逆境，我们应该如何应对,又如何在逆境中成长?"5·25心理健康节"利用这次契机,与历史、道德与法治、生物三个学科内容整合,吸引三个年级的同学积极参与相关主题微视频与海报创作,从个人、国家和人类命运共同体三个层面挖掘逆境中成长的力量,感受共同抗击疫情的价值和意义,从而产生"成为更好的自己"的勇气和动力,促进学生实现全人发展。

【活动意义】初一年级学生以历史学科为依托,以发展指导中的心理指导内容为指引,学习著名历史人物的生平,特别是处于人生逆境时,他们不仅没有被逆境击倒,还适应逆境、抗击逆境,甚至在逆境中挖掘成长的力量,焕发出新的生命力的故事。学生在创作过程中感受历史底蕴,内化积极心理品质,促进全人发展。

锦城一中初一年级"生命中的北极星——危机与个人成长"项目式学习活动

锦城一中初二年级"苦难与辉煌——国家/民族在危机中崛起"项目式学习活动

【活动意义】初二年级学生以政治学科为依托,以发展指导中的做人指导内容为指引,通过挖掘国家、民族、社会组织的故事素材,关注命运转折点上的危机与成长。学生在创作过程中感受国家的苦难与辉煌,内化集体中的牺牲与升华精神,促进全人发展。

【活动意义】初三年级学生以生物学科为依托,以发展指导中的生涯指导内容为指引,从人类命运共同体角度出发,通过挖掘人类演化史中的危机,学会如何应对危机,并在危机中一步步成长。学生在创作过程中感受人类生命的演进,内化生命适应力抗逆属性,促进全人发展。

锦城一中初三年级"从动物到上帝——人类发展中看危机"项目式学习活动

(三)家校共育,夯实效果

随着信息技术迅速发展,传统的教育方式也正面临深刻变革,封闭式的学校教育必将被更为开放、更为丰富的学习方式取代。家庭、学校、社区携手前行的家校合作共育机制,将成为未来教育的一种常态。习近平总书记在 2019 年全国教育大会上指出,"办好教育事业,家庭、学校、政府、社会都有责任"。在教育中,学校是专业机构,家庭和社区属于非专业单位。但是,学校、家庭和社区不是相互孤立的教育"孤岛",而是彼此联系、互相补充的"环岛"。学生的发展,需要家庭、学校、社区合作共育,方能达到最佳的教育效果。

金苹果锦城第一中学家校共育的基本理念就是与孩子一起成长。成长不仅仅是学生的事,也涉及与学生关系密切的父母、教师和社会相关人员。家庭教育、学校教育和社区教育,都不应单向度地教育孩子,而应在与孩子的互动交流中实现自我成长、相互促进、共同发展。

基于上述理念,锦城一中从建校起就成立了家长学校,通过构建形式多样、内容丰富、层次分明的家校共育课程,整合家长和社会资源,夯实全景德育成果,以更好地达成及巩固全人发展的目标。家校共育课程见表 7-7。

表 7-7　金苹果锦城第一中学家校共育的内容和形式

	形式	内容	时间
家长学校课程	专家讲座	家庭教育理念、原则和方法	每学期 2 次
	年级、班级家长会	阶段性教育解读与家校协作策略	每学期 3 次
	家长工作坊	亲子沟通专题	每月 1 次
	成长沙龙	父母自我成长	每月 1 次
	案例研讨	典型性问题	每月 1 次
家长学校课程	读书分享会	学习交流	每周 1 次
	家庭个性化辅导	N+1+1 私人定制指导	工作日

如针对刚入校学生的家长，学校邀请国内青少年心理教育专家开展家庭教育讲座，普及关于家庭教育的基本常识；针对新生的典型性问题，开展案例研讨活动等，进行深入探讨，实现父母成长的同时，促进学生发展。

每个孩子都是独特的生命个体，具备自身独特优势和价值。学校和家庭需要做的是为孩子创造条件，激发其发展潜能，帮助孩子构建美好愿景，追逐美好理想，成就卓越全人。学生发展指导坚持以"为每一位孩子的卓越发展和幸福人生奠基"为目标，开创和推进学校学生发展指导工作，努力营造一个开放、接纳、支持与充满爱的成长环境，形成开放、积极、生态的学生成长指导策略，持续推进"五育并举""五育融合"，提高学生的综合素养；让每一个学生都能拥有健康的体魄，保持乐观向上的人生态度，善于学习和劳动，敢于创造，快乐生活，在成长的每一个阶段都能体验幸福人生，绽放精彩自我。

在未来，走向全景的锦城一中学生发展指导将积极践行"五育并举"的教育理念，进一步打造红绿蓝"丰"型学生发展指导模式，以"红色思想"指引发展方向，将"绿色理念"融入社会环境，用"蓝色方法"提升综合素养，促进学生健康成长、全面发展，让学生过上更加美好的生活。

第八章

全景德育中的思想政治课教学

教学中如果没有道德教育，只是一种没有目的的手段；道德教育如果没有教学，只是一种失去手段的目的。

——田保华

德性教育是教学内容的一部分，德育是教学工作的应有之义，思想政治课教学尤其如此。习总书记提出，中国特色社会主义已经进入了新时代，在这个时代里，中学思想政治教育任务也出现了许多复杂的、新的问题和矛盾。习近平总书记科学地把握了时代发展规律，强调要不断加强思想政治教育工作。中学思想政治教学应当顺势而为，发挥不可替代的思想政治教育功能、立德树人作用，多维度探索教学改革路径与策略，以全面育人为目标，营造学校现代中学思想政治课程生态，构建初中全景德育体系，最终促进学生全人发展。

一、中学思想政治教学中的全景育人

中学思想政治课程以学生生活经验为依据，以青少年学生在与他人、集体、社会、国家以及全球关系中的自我发展为线索，以培养社会主义合格公民为中心，遵循生活逻辑，整合道德、心理、法律及国情方面的知识。因此，中学思想政治课程育人不只是教给学生写在书本上的道德和法律知识，而是以引导和促进学生品德发展为根本目的，培育学生做人、做事的实践智慧，并将其外化于行，更好地参与社会生活。只有将教学、课程与育人功能有机统一，才能达到中学思想政治课程育人的目标。

党的十八大以来，党中央、国务院对深化教育改革作出了一系列重大决策部署，将立德树人作为社会主义教育的根本任务。为贯彻党中央、国务院的决策，2014年，教育部发布《教育部关于全面深化课程改革落实立德树人根本任务的意见》，提出要"依据学生发展核心素养体系，进一步明确各学段、各学科具体的育人目标和任务，完善高校和中小学课程教学有关标准"。由此，培育核心素养、落实立德树人根本任务成为各门课程的课标。

（一）德育目标的思想政治性

新时代，德育内容选择应当具有社会主义核心价值观目标导向，实现新时代教学目标的思想政治性。思想政治教育具有导向功能，这种导向"主要有理想信念导向、奋斗目标导向、行为方式导向"①。这种导向作用指导着教学内容的选择。在新时代，社会主义核心价值体系是中国共产党带领全国人民实现其阶级使命、政治目标、社会理想的精神支柱。因此，符合社会主义核心价值观的理想信念追求都可以成为教学内容选择的方向，符合该内容的合理形式皆可用来实现国家的政治导向目标，使学生能更好地将新时代国家要求的立场观点、思想意识、道德规范等自觉内化，从而转化为个人的信念、品质和行为，提高德育工作的有效性。

（二）德育资源的生活性

思想政治课教学内容应当源于生活，但课程的最后呈现应高于生活，体现出教育资源教学资源的生活性导向目标。内容上，要大力宣传各种科学文化知识，但绝不仅仅局限于科学文化知识，还应当关注教学资源是否符合学生的学情，体现生活化场域要求。习近平总书记说道："一种价值观要真正发挥作用，必须融入社会生活，让人们在实践中感知它、领悟它，要让社会主义核心价值观的影响像空气一样无所不在、无时不有，要使社会主义核心价值观成为人们日常工作生活的基本遵循，在落细、落小、落实上下功夫。"②在选择教学内容时，我们的出发点是学生的生活学习经验，尽量选择他们比较熟悉的内容，在他们已有的知识水平上融入社会主义核心价值观的基本内容，将抽象的理论与学生学习生活实际结合起来，利用各种载体，传递家国情怀。

（三）德育活动的日常交互性

中学思想政治课堂的教学具有极大的交互性，因而其教学活动的开展方式也是相互联系、互为补充的。这考验的是教师和学生的想象力和创造力。如果在中学思想政治课教学中只采用同一种单调的教学活动，会导致学生的学习兴趣逐渐下降。我们应

---

① 张耀灿，郑永廷，等. 现代思想政治教育[M]. 北京：人民出版社，2009：19.
② 习近平. 习近平谈治国理政[M]. 北京：外文出版社，2014：165.

建构全景德育场域，实现中学德育工作时段全覆盖，实现德育活动的日常交互性。锦一政治教研组为适应全景德育要求，将德育课程分为多种多样的方式，如课堂上的学科德育，各类课程的浸润式德育，各种活动的体验式德育，各类生活场景的感悟式德育，各类作息要求的历练式德育等。不同成长方式和途径采用不同的德育策略，形成一以贯之的丰富的全景德育体系，建构中学的全景德育策略体系。将德育教学安排课程化，是实现全景德育的必由之路。

二、全景德育中的中学思想政治教学

根据中学思想政治教学的全景育人要求，全景德育中的思想政治教学要力求做好以下几个方面：

（一）大视野拓展，形成中学思想政治教学的全景格局

中学思想政治作为一门德育课程，具有鲜明的意识形态属性和公民教育特性。它以社会主流意识形态为标尺，促进社会成员在思想、道德、政治方面的社会化，也自然而然地形成全景样态的大德育体系。

1. 在大视野中确立长远目标，提升教学目标的全景性

教学目标随着时代的发展、学生特点的不同而发生转变，不只是让学生接受价值，更为重要的是让学生认同价值，进而导向行动。学生应该在接受知识、参与活动的过程中，主动生成知识、融入活动，向更加主动地塑造自己的健全人格方向转变，在大视野中确立长远目标。

2. 在大视野中寻找全新境界，提升教学定位的全景性

教学定位的全景性，要求在全景德育理念指导下建设具有"大视野"特征的课堂，即体现全体的、立体的、活态的"轻负高质"的教学定位。"全体的课堂"，是每位师生都得到精细关注与持续发展的课堂，是具有"全体优秀"特征的课堂；"立体的课堂"，是从不同维度发展和促进师生优质成长的课堂，是具有"立体优化"特征的课堂；"活态的课堂"，是既有现实发展活力，也有"因时因势而变"未来潜能的课堂，

是具有"活态优质"特征的课堂,在大视野中寻找全新境界,提升教学定位的全景性。

3. 在大视野中筛选鲜活素材,提升教学内容的全景性

德育的最终目的不是让学生掌握很多知识,而是让学生借助对知识的掌握,超越知识,形成正确的价值观,将知识性阐释转向价值性阐释,价值性认知转向价值性行动。中学思想政治教学应根据全景德育内容体系要求,以学生发展的未来素养为聚焦点,确保思想政治课堂教学内容、方式和手段与时俱进,使教学内容具有鲜活性,教学形式具有灵活性,教学手段具有未来性,在大视野中筛选鲜活素材,提升教学内容的全景性。

(二)全人式联结,深化中学思想政治教学的核心价值

新时代,中学教学与德育工作应当同时代发展接轨,培育具有知识素质和道德修养的时代人和具有未来适应力的现代人,培育能了解时代、理解时代以及改变时代的变革人,因此新时代中学教育与德育工作相较于以前出现了新的、复杂的问题。

德育的功能就是育德,培育学生的道德,引导学生养成良好的道德品质,培养学生的健全人格,引领学生的人生价值方向与社会理想信念[1]。锦城一中以塑造全人成长中践行社会主义核心价值观为重点,联结中学思想政治教学的丰富内容,以全人发展为目标,打造锦一思想政治课堂。例如,锦一思想政治课结合班会课,开展"全人教育"影视课程(见表8-1)。

表8-1 锦一"全人教育"影视课程(节选)

全人课程	班会主题	影视内容
自我管理	1. 讨论并形成班级公约	《放牛班的春天》
	2. 时间管理的方法	《当幸福来敲门》
	3. 学会制订计划	
	4. 培养自习的习惯	《当幸福来敲门》
	5. 勤于锻炼	《阿甘正传》

---

[1] 王道俊,郭文安. 教育学[M]. 北京:人民教育出版社,2009:284.

表 8-1（续）

全人课程	班会主题	影视内容
自我管理	6. 善于整理的习惯	《风雨哈佛路》
	7. 改掉自身小毛病	
	8. 行动力大于一切	《叫我第一名》
	9. 课堂自我约束力	

三、整合与转化：中学思想政治教学改革的主要策略

（一）整合：促进全人的完整发展

学生的发展不应是支离破碎的发展，而应是整体的全人式的发展。为了落实立德树人教育方针，锦一立足全人教育理念，打造全景德育品牌，通过整合与转化的形式探索全人教育实施策略，即通过本学科的探索、归纳，形成贯穿全学段、全过程、全方位的育人方法、路径、策略。

1. 目标整合

习近平同志多次强调，中华民族优秀传统文化代表了整个中华民族几千年来的精神追求，它也是整个中华民族自强不息的丰厚土壤。从目标来看，中学思想政治课不仅承担着传授思想政治知识的责任，还担负着对学生进行德育的使命，作为专门进行思想政治教育的学科，具有不同于一般学科教育的德育功能，更加突出立德树人的课程使命和全面发展的价值追求。而锦一的全人追求是以思想品德、学业成就、身心健康等为内容，以个人全景、集体全景、世界全景为目标，不断实现合格全人、优秀全人、卓越全人的过程。因此，中学思想政治课教学目标可以和全景育人进行整合，从而更加凸显学科育人的特殊功能。

腾娅丽老师执教的"增强生命的韧性"一课就很好地体现了学科教学目标和德育目标整合的特点。腾老师依据初中生思想尚未成熟，遇到困难容易产生消极情绪、行为退缩的学情，结合初中阶段培养学生健全人格的育人使命，确定了让学生正确对待挫折，增强承受挫折的能力，发掘自身生命力量的教学目标。本课通过情景模拟、

回顾以往经验等方式，引导学生从校内外、过去和现在等角度来体验增强生命的韧性，体现了个人全景的视角。本课的教学过程如下：

以国庆档大片《攀登者》导入新课→环节一，感受挫折——体味韧性→环节二，剖析挫折——感悟韧性→环节三，战胜挫折——增强韧性，教学设计层层推进，最后腾老师以电影《攀登者》中的人物原型夏伯渝克服困难、成功登顶的故事，引导学生体会每个人的生命都蕴含一定的承受力及自我调节和自我修复的能力，所以面对挫折，要克服自己的消极念头，积极面对，发现和发掘自己生命的力量。从课堂学生的反馈和交流分享来看，学生不仅增强了对挫折的正确认识，而且也习得了一定的增强生命韧性的方法，这既是对学科教学目标的回应，也是实现德育价值的需要。

腾娅丽老师执教"增强生命的韧性"一课

2. 教材整合

中学思想政治新教材以中学生生活经验为依据，以学生为中心，将生活圈子逐渐扩展到学校、社会、国家、世界的范畴，整合道德、心理、法律及国情方面的知识，分别从指导学生的道德实践、参与法治建设、认知当下国情、关注心理发展四个方面来展开。这四个方面既相互独立又相互联系，需要从宏观的角度对他们之间的内在逻辑进行梳理，以实现真正的育人效果。教材以中学生与他人、集体、社会、国家以及全球关系的自我发展为线索，通过我与自己、我与集体（我与他人、集体、社会、国家的关系都可以归纳为我与外在集体的关系）、我与世界的对话与审视来实现立德与树人的目标，从而成为社会主义的合格公民。由此，结合锦一个人全景、集体全景、世界全景的目标，我们将教材整合如表8-2所示。

表 8-2　锦一思想政治课整合教学内容（节选）

关系维度	年级	教学内容	目标
我与自己	初一年级（上）	成长的节拍　生命的思考	个人全景
	初一年级（下）	青春时光　做情绪情感的主人	
我与集体	初一年级（上）	友谊的天空　师长情谊	集体全景
	初一年级（下）	在集体中成长　走进法治天地	
	初二年级（上）	走进社会生活　遵守社会规则 勇担社会责任　维护国家利益	
	初二年级（下）	坚持宪法至上　理解权利义务 人民当家做主　崇尚法治精神	
	初三年级（上）	富强与创新　民主与法治 文明与家园　和谐与梦想	
我与世界	初三年级（下）	我们共同的世界 世界舞台上的中国　走向未来的少年	世界全景

3. 方式整合

由于中学思想政治课与学校全景德育育人目标具有一致性，所以在具体的教育过程中可以进行整合。首先是教学资源的整合。学科教师可以充分利用教材资源、学科资源，也可以借助学校的"四为精神"教育内容，借助家长的优势和优点开发学校德育资源，通过学校搭建平台发现和利用社会上的德育资源，以学生现阶段和未来需求为聚焦点，进行教学资源整合，从而为学生学科核心素养的落地和全人教育的实现提供现实基础。其次是学生活动的整合。顾明远先生说，教育在细微处，学生成长在活动中。无论是培育学生学科核心素养，还是学校德育教育，都需要避免简单灌输、空洞说教，需要通过学生在探究、活动、体验的过程中将德育内化于心，从而外化于行。因此，中学思想政治课教学可以结合学科实践活动、学校德育活动，比如开展宪法宣传周、制作中学思想政治小报或者开展情景剧表演活动等，从而帮助学生树立正确的思想政治观念，落实德育育人理念。

邱鹏老师执教的"感受生命的意义"一课，整节课中与《朗读者》节目相同的形式贯穿始终，教学设计基于真实的情景，不泛泛而谈，不只唱高调，整个教学过程有情感的递进，也有思维的递进，循序渐进，春风化雨。

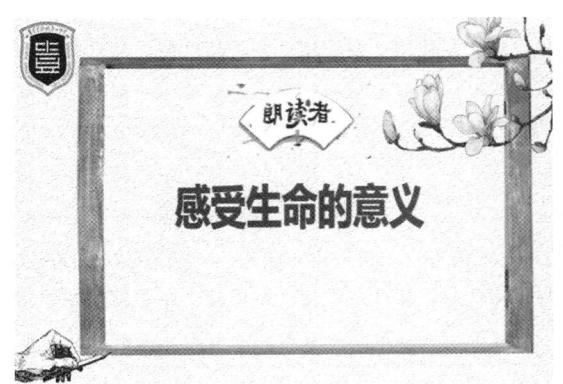

邱鹏老师执教的"感受生命的意义"一课

通过《朗读者》节目导入→环节一，追问之一：人为什么而活？→环节二，追问之二：怎样的一生才是值得过的？→环节三，觉解生命——发现你的生命意义；本节课通过对《朗读者》人物的解读，引导学生感悟生命的意义，用积极的情感、健康的心态去发现和创造生命的意义。邱老师不仅在教学活动的设计上注重德育的渗透，而且善于运用好的教学资源辅助教学。教学过程中，邱老师充分利用教材资源、学科资源，挖掘德育资源，引导学生通过对生命意义的思考和探寻，健康地成长并焕发出生机与活力，平稳地度过青春期，树立积极正确的世界观、人生观、价值观，提升生命质量。

刘思贝老师执教的"国家尊重和保障人权"一课，秉承全息育人理念，以资源整合为渠道，努力追求全体的、立体的、活态的"轻负高质"的课堂样态。课堂从中西方人权之争导入，通过四个篇章来展开——第一篇：人民是人权的阅卷人→第二篇：历史是人权的出卷人→第三篇：国家是人权的答卷人→第四篇：最美的人权守护人。通过这样的课程设计帮助学生开拓全球视野，深刻理解中国人权特色，明确宪法是公民权利的保障书，使学生增强国家认同感，发展爱国主义情感，树立社会主义核心价值观。本课的教学过程如表8-3所示。

表 8-3 刘思贝老师"国家尊重和保障人权"教学设计

教学环节	教学内容	教师活动	学生活动	设计意图
新课导入	中西方人权之争	视频：中国外交部回应外方人权指责 呈现美国《国别人权报告》指责中国人权的情况	阅读材料 观看视频	引出中国人权话题
第一篇　人民是人权的阅卷人				
第一篇	中国的人权现状	活动：晒晒你的幸福指数 讲解中国人权体系，呈现人权含义和人权的实质内容和目标	打出幸福指数分并说明幸福来源	让学生感知生活现状的同时感受中国人权现状
第二篇　历史是人权的出卷人				
第二篇	如何看待中国人权的发展	视频：祖辈父辈的采访 从受教育权的发展看中国人权发展的状况：中国的人权状况是与社会经济发展水平相适应的	观看采访视频，思考祖孙三代受教育权保障程度不同的原因	让学生明确中国人权的发展状况
第三篇　国家是人权的答卷人				
第三篇	国家是如何尊重和保障人权的	立法保护，经济帮扶，特殊保护，灾难救助； 新冠疫情下中国的选择，呈现中国疫情财政账单，说说为什么中国要付出巨大的经济代价去治疗病患	学生思考中国特殊的治国理念和人权选择	让学生理解中国生命至上的人权理念
第四篇　最美的人权守护人				
第四篇	中国人权的鲜明特征	四川参加抗疫的医务人员的请战书：不计报酬，无论生死 思考：为什么勇赴一线的医务人员要牺牲自己的人权 中国人权的鲜明特征：将个人人权与整个国家民族的集体人权紧密相连	学生阅读材料并思考问题	让学生理解中国人权的鲜明特征

刘老师用"大视角""敢舍得""高立意"的课程设计为我们呈现了一节"入耳、入脑、入心"的好思政课，同时也是好的德育课。她的"大视角"延伸到国内国外、过去现在未来，体现的不仅是空间全景，也是时间全景。她的"敢舍得"充分展现了锦一政治组对教学资源开发与整合的不懈追求，也为探索学科与德育整合积累了一定经验。她的"高立意"不仅在于完成学科教学目标，还在于关注人的理性全面发展，既有学科素养的渗透，更有家国认同、健全人格的培养。

4. 评价整合

从目前来看，中学思想政治学科对学生的评价可以从学科知识、学科语言、学科思维等方面来进行；而锦一的德育评价，主要以立品立德、立学立业、立身立心、立艺立美为核心内容，以思想品德、学业成就、身心健康、艺术修养、社会实践等为主要板块。由此我们不难看出，二者对学生的评价都需要建构全景场域，从多方面引导学生不断发展，避免"唯分数"的评价弊端。中学思想政治课教学最重要的目的就是让学生将学到的知识运用到实践中，运用本学科的思维方式观察世界、分析问题和解决问题，这是教学评价的最终指向。学科教师通过整合多种评价方式，结合学校德育，对学生的情感态度、独立探究思考能力、实践能力等方面进行综合性评价，从而更好地发挥中学思想政治课的育人功能。

李杰波老师执教的"正视发展挑战——环境问题"一课，通过精心设计教学环节，引导学生共同探寻环境问题的前世今生，帮助学生体会环境问题对于我国可持续发展的影响，理解国家在不同发展阶段的政策选择，树立良好的生态文明观。从教学目标

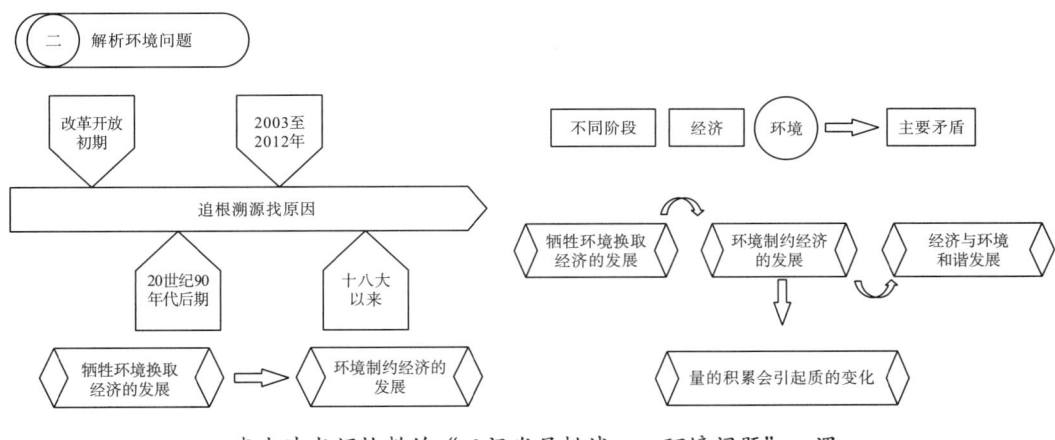

李杰波老师执教的"正视发展挑战——环境问题"一课

不难看出，本节课不仅需要学生掌握一定的环境问题常识，还希望学生通过调查实践、阅读思考，在积累大量感性认识的基础上升华理性认识。比如，教师通过介绍每个发展阶段国家面临的主要任务，让学生尝试取舍和选择，引导学生正确认识我国的环境问题是时代的选择，但也确实造成了长期积累的恶化后果。

这就是本节课的一个突出特点，体现多元评价，重视从学科教学向学科教育转变。教师通过梳理国家在不同发展阶段对待环境问题的真实情况，引导学生思考不论是国家还是个人在面对诸多矛盾要处理时，首要的是抓主要矛盾。另外还有量变质变的思维和联系的观点。教师引导学生运用这些思维和方法指导自己的学习和生活，不仅体现了学科知识的评价，也渗透了学科思维的评价。整个课程不仅关注理论的学习，更有对人健康成长的方法论指导，凸显了中学思想政治课特殊的育人价值。

（二）转化：把外在内容转化为全人成长的力量

从思政课的角度来说，转化内容就是要引导学生增强"四个自信"，厚植爱国主义情怀，把爱国情、强国志、报国行自觉融入自己的学习和奋斗之中。从中学思想政治课程的教学宗旨来说，就是要加强学生对学科核心素养的学习和理解，领会社会主义核心价值观的深刻内涵，通过贴近生活、贴近实际的方式，使核心价值观融入学生心灵，入心入脑，从而为学生的品行塑造奠定基础。

1. 转化的主要内容

当前衡量课程目标是否达成的标准就是看其是否具备了学科核心素养。思想政治学科核心素养，是学生学习思想政治课程之后形成的具有学科素养特点的学业成就，是思想政治学科育人价值的集中体现。所以本学科要求学生要达到的外在内容，就是学生具备政治认同、科学精神、法治意识、公共参与的核心素养。

政治认同涵盖国家认同、民族认同，它的独特价值就是有信仰。对于民族和国家来说，人民有信仰，民族才有希望，国家才有力量；对于个人成长来说，信仰不可或缺，关乎人的成长方向和理想信念的确立。所以有信仰，尤其是有共同的社会理想信念，无论什么时期都是育人之根本。中学时期通过不同活动、方式培养学生的爱国主义情感，引导学生对国家有认同、对文化有底气、对发展有信心就是中学思想政治学科育人的重要内容。

科学精神的独特价值就是有思想，也就是说通过学科学习，学生要有思想的生长，而这种思想一定是建立在客观的依据、理性的怀疑、多元的思考、实践的检验等基础之上的。因此，不论是学科的课堂教学，还是学科活动的开展，在培养学生科学精神的过程中，既需要引导学生形成批判性思维，又需要让学生认识到批判不等于怀疑一切、否定一切。比如我们在分析社会现象和社会问题时，既要能看到问题，思考解决问题的办法，也要能看到成就，增强信心。让学生在追寻科学精神的过程中慢慢做到批判性思维与建设性行为相一致，从而真正实现学科核心素养的落地。

法治意识的独特价值就是有尊严，是凝结着自由、平等、公正、法治价值取向的尊严。中学思想政治课堂作为校园法治教育的重要阵地，应当承担传播法治观念的职责，积极培养尊重法律、品德高尚的新时代合格公民。中学生正处于人生观、价值观形成的重要时期，需要通过了解日常生活中真实的法律事件、法律问题，来提高辨别是非、正确选择的能力，从而慢慢形成法治意识。由此不难看出，法治意识并不是虚无缥缈的，它就体现在我们身边的规则、程序、权利与义务之中，其更重要、更根本的价值表达，就是要凸显"德润人心、法安天下"的意义。

公共参与的独特价值就是有担当，学校应培养学生公共参与意识，提升学生公共参与能力，强化学生的责任感和使命感。培养有担当的新时代合格公民也是中学思想政治学科的重要育人目标。公共参与，实际上是引导学生通过外显的参与行动表达个体内在的素养，包括公德意识、公益精神、社会责任心等。参与公共事务，让今天的学生（明天的公民）具有主人翁的担当意识，自觉承担起人民当家做主的责任。随着新时代公共生活领域的不断拓展，人们有了更多公共参与的机会，这就需要我们的公民从学生时代就开始培养公共参与的意识，提升有序参与公共事务的能力。培养有担当、自觉承担人民当家做主责任的公民自然成了本学科不能回避的话题。

2. 转化的主要策略

中学思想政治课以立德树人为根本任务，以培育社会主义核心价值观为根本目标，让学生通过学科学习而逐步形成正确的价值观念、必备品格和关键能力。锦一的中学思想政治课力求把学科的核心内容即政治认同、科学精神、法治意识、公共参与的核心素养转化为全人成长的力量。怎样实现这种转化呢？如果把锦一的思想政治课堂比作一个"生命有机体"，那么，它的成长需要空气、水分、阳光、养料和温度来提供支持。

转化策略一：用讨论式教学法为"生命有机体"提供开放轻松的"空气"。课堂呈现高度的开放性和互动性，以有价值的问题为中心，让学生在独立思考的基础上各抒己见，并通过师生间、生生间的反复碰撞，实现思维的渐进和人格的塑造。

罗婷老师在执教"基本经济制度"这一课时，巧设开放性问题，引导学生在轻松的氛围中探究问题，反思提升。罗老师利用改革开放40周年的契机，选取改革开放发展的典型——义乌，以此作为本节课的教学资源。本课采取一例贯穿的方式，以猜地名的活动开篇，以学生身边的小商品入手，拉近义乌与学生的距离，引出本节课的"明线"——从义乌发展之路看我国基本经济制度，激发学生的学习兴趣，明确学习任务。本节课通过对社会生活中各种教育资源进行深挖整合，既落实了教学内容，又促进了学生身心的发展。

刘思贝老师执教的"中国人权之析"一课，通过引导学生了解我国人权事业的进步，认识"国家尊重和保障人权"的宪法原则，认知国家尊重和保障人权的措施和意义。刘老师通过设计有冲突的问题，启发学生思考和碰撞观点。比如面对庞大的疫情财政账单，启发学生思考为什么中国要付出巨大的经济代价去治疗病患。在此问题的基础上，进一步引出有争论的话题：山东任城监狱感染新冠病毒的服刑人员值得我们付出巨大的经济成本去治疗吗？教师启发学生进行深入的思考和观点的碰撞，让学生理解中国生命至上的人权理念，使学生发自内心地增强国家认同感，潜移默化地实现学科核心素养的落地，达成育人目标。

罗婷老师执教"基本经济制度"一课

刘思贝老师执教"中国人权之析"一课

转化策略二：用浸润式教学法为"生命有机体"提供必需之"水分"。课堂根据学生的兴趣与认知基础来进行教学资源的选择，以活动为载体，通过师生交往与活动帮助学生习得知识，从而获得感知、经验和技能增长。让学习日常化、具体化、形象化、生活化，整体体现为"春风化雨、润物无声"。

何耀宏老师执教的"共圆中国梦"一课，为了培养学生分析问题、理性思考的能力，引导学生将自己的梦想与中国梦结合起来，为实现中国梦贡献力量，整节课用梦想串联，通过历史情境引导学生探寻国家在圆梦路上存在的问题，思考解决方案，让学生在活动中感知、体验中国梦的实现不仅需要国家层面的规划引领，更有赖于每一个中华儿女为实现中国梦凝聚中国力量，中国梦与个人梦紧密相连。"共圆中国梦"教学设计如表8-4所示。

表8-4 "共圆中国梦"教学设计

环节	教学活动	活动意图
导入	观看《逃港》视频，思考为什么有外逃现象存在	引导学生思考当时中国存在的问题
环节一：中国梦，国家的梦	1. 发展才是硬道理	大量人员外逃反映当时我国急需得到快速发展，解决人民的温饱问题
	2. 观看《中国一分钟》视频	让学生通过感官体验，了解我国经过40年的发展，各方面都取得了前所未有的成就
	3. 发展过程中遇到了问题，成为实现中国梦的瓶颈。怎么破解瓶颈问题（小组讨论）	引导学生从创新能力、科技成果、东中西部地区发展不平衡、资源紧缺和环境污染等方面提出解决对策
环节二：中国梦，我们的梦	1. 你的梦想是什么？你准备怎样实现自己的梦想	中国梦是每个中国人的梦，中国梦的实现要求每个公民都要树立中国梦的理想。通过了解学生的梦想，以及为此努力的方法，引导学生感受到个人梦与中国梦紧密相连
	2. 从改革先锋、重庆"棒棒"实现梦想的过程中思考我们能为中国梦的实现做些什么	引导学生理解中国梦的实现不仅需要国家层面的规划引领，更有赖于每一个中华儿女为实现中国梦凝聚中国力量

转化策略三：用案例教学法为"生命有机体"提供必备之"阳光"。课堂中用最新潮的"教具"，实时更新全球最新的信息，引导学生自主透过现象分析问题，与已有知识整合，加深学生对知识的理解，拓展学生的思维方向，激励学生的创新活动。

锦一思想政治课案例教学（节选）

2020年伊始，新冠肺炎疫情席卷全国，随之而来的是全民抗疫、学校停课。但停课不停学的号召让锦城一中思考疫情中的课堂到底要给学生传递些什么，用什么方式来引领学生成长。其实，当下所发生的一切就是最好的教学内容。锦一政治教研组秉承立德树人的根本目标，让学生从当下出发，结合实际深切去认识和感知当下所发生的一切。初一年级备课组为孩子们精心设置了"'战疫'，从我做起——我们该遵守的规则""在法治的轨道上打赢疫情阻击战"等教学内容。初二年级备课组针对疫情、结合学情开设了"国家的背后——从抗疫前线看国家机构运行""国家的精神——从抗疫中感受社会主义法治精神"等一系列专题课程，直面当下，用最新、最有震撼力的案例来启发引导学生。这样，教师不仅是教知识，更是引导学生自我教育。

转化策略四：用项目式教学法为"生命有机体"供给"养料"。课堂不拘泥于教材，不局限于课堂，你能看到的是合作、探究、情景模拟……依据教育目标和教学内容，通过任务驱动、项目导向的模式来培养学生自主学习、交流合作、沟通协商、优化决策和解决复杂现实问题的能力。

李杰波老师执教的"正视发展挑战"一课，用人口、资源、环境的关系串起整节课，用垃圾分类的热点事件作为小切入口，呈现我国人口、资源、环境问题，引导学生通过模拟政协的方式来分析问题、解决问题。学生通过合作探究、情景模拟，从人口、资源、环境三个角度来思考解决垃圾围城问题的同时，也就对我国的人口、资源、环境问题有了更深刻的了解，对走绿色可持续发展道路的认识也就水到渠成了。这不仅达成了学科核心素养的落地,也将育人的正确价值观传递给了学生。具体操作流程如下图所示。

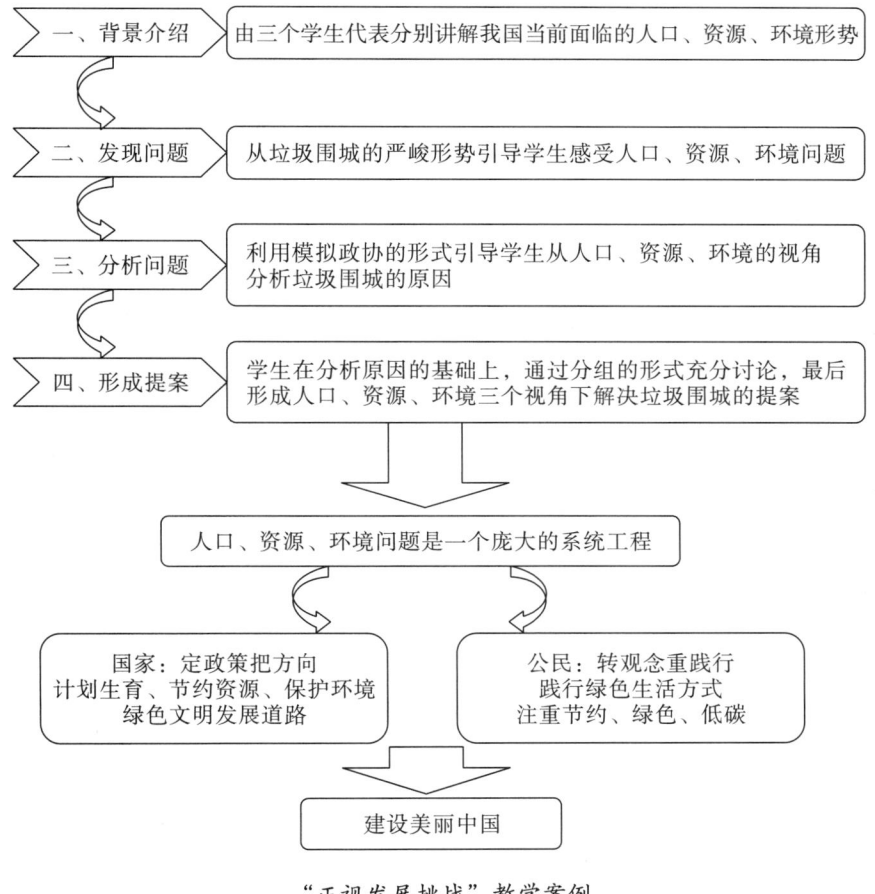

"正视发展挑战"教学案例

本节课尝试通过项目驱动的方式,以模拟政协的主活动为载体来呈现人口、资源、环境问题以及解决方案。这不仅体现了学生的主体地位,也有利于培养学生公共参与的意识。学生在课堂中始终以主人翁的身份参与问题的梳理、方案的设计,最终形成自己的提案,这一过程虽需要教师和学生课前做大量的调查和准备工作,但课堂的参与和生成却是真实有效的。学生不仅掌握了学科知识、增强了学科素养,而且在问题解决中完成了自我教育、自我成长。

转化策略五:用体验式教学法为"生命有机体"提供必要之"温度"。让学生走出课堂,走进真实的世界,在体验中学习知识,领悟做人的道理,选择行为方式,实现"自我教育"。学生的思想品德发展有一个观念认识、体验内化、践行反思融合、循环的复杂过程，需要适当的形式予以修炼，而实践恰恰为青少年锻造良好的心理品质提供了机会。通过设计与青少年生活贴近的案例、活动，引导学生在探究、体验、反思与分享中展开思维和情感过程，涵养品格，形成正确的价值认同。因此要高度重视实践课教学，通过创设多种教学情境，提高学生的参与度，培养学生的公共参与意识和能力，比如引导学生现场模拟、角色扮演、课堂辩论等，让学生亲身体验生活中的情境，从而提高学生的道德素养以及对社会的认知。

初三年级备课组在对"参与民主生活"这一主题进行教学时，敏锐地捕捉到社会热点话题"垃圾不分类，城市两行泪"，结合《成都市生活垃圾管理条例（草案）》公开征求修改意见建议的公告，引导学生以市民代表、政协委员、环保人士等身份参与到垃圾治理的民主决策中来。这既体现了公共参与的学科核心素养，也增强了公民主人翁的意识。为了增强学生对环保问题的认识，加深学生对垃圾分类的了解，备课组还在暑假给即将进入初三的学生布置了实践性作业：探寻垃圾分类的前世今生。习近平强调，实行垃圾分类，关系广大人民群众生活环境，关系节约使用资源，也是社会文明水平的一个重要体现。2019 年 9 月，为深入贯彻落实习近平总书记关于垃圾分类工作的重要指示精神，推动全国公共机构做好生活垃圾分类工作，发挥率先示范作用，国家机关事务管理局印发通知，公布《公共机构生活垃圾分类工作评价参考标准》，并就进一步推进有关工作提出要求。由此，全国兴起了垃圾分类的热潮。

预习任务：

1. 查阅资料了解垃圾分类的种类，并用绘画或照片的形式宣传垃圾分类。

2. 走访调查成都市垃圾分类工作的开展情况，并用镜头记录垃圾分类开展较好的社区的有益做法和经验，形成一定的文字资料。同时，尝试通过自己的努力来推动垃圾分类工作的开展。

除此之外，锦一还注重第二课堂的实践教学。第二课堂的实践教学不仅能够将学生接触到的问题进行细致、透明的剖析，更能够使学生真切地了解在遇到实际问题时要利用何种方法进行解决。这样不仅能够使学生掌握知识，而且有利于将知识素养内化为自己的道德品行。我们开展了诸如"政论辨析家""国情分析家""锦一经济家"等优势增值课，还有模拟联合国、模拟法庭等社团课，以及具有学校特色的影视德育课作为锦一的学科拓展类课程。

中学思想政治课要求"注重与学生生活经验和社会实践的联系，通过学生自主参与的、丰富多样的活动，扩展知识技能，完善知识结构，提升生活经验，促进正确思想观念和良好道德品质的形成和发展"，而我们的全景德育课程也需要依托活动浸润实现育人效果。因此，有效开展学科活动对于增强中学思想政治课的育人功能、实现全景德育具有不可或缺的作用。当然，学科教师除了在自己的课堂中开展教学活动，还应依托班级活动和学校活动来促进学生形成正确思想观念和良好道德品质，依托各种教学活动将中学思想政治课教学内容转化为学生全人成长的力量。

第九章

学科育人的学校全景

教育者要做好德育工作,就必须树立"渗透"意识。

——储培君

党的十九大报告指出，要全面贯彻党的教育方针，落实立德树人根本任务，发展素质教育，推进教育公平，培养德智体美全面发展的建设者和接班人。2019年6月，《中共中央国务院关于深化教育教学改革全面提高义务教育质量的意见》再次强调，落实立德树人根本任务，健全立德树人落实机制。

可以说，在教育深化改革的探索道路上，"以人为本，德育为先"的理念一直贯穿其中。长期以来，学科德育一直是学校德育的重要渠道，它是德育最常见、最有效的形式，以其稳定的组织形态、丰富的德育载体以及多元的实现方式为学校德育工作的深化奠定了坚实的基础。随着新时代教育环境的更新与教育目标的升华，学科德育的内容、形式、效能也发生了转变，特别是在全景德育理念的感召下，学科德育展现出了全新的发展面貌。

一、学科育人的"老"与"新"

1993年，中共中央、国务院印发的《中国教育改革和发展纲要》就明确指出："加强德育工作是全体教师的共同职责。教师应当把德育贯穿和渗透到教育教学的全过程。"德育渗透就成了学科育人的基本方式。

（一）学科育人的老话题：学科德育渗透

研究学科德育渗透的前提，是厘清学科德育与学科德育渗透的区别与联系。学科德育是指，在具体的学科中所包含的德育素材及具有学科特点的德育教学方式或方法，重点在于解决学科德育实施中内容的准确性与方法的合理性；学科德育渗透是指，各学科在教学过程中，根据学科自身特点，将学科特有的德育要素与学科的特有教学相融合，来提高学生的道德品质，其重点在于渗透过程的自然性、有效性。前者在于解决"是什么"的问题，后者在于解决"怎么办"的问题。只有厘清两者的侧重点，我们才能更好地把握学科德育的脉络与发展方向。因为道德的形成具有很强的复杂性与能动性，必须在道德观念习得与道德情感丰富的前提下，才能内化为道德行为。所以，学科德育渗透是理论与实践有机结合的系统。

笔者通过查阅与梳理文献，发现近年来研究者对学科德育渗透的讨论不断深化，不仅有针对学科德育渗透的原则、方法进行的理论探究，而且各个学科也形成了基础的德育框架与实施方案，保存了丰富的实践案例。这主要体现在以下几个方面：

其一，关于学科德育渗透实施者的有效性讨论。学生作为教育教学的主体性地位不会改变，但教师的主导性作用不可忽视。而在教师队伍中，科任教师的德育意识淡薄、方法缺失的问题比较突出。檀传宝教授在《问题与出路：若干德育问题的调查与专题研究》中就明确提出，科任教师与班主任的德育效能比较相差甚远，使得学科德育渗透价值缺失、效能降低。其二，关于学科德育渗透的内容、方法、原则的讨论。石建明在《学科渗透德育需要把握的几个关键词》中，从一线教师的课堂实践中提出了"意识、挖掘、预设、技能"几个关键词。王海玲在《立德树人观下的学科渗透德育研究》中，从各学科渗透德育的必要性、可能性以及具体的途径方法上，作出了论述。杨华教授在《学科教学中渗透德育的原则》中，提出了"八大原则"。上海师范大学周桂芳的硕士学位论文《现代学校德育实施的有效途径》对学科教育过程中渗透德育的原则、措施进行了论述。其三，关于学科德育渗透的课程内容架构讨论。鲁洁教授在《道德教育的根本作为：引导生活的建构》中强调，生活经验的建构对学生德育具有重要作用。陈瑄在《深化德育的渗透教育需要重视隐形课程的建设》中，强调了隐形课程的重要性，并且提出了加强隐形课程开发与建设的建议。

总体来说，首先，以往的学科德育渗透研究在不断深化，在教育内容、途径以及学科德育理论等方面，都有了长足的发展。但这也仅仅停留在讨论层面，缺乏系统的框架建构，在课程内容设置、教学技能提升、德育意识强化以及课程评价等方面都没有形成可指导实施的系统理念。其次，学科知识性的评价机制，使得德育渗透始终没有走上正轨，仅仅是课堂锦上添花的工具。最后，从学校德育工作来说，把德育具体化到某一课程或某一工作岗位，这本身是对德育的弱化，并没有把学科德育渗透作为学校德育的重要阵地。因此，本章力图在新的教育背景下，探索学科德育渗透的新模式、新理念，形成德育教育合力，不断优化德育实践的生态。

（二）学科育人的新视角：学科教学中的全景德育

如果说纵向历程是学生的发展时间，那么横向维度就是学生的发展空间，当时间与空间相结合，形成了学生发展的全景：个人全景、集体全景、世界全景。人的个人全景发展是基础，在集体全景中的发展是核心，在世界全景中的发展是保障。三大全景模块形成系统化交互，三者各自区分又系统整合。

个人全景以德、智、体、美、劳为内容体现"五育并举"的要求，其核心在于"全人发展"；集体全景以"民族精神"为核心，重在落实如何在集体中发展自我以及如何让自己推动集体发展，在全体协同中强调团队责任、国家认同以及民族自信；世界全景以"全球胜任力"为成就目标，重在培养学生具备探究世界的意识、尊重多元的理念、文化互动的思维、主动参与的能力，力图在全球共进的背景下保证学生的与时俱进。三者虽然各有独特属性，但在建设三大全景体系时，也要求实现主体共生、场域融合、过程融通。三大全景不可能独立生成与存在，而应在交互与互动中共同生成与发展。基于全景德育的内涵与特点，学科德育渗透应从以下几个方面着手：

1. 更新学科德育渗透的理念

学科德育渗透新理念主要涉及功能、内容、方式、评价四大方面。

在功能理念方面，全景德育强调全方位、多层次地进行德育渗透。学科知识、学科能力以及学科思维是学科教学的三大支柱，也是学科德育渗透的三大途径。在知识习得的过程中，我们不能将德育与学科知识的习得相分离，因为学科知识的发现、总结与运用的过程就是德育渗透的过程。我们往往重视知识的"现在"是什么，而忽略知识的"过去"为什么而成，也并不探讨知识的"未来"怎么办。例如，在探究化学元素镭的产生过程时，教师主要介绍镭的现实价值，却总是忽略居里夫人是如何发现镭的过程，就缺失了培养学生"像物理学家一样思考"的能力的环节，同样也丢失了培养责任意识、奋斗意识的德育契机。

在内容理念方面，多维度的内容整合是创造德育渗透的重要端口。学科内容是学科德育渗透的重要载体，新的学科内容将推动学科德育渗透的深化。学科教学中，我们需要积极地进行学科内的内容整合，对具有整合价值的学科内容进行系统归纳与提升，创造新的课堂结构与模式，才能滋生德育渗透的端口。我们也要大胆地进行跨学科的知识整合。同质性的学科整合将进一步固化学科素养的习得；而异质性的学科整合将推动学生整合能力的提升，从而有助于他们提炼与感悟更深刻的德育内涵。此外，将学科内容与生活现象相结合，也是学科整合的重要途径。学科学习是抽象的，实际生活是具象的，两者的结合是突破学科固有局限、推动学科德育渗透更加直接的方式。

在方式理念方面，学科德育渗透要重视联结式的渗透方式。德育渗透在空间不应仅仅局限于课堂，更应当重视课堂外的实践与反馈。其一，常规联结，学习常规、处事常规、习惯常规等都是学科渗透的途径，这都是围绕学科进行德育渗透的重要内容。例如，数学课堂要准备书、练习册、草稿本与红笔、黑笔，物理笔记本应当分为两个部分，一个是课堂笔记区，一个是例题区等，这些都是学科德育渗透的阵地。其二，情景联结，学科德育渗透的困境常常在于价值说教，对于一些精神、道理和原则，学生无法及时理解与运用，导致渗透不到位甚至反感，所以在学科课程设计中，教师应当重视问题情景的设置与引导，在现实问题中让学生感悟学科价值。其三，价值联结，所谓价值联结就是将教、学、评相联结，不能脱离，也就是学什么，就练什么，练什么，就考什么。在德育渗透的过程中，价值传导往往会出现失真的情况，原因就在于教师在价值联结的时候没有一以贯之。

在评价理念方面，学科的德育渗透不能仅仅指向个人，更要指向团体，指向世界。学科评价一般分为过程性评价与终结性评价。在过程性评价中，教师要稳扎稳打地对学生在学科过程中出现的问题与进步进行德育评价，将学生身上所展现的个人能力与集体意识凸显；而在终结性评价中，教师不仅要在内容、题型与评价细则上下功夫，更要重视在什么样的背景下评价学生，不能将学生与刻板的评价标准放在一起，而要将学生放在集体中，放在世界背景下看待。

2. 重塑学科德育渗透的前沿位置

学科教育总是强调学科性，"学科性"似乎成了学科教育最重要的特征。分科教育虽然按照学科逻辑建构课程，但根本目的仍然是按照科学的规律更好地培养人。因此，学科教育首先是为育人服务的，而不是为掌握学科知识服务的；学科教育的教育性是第一位的，学科性是第二位的。正如林崇德教授指出："诸育只有以德育为首，才能应运而生，德育为一切教育之本，是教育的生命所在，德育工作是整个教育工作的基础。"故而，在学校德育体系中，学科德育的渗透应该是最基础的、最前沿的，其次是班级、年级、学校的德育深化，最后是家庭教育、社会教育与学校教育的整合。所以，要做好学科德育渗透，需要摆正学科德育渗透的位置。

第一，学科改革中渗透德育要素。学科与学科教育是两个概念，而直接影响学科德育渗透的往往是学科改革。以往的学科框架性变革都是以学科知识框架为基准进行的，从而滋生学科德育渗透的内容。这样的改革，使得德育渗透出现灵魂性的缺失，因为这并不是原生性的德育素材，而是滋生性素材，在德育渗透的实施中缺乏灵魂。所以，要更好地落实学科德育渗透的关键在于从源头抓起，在学科改革中考虑德育渗透的内容。

第二，学科知识发展前，思考德育要素。每个学科都在自己的领域不断更新与发展，教师在学科教学中常常为学生畅想与探究本学科未来的发展道路与方向。在学科德育渗透中，面对"未来"，教师也应当建立德育渗透体系，其内容在于要具备怎样的德育素养才能够更好地迎接未来的变化。这是全景德育所要求的纵向全景思维，也是德育渗透的重要内容之一。在项目式的议题探究中进行德育渗透。各个学科的发展都是建立在现实生活的需要上的，现实世界中的重大议题与改革方案都是学科教学的重要素材，也是德育渗透的重要阵地。在现实问题中去探究学科的价值，使学科德育渗透更具意义。教师只有把现实的德育问题放在前沿位置，才能有效实现学科德育渗透的价值。

第三，建构学科德育渗透的新体系。体系是由诸要素构成的结构系统，要素是构成事物或观念体系的基本单位，结构是包含诸要素有规律地构成的系统。德育体系即根据德育理论建立起来的由德育理念、德育内容、德育手段、德育方法、德育途径等各要素构成的有机系统，体系提供了一套行之有效的、可操作的程序，能够为广大教育者所模仿和运用。在这个体系中，学习过程实际上就是学生的品德形成过程，以此为目标，教师就要在备课时考虑认知目标与德育目标的结合点，在授课时提供适当情境，造成学生的认知冲突，然后通过师生对话、学生讨论、角色扮演、提供榜样等方法，把道德观念与学科知识体系进行整合，从而内化为学生的品德。该体系突破了目前学科德育教育及相关研究的局限，以教育心理学和品德发展心理学为理论基础，架构出了超越具体学科的一种可以操作的德育渗透模式，更加有利于学科教师在课堂教学中进行实践和运用。

在建立学科德育渗透的体系中，锦城一中主张建立三个德育渗透体系。其一，学科内的德育体系。从学科知识到学科能力，从学科能力到学科思维，从学科思维到学科素养，学科教学体系内的德育素材具有学科的独立性与特色。例如历史学科的史料实证，就是指对获取史料进行辨析，并运用可信史料重现历史真实的态度与方法。其中所蕴含的对历史人物的评析应当在历史背景下进行，这是历史学科独有的。其二，建立跨学科的渗透体系。学科与学科之间的德育渗透内容与方式虽然有差别，但依旧具备很多相似性，或者渗透的方式具备同样的效果，所以建立具有整合意义的跨学科体系，具有良好的现实意义。其价值在于能有效突破单个学科的佐证局限，凸显共识性德育内容；也可以有效节约课程的时间与绩效成本，提高课程的效率；更好地推动全景德育的效能，在不同场域与空间里，多元深化德育渗透的价值。其三，建构研究性项目式学习课题。项目式学习都是基于一个或几个中心问题进行专题研究与学习，在德育渗透的过程中，知识、能力与思维再到素养，都需要在学科体系外的实际问题中运用，才能有效提高学科学习的价值。在德育价值的认可与深化方面，项目式学习更加聚焦，更加具有实用性，德育的真实性才能沉淀，才能更好地推动德育渗透的效能。

3. 创新学科德育渗透的方法

在教学中，决定渗透的因素有三个：一是教材中含有的道德因素，二是指导渗透的教师，三是被渗透的学生。学生是渗透的主体，教师是渗透的主导，学生是否愿意接受渗透以及接受到什么程度，取决于他们的个性爱好和认知需要。如果学生对渗透的内容怀有喜爱和渴求的心理，就会产生"细雨滋润土壤"的功效；如果学生对渗透的内容怀有淡漠、无所谓或者厌恶的态度，则无疑与德育渗透格格不入。教师尤其要研究学生的思想道德现状以及心理需求，区别对待不同年级、不同个性的学生，洞察他们对渗透内容的兴奋度和注意力，调整、创新渗透方法，提高学科渗透的功效。德育渗透的方法有两个必备因素，第一，基于复杂问题情景下的知识与方法的运用；第二，德育渗透方法的形式主要以活动为主。德育与知识性教学的重大区别在于实践性，在学科德育渗透的过程中，具备实践性的德育内容才能吸引学生。此外，价值说教也并不是德育的基本方法，而活动是进行德育渗透的基本方法，因为活动是需要探究与协作的，学生在接受德育渗透的过程中，需要强有力的内驱力才能强化其参与度，而内驱力来自对未知与问题的兴趣与探究，所以，德育渗透的方法创新还是要在基于复杂现实问题的活动中才能得到较好的实践。

二、学科育人的全景建构

伴随着基础教育课程改革的深入推进，如何更好地将立德树人根本任务落实到课堂教学中，实现学科育人、教学育人，成为当前教学改革与发展面临的重要而紧迫的挑战。要走出学科育人的新路子，需要在以下方面着力进行学科育人的全景建构。

（一）整体规划，形成纵向渗透"全景"

决定课程质量的不仅有具体的学科内容，还包括目标的设定、资源的运用、方法的实施以及效能评价等，这些要素的融合形成了一种文化，而教育就是一个传承、创造、改造和发展文化的过程。知与行、知识与修养、知识与世界观是有着密切联系的，学习掌握学科内容，并且进行正确的思索的过程，也就是学习确立和发展道德认知的过程。这就是"全景"所要求的教育形态——从整体出发纵向规划。要推动学科德育渗透的纵向深化，需要从以下几个方面落实：

第一，补充课程的德育资源。现代教育更加强调关注学生的成长，因而教育者应自觉主动地挖掘课程中的德育资源，进而在课堂中组织和引导，帮助学生自己认识、感受、体验。这就需要对课程中的德育资源进行有效的补充，并根据学生不同的个性特点以及差异，选择适合学生的内容。在进行德育资源挖掘的过程中，要特别注意三个标准。一是与生活联结，为现实服务。传统教育存在远离学生实际生活、实效性差、针对性弱的问题。所以，当课程中德育渗透内容的载体出现了与学生生活脱节的情况，在选择与补充课程中的德育资源时，一定要遵循生活的逻辑，也就是这些补充内容要能体现生活的特性，用尽量真实的生活资源来设计课程结构。二是在课堂教学中选择学生感兴趣的内容。要使学生对一门学科中的德育渗透内容感兴趣，就必须从学生感兴趣的内容出发，使这个学科渗透德育内容值得学习。只有这样，教学过程才能成为学生愉悦情绪的体验，实现德育目标的过程才能成为学生积极情感的体验。三是尊重学生身心发展特点，针对不同年龄段的学生，选择不同的德育资源，不能违背教育教学的规律。

第二，重构课程的德育元素。在以往的三位一体的课程目标中，"知识与技能、过程与方法、情感态度价值观"这三个目标是相互渗透、紧密联系、相辅相成的。这三个目标所构成的体系中，知识与技能目标是必备基础，只有掌握基础知识和基本技能才能获得学习的方法和学习过程中的体验，才能以此为基础发展完整的人格。过程与方法目标就是培养学生学会学习的能力和掌握学习的方法，此目标重视了学生的学习过程。情感态度价值观目标重在体验与感受，它其实存在于前两个目标之中。我们还可以这样理解，知识与技能维度的目标，在于让学生掌握"双基"；过程与方法维度的目标，在于让学生学会思维；情感态度价值观维度的目标，在于让学生积极投入。任何割裂这三维目标的教学都不能促进学生的健全发展。基于此，"核心素养"应运而生，它是三维目标的升华，也更强化了学科与德育的不可分割性。

第三，创新课程的实施方式。学科德育渗透在实践中，德育渗透强调在教学过程中确保学科功能的同时，强化学科的德育功能，使学科中的德育功能得以充分实施，进而促进学生素质的全面提高。所以各个学科在教学中应该是根据学科特点，进行适合学科特点的多元化形式的渗透。不同学科的课堂教学会带有明显的不同学科特点，不同学科的德育渗透有着各自的独有优势。

第四，搭建课程的评价体系。评价方式是任何教学改革能否取得成效的重要影响因素，不改革对学生的评价方式，任何教学内容、教学方式的效果都会大打折扣。在这个意义上，教学改革只是提供一种前提和可能，而如何评价才是教学发生实质性变革的指挥棒。因此，只有对评价方式做考核方向上的变革，才能以此推动教学改革。

（二）立体推进，建构横向渗透"全景"

全景德育强调以"全景整合"为原则建构德育策略体系。全景整合，是指整合德育环境中的不同要素，形成立体推进德育工作、促进学生整体发展的思路与策略。全景德育既要兼顾个人全景的基本要素，又要符合集体全景、世界全景生长的特征，以学校的主要活动形式为载体，建构丰富多样的策略，以多样化的策略形成全景德育的策略体系。在学科德育渗透中，学科的差异化促成了整合的丰富化，也使学科的德育渗透更加饱满。

1. 学科教学与现代信息技术整合

学校教育因为信息技术的介入而发生了改变,让学习的时间、空间发生了变化,从而教师开始转变教学方法,学校也开始调整教育场域的空间内涵。实际上,信息技术与课程整合的教育实践路径,已经塑造了一个新的学习空间与维度,这正好为学科的德育渗透提供了新的空间。但在整合信息技术与学科教学的过程中,要注意三个问题:第一,从整体性教育改革的角度出发,信息技术在学校教育领域的应用必须处理好校内与校外、整体与部分的关系;第二,信息技术在课堂教学中的有效、合理应用必须以重新认识课堂教学的价值、重新构建课堂教学的过程观为前提;第三,信息技术的有效应用必须以有效的教与学的原则为指导。

2. 跨学科整合

对于学生来说,学习一门课程是发现一个世界;对于教师来说,开发一门课程就是踏上一个专业发展的新阶梯。所以,课程的发展与师生的成长息息相关。立足全人发展目标,我们的课程实施与设计随着学情的变化而变化,呈现螺旋上升的状态。锐意改革,重塑课堂,是跨学科整合的实际缘由。跨学科整合主要包括三种类型。第一类是学科内的整合。其分为三大板块:一是类知识的迁移与运用,二是课程内容的系统化与丰富化,三是建设探究型校本专题。第二类是同质学科的整合。同属性的基础性学科的整合具有相辅相成的作用,这样的整合能够给予学生更加丰富的认知,实现立体优化的目的。第三类是异质学科的整合。就目前的学生学习与探究而言,没有哪一项认知活动是单靠一门学科知识就能完成的。也就是说,学生的学习和认知是一项综合性活动,需要多门类知识的参与,否则,这种认知多是片面的、浅薄的,无法走向丰富和深刻。

3. 课堂教学与德育活动整合

学科教学与德育活动的整合首先是一种思维方式,需要课程设计者使用联系的、整体的眼光看待学校课程的开发与建设;其次它还是一种课程设计技术,需要课程设计者从学生的特点和未来需要出发,以学生适应社会发展需要的经验知识和体验知识为主要内容,并按照一定的逻辑序列进行组织编排,形成发展学生素养的课程结构和实施模式。

整合的形式是多样的,内容是丰富的,其目的在于形成以学科教学为核心的立体德育渗透网络，为学生建立多层级、多维度的德育成长空间。

（三）无痕渗透，提升全景德育的学科智慧

德育渗透不是知识教学，我们需要以学科为载体，以各种形式渗透给学生，推动其全面发展。为此需要把握好以下四个方面：

第一，情境设置的渗透空间。德育渗透的基础方式是设置情境，情境又基于现实生活的复杂问题。情境设置是根据德育渗透目标而来的，渗透空间的特点直接影响着渗透的效果。把握情境设置的渗透空间要注意三点。其一，保证情境的真实性与复杂性。德育渗透价值在于提升学生道德水平与行为标准，创设情境不仅仅为了完成学科德育渗透，更重要的是还原德育现场，让学生在真实的德育人物与事件中学习，这才能保证德育思维有足够延展的空间。失真的情境创设会导致德育探究价值缺失。其二，紧抓主流价值认同。在德育渗透的过程中会出现很多与渗透目标相悖的德育意识，学生也常常会因为观点新奇而转向支持相悖的观点。但德育渗透的实施者必须站稳立场，坚持主流价值，这是德育渗透的底线。其三，留足探讨空间。德育没有绝对的答案，每个人的文化背景与经历都影响着自己的价值观，在德育渗透的过程中，创设情境可以保留主流意识，但不能强化绝对意志。给予学生足够的探讨空间，是深化德育渗透的基础。

第二，问题设计的人格指向。无论是德育渗透，还是知识探究，问题驱动都是推动课堂进入深化与高潮的关键，设问的有效性是衡量课堂效能的重要标志。在德育渗透的过程中，问题设计必须具备人格指向。德育渗透的价值就在于成为一个全面发展的人，成为一个能够与集体协同合作并能与世界协同共进的人。人格塑造是德育的核心，教师在设计德育渗透的问题时，必然要落实到人格塑造上。人格塑造主要通过行为塑造与意识塑造来实现，其中，行为塑造包括行为模仿与行为反思。在情境设置中，人格塑造的常态需要构建值得模仿的行为，而意识塑造需要主流意识来固化。所以，学科德育渗透的中心依旧是人，人的行为成为问题设计的关键。

第三，活动过程的基本氛围。良好的师生和生生之间的关系也是影响学科德育渗透的重要因素。和谐的师生关系，不仅意味着师生之间的互动增加，在心理上的距离缩短，在情感上产生沟通共鸣，也是学生进行积极思维活动而发挥主动学习精神的催

化剂，在学科德育渗透中更是能起到积极作用。创设和谐的教学氛围是激发学生积极进取的好方法，它能改变平铺直叙的教学方式，使教学活动过程在学生脑海中留下深刻的印象。同时良好的教学情境能使师生关系更加融洽，使教与学更加协调，达到"亲其师，信其道"的教学效果。和谐的情境创设，需要教师无论是在课堂中还是在课堂外，都力求创造良好的师生人际情境和积极的学习氛围来缩短师生之间、生生之间的距离。课堂中教师用和蔼可亲的态度、风趣幽默的语言、启发诱导的手段，营造和谐、民主、平等、合作的师生关系，成为学科德育渗透的教师德育艺术中不可缺少的要素。

第四，教师指导的思想境界。学科课堂教学的德育效果如何，不仅取决于教师对教材的理解、教学组织形式的选择和教学环节的设计，同时在很大程度上取决于教师在课堂上对学生的生成和引导。教师必须具有敏锐的观察力，善于通过学生外在的活动判断学生的情感变化，评估学生的情绪变化，进而有针对性地进行教育工作，然后运用语言的技巧配合强烈的感染力去打动学生的心灵，这样才能帮助学生迅速掌握知识，引导学生的情感、意志和行动。在动态的课堂生成中，教师需要具有教育智慧，寻找教育契机，灵活处理教学中的各种突发事件，让每个学生都能感受到教师的关怀，在一个个小小的知识中找到德育渗透的最佳"渗透点"，从而实现"和风细雨育人无声"的境界。

全景德育是金苹果锦城第一中学的品牌建设战略规划，学校在价值文化框架的引导下，将"涵养创造未来的智慧，沉淀行走全球的品格"作为培养学生成长的目标。这个目标其实至少包含了三个方面的内涵：第一，个人发展方面应表现为"放飞畅想未来的梦想，梳理挑战未来的志向，涵养创造未来的智慧"；第二，集体民族方面应表现为"夯实民族根基，沉淀行走神州大地的意识与能力基础"；第三，世界国际方面应表现为"涵养世界格局，沉淀行走全球的情意、胸襟与能力基础"。可见，锦一学生的成长目标是有梯度的、有序列的，是从个体全景、集体全景再到世界全景的纵向发展，并在逐层深入、螺旋式进阶中实现全人发展。那么，如何培养全人呢？

为学之本，莫先乎德，立德是立学立业的根基。因此，立品立德是学校教育的根本，只有抓住这一根本，才能培养出对社会有用的人才，才能真正让学生"涵养创造未来的智慧，沉淀行走全球的品格"。那么，在建设现代德育生态、打造全景德育的过程中，学科德育渗透一直也是我们构建学生精神世界的重要手段。"德育课程是德育的主阵地"、"学科教学是德育的主载体",学科德育渗透被长期关注、备受重视,它发挥着"润物细无声"的重要作用。充分利用学科德育,实现全人发展可以包含纵横两个方面:纵的方面表现为不断深挖发掘学科德育的"普适化"价值;横的方面则表现为各学科在面对现实与未来德育两方面的整合联动。只有从纵、横两个方面不断优化、组合我们的教学,才能实现学科德育的无痕渗透,从而建立由点到面、由低到高的多维度、多层次的立体德育体系。

三、全景德育的课堂渗透

《国家中长期教育改革和发展规划纲要（2010—2020 年）》指出,要"把德育渗透于教育教学的各个环节"。全景德育的课堂渗透,包含纵横、时空等多个方面,需要探索出与之相应的学科育人策略。

（一）打造蕴含德育功能的课堂情境

"课堂情境"和"课堂情景"在很长一段时间内被人们混淆使用着,原因可能是国内一些学者在翻译 situated 和 context 这两个有很大差异的词时意见不一。其实,"情境"和"情景"这两个词在中文上的意思也是有差异的。笔者翻看了《现代汉语词典》,上面的解释是这样的:"情景"指（具体场合的）情形、景象,而"情境"指情景、境地。由此可见,"情境"包含了"情景",其范围要大于"情景"。一般来说,"课堂情景"指教师为进行课堂教学创设的场景,而"课堂情境"则更为丰富,它"包括的要素较多、关系复杂,课堂主体有教师和学生,主要涉及课堂的规则、组织、活动气氛、教学内容等方面"[1]。可以说,课堂情境有时候就如同知识世界和生活世界的联结,在学科教学中设置课堂情境进行德育渗透的目的就是要做到知情意行的统一。如果能够合理有效地利用课堂情境,并让德育在其中起到润物细无声的作用,那么学生在获取学科知识的同时也能收获更多情感的体验,更有利于他们态度价值观的养成和意志的培养,这也是立德树人的体现。课堂情境如此重要,而情境的创设,其实可分为三类,

---

[1] 林曼红. 教师的课堂情境知识及其建构研究:以初中教师为例[D]. 南昌:江西师范大学,2010.

"真实的情境,指人们周围存在的他人或群体;想象的情境,指在意识中的他人或群体,双方通过各种媒介物载体相互影响;暗含的情境,指他人或群体行为中包含的一种象征性的意义"①。

1. 实物直观:在完全真实的课堂情境中渗透德育

所谓完全真实的课堂情境指的是把学科教学的课堂放置于大自然、社会生活中去,让学生可以真实地走进书本中描述的知识,用心领悟、调动一切感官去切身感受,具体的方式包括社会实践活动、实地考察作业等。这就类似于我们教育学中的"实物直观",是"客观事物本身直接作用于学生的感官而产生的印象,如观察各种实物标本、演示各种实验、实际测量以及参观访问等"②,通过直接作用,能够在学科教学中强有力地实现德育渗透。

初三年级物理下册第 11 章第 3 个分主题是"能源",教参对这一章提出了诸多教学要求,其中不仅提到了要扩展学生对能量、能量的转化和转移以及转化和转移过程中的守恒性和方向性等物理知识的理解,更要求学生了解和关注能源问题,增强可持续发展的意识。那么物理课上如何才能更好地实现"让学生节约能源,树立可持续发展观念"这个有关情感态度价值观的目标,在学科中进行德育渗透呢?思索之后,锦一的物理教师利用一个下午的活动课时间组织学生到自来水厂进行了一次实地考察的探究学习。在水厂里,同学们看到了一座取水泵房,两条生产流线,目睹了原水进入厂区后,经配水、预氯、预沉、投药、混凝、沉淀、过滤、消毒后,进入清水池并最终成为可饮用的成品水的过程。通过与水厂工作人员的面对面交谈,同学们明白了污水的处理工序十分繁杂,所以他们在以后的生活中自然能够更好地树立起保护水资源的意识。这次尝试很有成效,它成功地将学生的情感体验转化为爱护环境、节约能源的具体行为,在真实的课堂情境中实现了德育的无痕渗透。

当然,这种"实物直观"的课堂情境方式具有一定的局限性,耗时多、成本高,在设置阶段,教师还要考虑物质储备的"性价比",并且也不是每个情境我们都能够还原,运用的次数也不宜太多。

---

① 《辞海》编撰委员会. 辞海 [Z]. 缩印本. 上海:上海辞书出版社,1989:1952.
② 教育基础知识指南编写组. 教育基础知识指南 [M]. 成都:成都时代出版社,2009:228.

2. 模象直观——在虚实结合的课堂情境中渗透德育

所谓虚实结合的课堂情境指的是在学校或者教室里，虚构一些社会生活中的情境，并让学生大胆模仿或设想情境中的这些角色。比如做游戏、表演、情景再现等，这就好比我们教育学中的"模象直观"，是"实物、事物的模型和图像，它是实际事物的模拟品，如模型、图片、图表、图画以及幻灯、电视、电影等"[①]。在课堂情境中，教师可以充分利用现代科技带来的便利，在必要的时候，为学生创设一些虚拟的课堂情境，让学生感受更丰富、体验更真实。

锦一的英语课堂，除了教授学生英语语法、词汇等学科知识，为了提高学生的英语表达能力，落实培养学生的逻辑思维、训练学生的领导能力、树立学生的参政意识等德育目标，使学生成为一个全人，学校还专门成立了中学生"模联教室"。"模拟联合国"（Model United Nations）简称模联（英文简称 MUN），是模仿联合国及相关的国际机构，依据其运作方式和议事原则，围绕国际上的热点问题召开会议，是基于理解、友谊、合作、学习举办的模拟活动。在锦一，英语教师根据目前的一些时政热点、国际新闻，让学生扮演各个国家的外交官，参与到"联合国会议"当中。学生在英语老师提供的这个虚实结合的课堂情境中，不仅运用了自己在英语课堂上学到的知识，更加深了对这个世界的运作方式的了解，在落实素质教育的过程中开阔了学生的国际视野，提高了个人素养。

3. 言语直观——利用突发意外的课堂情境渗透德育

"言语直观是通过老师对实物的形象化的言语描述引起想象进行的。"[②]每个学科都承担着德育的重任，近代教育家赫尔巴特甚至认为教育的根本目的在于德行，即通过教育培养所谓"道德性格的力量"，而这些一定要"通过教学"来进行[③]。这里的言语直观不能等同于灌输教育，虽然灌输教育在德育中是一种很重要也很常见的教育，它主要是对学生进行直接讲解，与德育渗透相互补充。我们这里的言语直观指的是当课堂出现突发事件的时候，教师应当如何通过言语引导进行德育渗透。

笔者在一次外出听课时，恰巧碰到一位初中数学老师在讲"两点确定一线，其中

---

① 教育基础知识指南编写组. 教育基础知识指南 [M]. 成都：成都时代出版社，2009：228.
② 教育基础知识指南编写组. 教育基础知识指南 [M]. 成都：成都时代出版社，2009：228.
③ 赫尔巴特. 普通教育学·教育学讲授纲要 [M]. 李其龙，译，杭州：浙江教育出版社，2001：238.

直线最短"这个知识点。当时，老师在 A 点和 B 点之间画了三条线，并且让学生根据已知条件分别求出了这三条连接 AB 两点的线的长度，很明显，中间那条直线最短。课堂上一切都进行得异常顺利，学生们也积极配合，老师有问，孩子们举起小手必答，课堂氛围非常融洽。可当老师问孩子们从这连接 AB 两点的三条线中得出了什么结论时，一个"不和谐"的声音飘进了讲课老师的耳朵，也飘进了下面听课老师的耳中。那个童稚的声音站起来一本正经地说道："老师，我得出的结论是——条条大路通罗马，只要我们目标明确，意志坚定，即使在路上遇到曲折和磕磕碰碰也没关系！"同学们立刻哄堂大笑，这个老师面露尴尬，然后闷闷地说了句："我们这是数学课，不是语文课，更不是思想政治课，你坐下吧！"于是这个孩子满脸通红地坐了下去，低着头，整堂课再也没有举手发过言。

还有一次是听一堂英语课，那堂课是在讲"时态之过去式"这一个语法知识点。期间，英语老师让学生一个个站起来用"Last month…"开头造句，在句子中用对过去时态。其中一个女生造了这样一个句子：Last month, I really wan tto die since my mother gave birth to a little brother.（上个月，我真的很想死，因为我的母亲生了一个弟弟。）教师回应说：That's right, next.（对，下一位。）尽管这个孩子的语法构造上没有一点问题，但是她的话却反映了个别"00 后"学生身上的两个典型的德育问题：仇恨二胎的现象和淡薄的生命观念。而这个英语教师可能是没有太留意学生的语言内容，仅仅是关注了学生语法上的结构正确后，就立刻让下一位学生继续造句。

显而易见，以上两个案例的教师都没有抓住课堂上这种"非预设性"的关键情境。我们知道，课堂情境不是一成不变的，它具有随机生成性，随时可能会出现一些教师预设之外的突发事件。学科德育渗透就是要求中小学各学科都要承担德育的责任，在课堂上体现三维目标的要求。然而令人失望的是，以上案例的两位教师都没有巧妙地利用突发的课堂情境践行"情感、态度和价值观"这一教学目标。

如果这两位教师能够抓住学生在课堂情境中的这些"意外"，恰当地进行德育上的点拨，"落实学生本位的思想，摆正预设生成的关系，积累情景应变的智慧，践行情理并重的教育"[1]，相信这样的课堂更令人欣赏，这样的教师会更令人佩服！

---

[1] 胡庆芳. 浅析学科德育中的非预设性关键教育事件 [J]. 中国德育，2015（19）:10—12.

（二）建构纵向延伸的育人阶梯

锦城一中要求各科教师在学科德育渗透中注重学生价值观培养的纵向提升，跳出以往那种常规的、一般的德育解读体系，不仅仅把视线聚焦在个人体验、个人情感上，而是要从个人情感领悟上升到集体精神映射，进而提高到世界或全人类的共同认识上来，让学生的领悟能够有梯度、有序列，从个体、集体、世界的纵向深入中，多方面、多维度、立体式地实现一堂课的德育渗透目标。

1. 有梯度的观念渗透

在全景德育的引领下，锦城一中学生的成长目标为"涵养创造未来的智慧，沉淀行走全球的品格"，通过分解这个目标，我们发现，它至少包含三个方面的内涵：第一，个人全景方面应表现为"放飞畅想未来的梦想，梳理挑战未来的志向，涵养创造未来的智慧"；第二，集体全景方面应表现为"夯实民族根基，沉淀行走神州大地的意识与能力基础"；第三，世界全景方面应表现为"涵养世界格局，沉淀行走全球的情意、胸襟与能力基础"。不难看出，我们的全景德育是个人全景、集体全景和世界全景三位一体的，因此它要求教师在进行学科德育渗透的时候，首先树立起这种"个人全景—集体全景—世界全景"的纵向的、有梯度的德育观念，让学生在逐层深入学习中螺旋式发展，成为一个全人。锦城一中的教师是如何在学科德育渗透中落实这一点的呢？我们以一堂语文课《愚公移山》为例进行说明。

案例1　《愚公移山》教学

《愚公移山》是中国古代富有瑰丽想象的神话故事，它选自《列子·汤问》，相传为春秋战国时期的列御寇所著。《愚公移山》这个故事讲述的是愚公带领家人不畏艰险、寒暑不辍、坚持不懈、挖山不止，最后感动天帝命人移走了王屋、太行两座大山的故事。这个故事反映了当时人们的生活境界和状态，也承载了深厚的民间文化，散发着独特的魅力。《愚公移山》流传至今，在思想解读上、文本分析上都有了丰硕的研究成果，可以说，关于"愚公精神"的解读百家争鸣，这让越来越多的语文老师发现了在其中渗透德育的好契机。值得注意的是，目前，由于创新与批判意识成为社会主流，所以教师在教学《愚公移山》时会面对学生的一些质疑，比如"愚公为什么不搬家""天帝把王屋和太行两座山移到朔东、雍南,那么这两个地方的人又怎么办""愚公移山的行为是不是破坏环境"……面对这些"杠精"似的问题,教师肯定会有诸多矛盾与无奈。"我们认为,存在多种解读是正常的,各种解读之间的关系是并行不悖还是激烈冲突,都算是正常的。但放到中学语文的教学中来,结合语文教学目标和《愚公移山》文本本身以及新的时代、新时代的学生乃至美好的未来,我们却不能太过宽容。"[①] 也就是说,我们要思考的重点是,在语文教学中,通过《愚公移山》一文,我们学科德育渗透的点应当放在哪里?传统的、一般的德育体系影响下,"愚公精神"可能还仅仅局限于对学生个体的启迪。比如在改造大自然的过程中,愚公表现出的坚持不懈的精神值得我们学习,我们在生活中遇到困难也应当像愚公移山一样发挥坚韧不拔的毅力!那么,在全景德育的要求下,我们还应该往下深挖、往上拔节哪些内容呢?锦城一中的语文老师在集体备课《愚公移山》时,首先想到的是要从"个人全景""集体全景""世界全景"三个维度对学生进行德育渗透,力求使"愚公精神"得到最立体丰满的解读,从而实现更高水平的德育要求。于是,在《愚公移山》教学的第一步,我们挖掘的是这个神话故事最传统的德育价值——要有像愚公一样为了目标而奋斗不止、坚持不懈的精神。引导学生正面看待愚公移山这件事,联系自身经历,明白"水滴石穿""锲而不舍,金石可镂""聚沙成塔""集腋成裘"的精神。这种坚持不懈的精神对于个体的人格发展有着非常重要的意义,它可以引导学生为了人生的理想而拼搏奋斗,敢想敢干、锐意进取,即使遇到挫折困难、遇到他人的质疑也不要气馁,果敢勇毅,把想法付诸行动并坚持下去!第二步,除了从个体全景的角度渗透德育,"愚公移山"其实更是对中国文化的一种反映。历史上,中国长期处于农耕社会,家是农耕社会的一个基本生产单位,受此影响,中国人家庭观念特别重,家族的责任感和凝聚力也非常强。文中,愚公在与智叟的谈话中提到,"虽我之死,有子存焉;子又生孙,孙又生子;子又有子,子又有孙;子子孙孙无穷匮也……"于是愚公便带着家人"寒暑易节,始一反焉"。其实,把这种行为放在我们集体全景的角度审视,我们还可以看到愚公一家人的凝聚力、家族责任感。这一家人在愚公的领导下,所表现出来的持之以恒、团结统一的思想更是中华民族精神的重要组成部分。"抗日战争时期,毛泽

---

① 刘金鸽.《愚公移山》精神内涵解读[J].语文建设,2018(10):58.

东重新解读了愚公移山精神,他把这一精神看成是中国人民坚持长期斗争的动力源泉,所以这一精神成为老一辈共产党人艰苦奋斗的指南。"[①] 从家族责任感到民族的凝聚力,愚公移山的精神其实突显的就是中国文化中坚毅不拔、持续奋斗、团结一致的精神,是所有中国人血脉相传的文化沉淀,这一点,要让我们的学生有清晰的认识。第三步,在集体全景的基础上,为学生的认识继续拔节。愚公移山的精神在世界范围内或者说整个人类文明中,也能够提炼出适用的价值吗?答案是肯定的。20世纪初期,就不断有学者站在世界格局上,从全新的角度来阐释愚公精神。比如著名学者傅斯年在探究人生意义的时候全文引用了这则寓言,起到了很好的传播效果。在傅斯年看来,"愚公移山的方式恰恰暗合了文化的发展及人类进步的方式,人生意义就体现为愚公移山的精神"[②]。在人类发展的历史长河中,人类的每一次进步,不都是因为发挥了"愚公移山"的精神,在正视困难并与困难抗争的过程中一点点向前进步的吗?所以,从世界全景看,愚公移山的过程实际上就是人类社会在发展过程中改造自然、克服困难的一个小小缩影,它所彰显的精神对全人类都有重要的启示。

一篇《愚公移山》,锦一的语文老师不仅注重了其中的学科德育渗透,并且最大限度去发掘其中的价值,从个人的持续奋斗、坚持不懈到家族的责任感、凝聚力,最后再到中华民族的团结斗争精神以及人类整个历史长河的演变……可以说,从个人全景、集体全景上升到世界全景,实现了学科德育渗透对学生价值观念的纵向提升。

2. 立体式渗透

在学科德育中渗透价值观念,还要注意到学科内部的整合。因为人文社会学科的相对普适性价值,并不像自然学科的普适性价值那样明显那样绝对。它只是在一定社会文明基础上的一种相对的普适性价值而已。因此,在现有文明发展程度的前提下,一定文化圈内的社会学科研究的意义,除去其本身的意义,还要看其对现有文明发展程度上的社会学科相对普适性价值(公平、正义、民主、自由等)的提升是否有意义、有贡献。那么,对于学生而言,哪些观念才算具有普适性价值呢?在学科德育渗透中,

---

① 刘金鸽.《愚公移山》精神内涵解读[J].语文建设,2018(10):58.
② 刘金鸽.《愚公移山》精神内涵解读[J].语文建设,2018(10):58.

哪些能够对全人发展有提升、有意义、有贡献呢？锦城一中认为，生命教育，或者说在学科德育渗透中挖掘、整合有关生命观念的普适性价值，就是对全人发展有提升、有意义、有贡献的一种尝试。锦一的理想全人，应是具有高度责任感和"四为"精神的人。以促进全人发展为宗旨的锦一德育，应引导学生具备社会意识、国家责任、生命意识、开创精神和政治理想等[①]，不仅要培养有生命意识的学生，同时也要培育具备生命境界的教师团队。生命境界，是指在认识生命、对待生命和发展生命等方面具有的思想观念、精神高度、价值追求与格局视野等。具有生命境界的教师团队，能够充分认识每一个生命的独特价值，能够尊重、热爱和善待每一个生命，能以最优的方式和最有利的手段提升每一个生命的价值，实现生命培育和生命发展的价值最大化和效益最优化。锦一的学科教师要在常态工作中彰显生命价值，提高常态工作的生命境界；要在"联结世界"中拓展生命宽度，提高覆盖全球时空的生命境界；要在引领未来中优化生命质量，提高创造未来的生命境界[②]。正是因为有以上这样的培养（学生生命意识）和培育（教师生命境界）目标，所以在锦一，注重学科德育渗透中对生命观念的整合和立体式渗透非常重要。

部编版初中语文教材中有很多内容是涉及生命观念的，锦一语文教师在教授这些课文的时候会前后关联，进行有意识地整合，然后通过学科德育渗透的方式让学生在潜移默化中形成自己对待生命的最正确的态度。例如在教学《散步》《秋天的怀念》和《紫藤萝瀑布》这三篇课文的时候，锦一语文组在整合素材时前后关联，对学生进行了立体式的、具有普适化价值意义的生命教育。

我们先看《散步》，这是一篇文字浅显、情感温馨的美文。莫怀戚抓住家庭生活中的琐事，娓娓道来，情真意切，字里行间流露着对亲人的关爱、对家庭的责任、对亲情的赞美、对生命的感慨，堪称是以小见大的典范作品。作者通过一家三代人一次散步的小事，表达真切感人而又温馨幸福的亲情，表现出了高尚的人情美、含蓄的人性美，并揭示了一个重大的主题——中华民族尊老爱幼的传统美德。但是仔细研究莫怀戚的写作契机，你会发现，《散步》写于1985年，莫怀戚在《散步》的写作契机里明确地说过，他本来是想写生命的，《散步》是缘于一种对"生命的感慨"。作者甚

---

① 杨斌. 走向远方[M]. 成都：四川教育出版社，2018：35.
② 杨斌. 走向远方[M]. 成都：四川教育出版社，2018：264—268.

至在很多公开场合明确说过，要"强化生命，淡化伦理"。我们且看锦一语文课堂在《散步》这堂课上的一段对话——

师：同学们，通过刚才的分析，我们能够看到作者一家表现出来的那种温馨和睦的亲情，也看到了"尊老爱幼"这种熠熠生辉的传统美德。那么，老师想问大家一个问题，我们为什么要尊老爱幼呢？

生：老师，我不知道，但是我们从小接受的伦理观念就是这样的。从小爸爸妈妈老师就是这样告诉我们的，我没有去想过原因。

通过以上的教学对话，锦一语文组老师发现一个问题，长期以来，我们在德育上教给学生的"尊老爱幼"其实只是一句带有权威式的训导，孩子们虽然自小便耳熟能详，知道要怎样做才符合社会道德规则，可是，我们的德育并没有走进孩子们的心中，孩子们并没有反问过：为什么我们就要提倡尊老爱幼呢？意识到这个问题后，教师们深刻地明白了：德育要走心！于是针对这篇散文，教师们带领学生通过抓住文中暗含玄机的句子，在细细品味中从作者写作的初衷——发一种生命的感慨出发，去解读课文主题：文中的三代人，其实就代表着三种不同的生命状态——幼小的生命、成熟的生命、衰老的生命。每一个人都会走过这三个生命的阶段，呈现出各个阶段不同的特质。文本告诉我们的就是，在这三个阶段中，我们该如何去做：幼小的生命正在成长，需要得到呵护关爱，也需要懂得尊重和接受引导；衰老的生命需要被照顾，因为他曾经经历过年幼和成熟，经历过生活的坎坷，承担过生活的重担；成熟的生命在做中流砥柱，责任重大，需要尊老爱幼。每代人随着时光的流逝，都会慢慢变成成熟的生命、衰老的生命，创造幼小的生命，他们又需要担负起新的生命阶段的责任和使命。当从"生命"的角度来解析我们"尊老爱幼"这一传统主题时，我们不仅让学生看到了《散步》所闪耀的生命的光辉，是一首对生命的赞歌，更是给了"尊老爱幼"这种伦理规范一个最好的诠释。我们为何要"尊老爱幼"？因为人类整个的生命长河能够不停流动，靠的就是尊老爱幼的承前启后。"尊老爱幼"不仅仅是美德，更是一种责任、一种生存的必需。当我们年幼的时候，我们被呵护；当我们成熟了，我们担当责任；当我们衰老了，我们需要被照顾。这是一场生命的接力，生命由此得以延续[1]。

---

[1] 谢冰.经典文本的个性化教学：以苏教版初中语文教材为例[J].教育研究与评论（中学教育教学），2013（10）：80—83.

生命教育应当是一个学校最基础的教育，也是德育中最有温度的内容，正因为它很重要，所以每门学科教育都应当自觉树立生命意识，挖掘学科中的生命教育素材，对学生进行全方位的生命教育渗透。而就每一门单独的学科来说，还要注重学科德育渗透时对教材资源的整合，在整合中对学生进行立体式渗透。比如，就生命教育的学科德育渗透这一方面，锦一的语文老师不仅在《散步》一文中深挖生命教育的素材价值，更是精挑细选了初一年级其他几篇有着强烈"生命感慨"的散文进行整合。比如《秋天的怀念》，关于该文主旨的最后教学落点，有部分教师的认识还停留在表层，把教学目标和内容简单处理为理解母爱、感受母亲伟大的形象或"好好儿活"等内容上，最后"使得对该文的情感理解只能停留在母爱、愧疚和对母亲的怀念的浅表，对学生的教育价值只能是程式化和套路化的感恩，没有触及文本最为核心的教学价值——情感、生命教育，未能将经典的内涵转化为学生的生命品质"①。

锦一的教师在教授这堂课的时候，在充分细读文本的基础上，在生命教育的意识指导下，不仅让学生去分析文中母亲的形象、品味母亲的苦等这篇散文的内容，更把教学重点指向言说主体——"我"的形象和"我"的心境。锦一的语文教师让学生不能以一个普通人、正常人的这种习以为常的眼光去观照史铁生不寻常的人生（活到生命最狂妄的年龄上忽地残废了双腿），所以作者反复强调的那句"好好儿活"实际上是他在母亲去世后，对自己残损生命的一种新的审视，是他对生命价值与意义的重新思考——世界以痛吻我，我却报之以歌，即使是有缺憾的生命，也值得我们用力、好好活。"生命存在的价值与意义不是享受生活，而是勇于承受并超越必不可免的苦难与厄运，伟大的苦难也会成就伟大的快乐。"②

并没有止步于此，锦一语文老师继续整合教学内容，在《紫藤萝瀑布》一文中也进行生命教育的渗透。在《紫藤萝瀑布》这篇散文中，宗璞为什么会被紫藤萝打动？为什么撩动她思绪的"物"会是眼前的紫藤萝瀑布而不是其他的"物"呢？其实，散文文体的言说对象与言说主体相互影响、两两映照，不能"物我脱离"，不能机械地将言说对象与言说主体的情思决然隔离。由此可见，"文中所写的藤萝并不是客观意义的藤萝，而是于'我'有着生命感召力量的藤萝，所以在描写紫藤萝时会有'我在

---

① 刘德本.明确文本现实意义 抓住生命内核 实现《秋天的怀念》教学价值的一种尝试[J].发展，2019（16）：87—88.
② 马志英.教学落点在"好好儿活"错了吗：也谈《秋天的怀念》的教学价值[J].中学语文教学，2019（1）：47—50.

开花，它们在笑，它们嚷嚷'这类人格化的语句；文中的'我'也不是纯然的观察主体，而是被盛开的藤萝惊异到并且左右了的主体，所以在藤萝浅紫色的光辉和浅紫色的芳香中，主体悟到花与人的生命意义是一致的，都会越过不幸、勇往直前、永无止境"[1]。

初一年级的这三篇散文，从不同角度对生命进行了解读。锦一的教师将其充分整合后再深入挖掘其中的德育价值，在"全人教育"的指导要求下，从"生命意识"的角度，对学生进行了立体式渗透，让学生对生命有一个更系统全面的认识，这也是锦一在学科德育渗透中利用整合思想做出的一次创造性尝试。

（三）横向联动，培育整全生命

利用学科德育渗透实现锦一的全人发展目标时，不仅要树立纵向提升的教学意识，发掘学科德育的价值，同时还要立足当下、放眼未来，通过横向的学科联动，构建现实与未来德育的桥梁。

德育要"立足当下，放眼未来"，意味着学校德育不仅要培养学生适应当下环境的核心素养和能力，同时亦要有长远的教育目标，提高学生面向未来社会的能力，为他们的未来生活奠基。"基础教育阶段的核心素养历来备受各界的广泛关注，国际社会共同追求的核心素养表现为协作、交往、创造性、批判性思维。我国基础教育改革方案中对核心素养的解释是'文化基础、自主发展、社会参与'。学生核心素养培养目标的设定，加速了学科融合发展的步伐。基于这一现实背景，如何以学生核心素养培养为目的推进学科融合教学成为一项重要课题。"[2] 随着经济全球化、社会化进程的加快，学科与学科之间的融合越发显现出它独特的魅力，成为培养学生核心素养的基本途径。然而，谈学科融合不得不谈的就是学科之间的联动。学科联动指的是学科之间的相互影响和相互作用，通过学科联动，实现学科融合教学，并在这种融合教学中有意识地进行德育渗透，发挥德育作用，不仅契合了学生核心素养的培育目标，更是现阶段基础教育改革的趋势。

其实，纵观我们的教学，每一门学科都有自己的外显价值和内隐价值。就学科的

---

[1] 马志英.教学落点在"好好儿活"错了吗：也谈《秋天的怀念》的教学价值[J].中学语文教学，2019（1）：47—50.
[2] 张元国.基于学生核心素养探索学科融合教学的路径选择与方法创新[J].开封文化艺术职业学院学报，2020，40（1）：202—203.

内隐价值而言，它们很多时候在本质上能够找到相互联系、融会贯通之处。比如上文提到的国际社会共同追求的"协作、交往、创造性、批判性思维"等核心素养，又比如我们的科学态度、求真精神、合作探究等素养，以上内容在很多学科中都有所体现，也都能挖掘一二。而这些学科间共通的内隐价值，正是于当下社会、未来世界都举足轻重的素养和能力，它们熠熠生辉，永不过时。同时，我们还发现，通过挖掘学科中这些共通的内隐价值，把学科与学科进行不断的交错融合，往往能不断生成新的合力，达到更好的育人效果。锦一的教学实践证明，经过有目的、有方向的科学规划，从一个或多个学科融合点切入，在学科联动的作用下，学生不仅能够更快更好地吸收各科知识，厘清学科关系，增强学习兴趣，其思维、人格、观念等方面也会逐渐发生内隐变化，形成更为成熟的人格品质。而当越来越多的学科之间都开始产生联动反应后，其中可供教师挖掘选择的德育内容也变得更为丰富，学科德育渗透的空间变得更广阔。游弋在学科联动所铺开的这张大网下，教师可以从任何一门学科展开德育渗透，并且在不同学科中发现的不同德育灵感，最终集结成了一个全方位、多角度、契合完整的德育渗透体系，从而达到立德树人的根本要求，为学生构建从当前现实走向未来社会的桥梁。

1. 优化发展素养

在这个变动不居的时代，教育的功能从传授知识转向非知识素养的形成是必然趋势，也是全世界教育革新的主题。进入 21 世纪以来，很多国家和国际组织都提出了核心素养的概念，并出台了培养核心素养的纲领。虽然关于这种核心素养的认识各国有不同的版本，但"如果我们细究这些版本的分类，可以发现其共同的追求，即纯知识的东西不作为核心素养；实践能力极受重视；基于经济全球化背景的合作、沟通、理解非常重要；强调思考力，特别是作为高阶思维的批判性思维。这也正好反映了一个教育的实质性命题——将来，知识可以不用学习，但思维必须要有培养的过程"[1]。为此，锦城一中要求教师对于教学要有这样一个理念：课程的教学目标绝不只是知识的传输，更应关注的是教与学之间的不断转化。好的课堂，不仅能让学生有知识的增长，还应该让学生有思维的发展和品质的提升。教师在教学中应该有一种前瞻性，学

---

[1] 周晓阳. 批判性思维是学习品质的保障[N]. 中国教育报，2018-11-08（7）.

会利用学科联动，引导学生在教学中获得真实的成长，让"学习真的发生"。学科联动，将不同的课程知识融会贯通，打破了"知识壁垒"，从而引导学生突破思维惯性，在知识交叉碰撞的学习体验中提升自身的核心竞争力，提高核心素养，为未来的学习和生活奠定基础。

科学精神是核心素养中的重要部分，其内容非常丰富，但"求真精神教育"是首要的。"所谓'求真精神，就是执着探索真理的精神，当然还包括坚持真理、捍卫真理、运用真理、发展真理的精神'。求真精神是科学精神的逻辑起点和第一诉求，因而求真精神教育便成为科学精神教育的第一要义。"[①]初中生的思维正处于发展的关键时期，在学科教学中教师要善于挖掘教材中崇尚科学、弘扬科学精神的要素，培养学生求真务实的科学精神，积极进行德育渗透，提升学生的核心素养，造就适应社会发展的未来人才。而数理化等理科与核心素养中的科学精神是紧密相关的，研究发现，放手让学生进行探究性的学习，更能有效培养学生的求真精神，提升学生的科学素养。

锦城一中的理科教学以"培养学生求真的科学精神"为德育渗透的目标之一，结合各学科的特点，通过开展多项学科实验，让学生在真实的教学情境中掌握"发现问题—提出假设—策划方案—实验操作—数据分析—交流探讨—解决问题"的一般科学实验探究方法。这个看似繁杂的学习程序，实则就是实现学生科学精神的培养途径。伽利略曾说，一切推理都必须从观察与实验中得来，脱离了实验数据的支撑，理论和观点都是苍白无力的。

例如，锦城一中的物理组团队坚持德育渗透课堂的原则。教师始终相信并践行着，作为一门实验科学，物理学的每一个概念和规律都是基于实验探究基础上的。物理实验不仅要将物理过程直观地呈现在学生面前，为学生构建物理认知提供大量的感性素材，更重要的是，还要通过一些探究性学习，培养学生核心素养中的科学求真精神。为此，在讲"电磁铁及其应用"这一知识点时，锦城一中的物理教师让学生结合所学，从生活中选取素材，制作组装一个电磁铁，并在课堂上集中展示。展示的过程中，教师要求每一个同学要有意识地交流制作过程中的成败得失，以及在铁芯、绕线等素材的选择技巧上的心得体会。对学生的作品，无论是精致还是简陋，教师都要以欣赏的

---

① 孟庆男. 基于核心素养的科学精神教育 [J]. 思想政治课教学，2019（6）：11—15.

目光来看待它。整个动手实践的过程，充分体现了小制作大智慧的物理精髓。再让学生将自己制作组装的电磁铁与工业生产中使用的电磁铁对比，学生不仅领悟到了物理规律的统一之美，收获了学以致用的喜悦感和成就感，更重要的是，在亲自尝试选取素材的过程中，不断提升了科学素养，在质疑和交流中培养了求真的精神。

不只是物理，为了充分利用理科学科在培养学生求真精神上得天独厚的优势，学校大量增加了生物、化学等实验课程的比例。学生在这些实验探究课程中，通过实物观察、动手操作、自主探究、相互协作等形式，实现科学知识与科学素养的双向发展。例如，在"植物细胞的基本结构"这堂生物课上，学生首先利用显微镜观察各种植物细胞的永久装片，并尝试制作植物细胞的临时装片，真实感知植物细胞的形态与结构。教师以这些直接经验为切入点，以植物细胞的异同导入，结合"质壁分离""黑藻细胞质流动"两个演示实验，帮助学生层层突破认知难点，精准构建概念。在探究性学习中培养求真精神，在实验操作中打开学生的思维，让学生对细胞结构的认识来源于自身的观察，学会尊重生物事实、尊重科学规律，培养求真精神。

围绕着"培养学生求真精神"的德育理念，锦城一中在物理、化学、生物三门学科中开设了实验操作、自我体验等许多探究性学习课程。那么，并不常做实验操作的数学又如何进行"求真精神"的德育渗透呢？"求真本就是数学研究的核心任务，亦是'预设'与'生成'的必然产物，求真精神更是推动着数学学科的产生和发展。"[①]

数学、物理、化学、生物学科在培养孩子求真的科学精神上是可以相互影响、相互作用的，在物理、化学、生物学科的探究中学习到的求真精神对数学的生成性学习依然至关重要，同理，在数学学习中形成的求真精神也一样能推动物理、化学、生物的学习。因此，我们要注意到理科学科在培养学生求真精神中得天独厚的优势，关注学科联动，通过它们之间的互相支持、相互作用，让德育渗透达到最佳的效果，让初中生在独立思考、动手操作、验证质疑并创造性解决复杂问题的过程中得到思维的提升，获得专业知识之外的精神世界的发展和滋养，并由此形成学生应对世界的关键能力和必备品质，从而适应终身发展和社会发展的要求，为孩子们打通从现在走向未来的路径。

---

① 李国英.关注生成，重视错误，勤于检索：生成性数学课堂学生"求真精神"的若干思考[J].数学教学通讯，2017（30）：46—47.

2. 提高探究品质

为落实"在发现中发展自己"的学生成长价值观,锦城一中在学科教学中渗透德育,以项目式学习为抓手,以综合探究实践活动课程为辅助,将项目探究式学习模式渗透到学校所有的学科教学中,从全局视角出发,根植于学生的成长需求,并在不断的德育浸润中着力发展学生的四力(学习内生力、自主学习力、资源整合力和学习表达力),让学生逐渐向成熟的阶段生长、发展,最终成长为能够面向未来、走向世界的全人。

A老师是锦城一中的一名物理老师,他在学校的物理实验室筹划了一个"拆车坊",找来了市面上两辆价格差异非常大的自行车,然后按照项目式学习的要求,带领学生对这两辆自行车进行了深度测评。上课时,同学们把直尺、三角板、钢卷尺、皮卷尺、游标卡尺、弹簧测力计等学过的或没学过的测量仪器都搬离了器材室,利用平移法、化曲为直法、滚轮法等各种教学和物理测量方法积极解决所遇到的问题。但这还不够,当面对"实验室的测量仪器没有可以测量自行车质量的量程"这一困难时,A老师鼓励大家丢开思维的束缚尽管放手去做,最后学生们竟将整个自行车都拆掉了。可拆掉自行车后大家发现,拆下来的车轮等零件依然超出了天平的量程,而且自行车也组装不回去了……整个过程中,A老师都在不断激发学生开动脑筋、动手实践的潜力,还通过不断追问和补充实验,深化学生对问题的认识,并不失时机地对学生进行一些"灵魂拷问",诸如:"我觉得你这个发现很棒啊,但你能够找到更好的方式跟小组同伴沟通交流吗?""你不觉得这个问题很类似我们在学习或者生活中遇到的那些困难吗?你有何反思?"……可以看出,他的教学目标远不止"质量及其测量"中有关称重工具这一物理知识了,他是要通过这种项目式教学让学生在小组分工协作下,在有趣有用的自主探究过程中,学会解决现实生活中的实际问题,并借此渗透德育目标——激发学生的科学求真精神,提高学生对生活的观察能力和团结协作、自我表达的能力。

不只是物理等自然科学类学科,项目式学习在各门学科的教学中都能够得到实践运用。锦城一中的艺术类课程也长期坚持以项目式学习方式为主,整合学校特色课程建设,帮助学生在教师的智慧引导下自主参与、大胆体验,富有创意地进行成果表达,提升和展示自己的优势,在项目式学习中发展"四力",实现"四力共生"的目标。

"在进行项目式学习的同时,我们将音乐与信息、舞蹈课程融合,并利用音频剪辑软件Garage Band有效整合课程。学生能够运用Garage Band剪辑、录制音频、组建乐队，更能为自己制作的舞蹈影片进行配乐。在提升音乐感受与鉴赏能力的基础上，同学们的创作能力也得到了快速的发展。"锦一的音乐老师如是说。

可以说，项目式学习能在任何一门学科中得到发展，它扎根于学科课堂，却又将育人的阵地从课堂延伸出来，贯穿学生成长的整个岁月。在项目探究中所获得的道德方面的成长，那些让学生能够适应终身发展和社会发展需要的必备品格和关键能力，才是让学生终身受益的。在这样的德育体系下成长起来的学生，在面对错综复杂的社会时，才能全面认识、理性分析、积极解决所遇到的问题。

3. 促进跨界整合

在学科联动中进行整合，是指从某一具体问题出发，对学科交叉知识进行整合，打破学科之间的界限，以发挥知识的功能为主要目标，引导学生不断地尝试和探索，最终形成对这个问题的系统全面认识。美国教育家布拉梅尔德在"未来中心教育"理念的基础上提出了著名的轮形课程，亦称核心课程。他认为，教师应当围绕一些重大的社会问题组织教学内容，社会问题就像包裹在教学内容里的果核一样。这种课程以解决实际问题的逻辑顺序为主线来组织教学内容，有助于增强学科间的横向联动，避免完整的知识被人为地分割，有利于学生综合地、整体地发现问题、分析问题和解决问题，从而形成正确的价值观和世界观。在布拉梅尔德核心课程的设计中，儿童的学习有一个中心，所有的学习活动都围绕着这个中心进行。其中，以社会生活领域或社会问题为核心就是非常重要的一种类型。

2020年，新型冠状病毒肆虐全球。在这场人类与病毒的战役中，如何树立当代学生的责任意识与担当意识就是一个很值得深思的社会问题。在全球化发展的今天，国内外学者对全球化在各领域各层面所表现出的特征达成了一个基本共识，那就是——"人类命运共同体"。著名的罗马俱乐部从危及人类共同命运的全球性问题角度，认为全球化是人类在环境恶化、核威胁等共同问题下达成的共识。习近平总书记寄语广大青少年要练就过硬本领，投身强国伟业。"练就过硬本领"意味着当代青少年要在风云变幻的世界担当大任，必须具有国际视野和参与全球治理的能力。这就需要将"人类命运共同体"思想融入对学生的思想政治工作中，着力培养具有国际担当的新时代青少年。可以说,"人类命运共同体所追求的终极关怀,既是对当下的反思,也是对未来的指导"①。

面对此次疫情,锦城一中很快意识到这是在社会问题中帮助学生树立"人类命运共同体"意识、在社会参与的过程中培养学生责任担当意识的契机。于是,针对新型冠状病毒感染的肺炎疫情,学校通过学科联动,整合开发了有关疫情知识的项目式学习,帮助学生树立"人类命运共同体"的意识。

案例 2　优秀抗疫特色美育课程——云游艺海

疫情期间,锦城一中美术组王强强和曾子茹两位教师在培养学生核心素养的基础上,以课标与教材为引领,以学校"全息育人课堂"为导向,大力进行教学内容的学科内与跨学科整合实践。多元化的主题项目式学习内容根植于具有锦一特色的"全息课堂",奠基学生更有广度的艺术高度;多样化的优势增值课程内容,促使学生获得更宽阔的艺术眼界。着眼当下疫情实况,联系学生生活实际感悟与所想,锦城一中美术组致力于发挥美育对立德树人的德育渗透作用,结合相关比赛活动开展"同心同创 共抗疫情"主题美术作品创作项目式学习。

项目内容围绕"同心同创 共抗疫情"这一主题,整合多种美术表现形式,鼓励学生创意展示在疫情中与"病毒"顽强斗争的伟大逆行者们,宣传科学防疫、健康的生活方式,弘扬中华民族团结一致、众志成城、不畏艰难的伟大民族精神,展现当代中学生良好的精神面貌、责任担当的意识与决心,为武汉加油,为中国加油!在运用美术知识与技能完成项目创作的过程中科学认识疫情,记录抗击疫情斗争中积极向上的英雄事迹,以美育人,以文化人。

除此以外,学校还整合了疫情中包含的科学知识。生物组教师从导致此次疫情的"元凶"——新型冠状病毒入手,从生物学的角度出发,从病毒的结构、生命形态、生命过程等方面让学生通过网课全面认识了新型冠状病毒。地理组教师以地理视角审视疫情,从地理环境(地形、人口密度、交通运输、人口流动)与疫情传播的关系、制作"疫情地图"等方面进行知识整合,让学生不仅掌握了地理知识,还懂得了疫情

---

① 陈霞. 和合文化: 人类命运共同体的思想溯源[J]. 新疆大学学报(哲学·人文社会科学版), 2020, 48(3): 62—70.

传播的条件以及如何做好个人防护。化学组教师以"核酸检测"为切入口,讲解了各种"防毒神器"的化学成分,例如居家生活中的"含氯消毒器"、医院常见消毒物质"过氧乙酸"、医用防护服的材料等,让学生明白科学抗疫的原理。语文组的教师结合疫情,开展了综合性学习活动,从活动背景、活动重难点、活动板块的设计弘扬了疫情期间所表现出来的人文精神。历史组教师更是从古代疫病防治、中国和世界近代疫情防治、人类与病毒的抗争史等角度,鉴往知来,深化了学生对家国担当和国际情怀的认识。政治组教师充分调动学生的思考、质疑和想象等思维工具,从政治角度诠释了中国在疫情中的家国担当、在国际合作中的突出贡献,引导学生理解人类命运共同体思想,明白了中国特色社会主义在制度上的巨大优势,坚定了当代中学生对社会主义制度的自信,让学生增强了政治认同感,更学会了承担社会责任,提高了公共参与能力。总而言之,疫情期间,锦城一中各学科组教师围绕疫情与本学科的关联,整合、创设了一系列视频课程。

以疫情为中心,通过学科联动,锦一不仅整合了各学科有关疫情的知识,更是要通过这些知识,展现全面、完整的知识体系,从而让学生透过现象看到疫情背后的社会需求——人类命运共同体意识。当今社会,无论我们身处何地,无论何时,无论我们是否愿意,各国间的联系和依存都在不断加深。随着全球化进程的进一步加快,世界各国的发展命运休戚与共,无论是此次疫情危机,还是目前人类面临的诸如全球气候变暖、疾病流行、粮食短缺、跨国犯罪、环境污染等全球性的挑战,无不与我们每一个人息息相关。时代变迁,当地球真正变成了地球村,在全球化的影响下,当前的学校德育任务也应与时俱进,而人类命运共同体意识就是其中一项重要内容。帮助青少年树立人类命运共同体的意识,是中国回应全球化发展难题的现实探索,是中国构建文明大国的出发点,它体现的是中国的世界性精神和大国的责任与担当。所以,面对疫情,锦城一中采取项目式学习的方式,通过学科联动整合各科相关知识,其目的就在于教会学生跨越国界、种族的限制,同心抗疫,彼此共情与悲悯,树立"人类命运共同体"的意识,让这种人性光芒散发出它最壮阔的威力。

(四)评价引领,强化学科育人实效

教学评价既包括了对学生学习结果的评价,也包括了对教师教学工作的评价,二者不可偏废。

1. 建立科学完善的学科德育评价制度，增强教师的"德育"意识

"学科德育评价内容不完善，学科德育缺乏实质性的地位，严重制约了学科德育的发展。"[①] 在应试教育背景下，在"唯分数论"的评价体系影响下，有些教师严重忽视了学科教学中的德育工作。一方面，可能是学校没有对学科德育设置专门的评价考核；另一方面，有些教师自身也没有树立"育德育人"的意识，因此我们经常会看到，很多教师在上课时并没有真正落实三维目标中对学生"情感态度价值观"的培养。

从学校层面，建立科学完善的学科德育评价制度在学科德育渗透中显得尤为重要。它首先能够对教师的教学活动起到一个导向作用。一旦学校把"德育"内容作为对教师课堂教学效果的一个重要考核指标，教师在开展教学前，在学科备课中，就能够自觉主动地去思考学科中的德育内涵。锦城一中提出了构建全景德育生态系统的目标。在这一德育体系的影响和学校的严格要求下，学校的教师不再把学生学科成绩作为评价教学成果的唯一标准，而是更多地聚焦到学生在学科学习中的情感体验和成长发展上。在这样的德育教学评价体系的导向作用下，教师会自觉主动地挖掘每堂课背后隐藏的德育资源，并通过集体备课等方式，使学科德育逐渐从理论研究落实到各学科教学实践中去。

例如，初中历史课"百家争鸣"的传统教学目标主要是让学生掌握百家争鸣时的主要学派、代表人物和基本主张。学校历史老师B在执教"百家争鸣"一课时，却提出了一个极具趣味性的问题：面对班级里的不交作业、自习课说话、上课交头接耳、乱扔垃圾等现象，你会在诸子百家的"思想超市"中选取哪家的思想来进行管理呢？然后，B老师围绕这个问题开展了一系列贯穿历史学科的知识讲解和小组讨论，真可谓是"一石激起千层浪"。这堂课氛围良好，学生的思维也被激活了。最后，在这堂将学科知识与德育渗透的历史课上，同学们不仅掌握了诸子百家的主要思想，还学以致用，把这些思想融入进了自己平时的学习生活中。课后，在评课时，B老师告诉大家，在学校全景德育的理念指导下，在学校"全息育人课堂"的教学目标和评价体系中，历史教研组教师在每次的集体备课时都会深入挖掘课程中潜在的德育资源，坚持育人

---

① 汤琪，刘智. 学科教学中德育渗透存在的主要问题及对策[J]. 辽宁教育行政学院学报，2019（2）:71—74.

为本、德育为先，牢牢抓住历史课程的德育重点即自立自强、责任担当、存续传统和家国情怀四个方面，并将其渗透于每一堂历史课。

2. 坚持促进学生主体性发展的自我评价，激起学生与"德育"的共鸣

现实教学中，一些德育内容比较浅显，再加上有些教师在学科教学中为了德育而德育，没有把学科知识和德育渗透自然融合、无缝衔接，使得学科德育牵强附会，有生拉硬扯的嫌疑。这些现象都直接导致了学生在这种"政治说教"下丧失兴趣，德育内容无法引起学生共鸣，难以促成学生主体性发展。长此以往，教师的说教最终只感动了自己，学生却没有形成与社会一致的道德评价体系。学生没有正确的道德评价标准，就很难对现实生活中的具体情境进行道德是非的辨别，并做出正确的道德判断。所以，要真正发挥学生道德意识的内在支配作用，教师应当将学生作为学习的主人，鼓励学生积极主动地去建构头脑中的道德评价体系，关注他们自身对学科中德育内容的情感体验，触发他们的"同理心"，育德于心、成德于行。同时，"要坚持促进学生进行自主评价，学生自主评价有助于提高学生自主参与评价的意识和自我发展的能力，在评价过程中，学生自评、自我反思、相互评价、共同参与，可以帮助学生学会评价、学会客观、学会欣赏，分享成功，从而提高评价的整体效果，促进课堂教学目标的达成和学生能力的提高"[①]。

笔者曾听过一堂很有意思的语文课《安恩和奶牛》。这篇课文是诺贝尔文学奖获得者丹麦作家约翰尼斯·延森写的一篇小说，主要讲的是老妇人安恩牵着一头奶牛来到集市上，因为这头奶牛实在太好了，问津者不少，甚至最后连屠夫都对它有了兴趣，纷纷出高价买牛。但从始至终，老妇人都拒不出售。最后人们气愤起来，指责老妇人拿人寻开心。老妇人这才吐露真情：她不是来卖牛的，而是因为奶牛太孤独，把它带到集市上，是为了让它和同类相聚，散散心。按照"以小说的方式讲小说"的语文传统，教师无非就是根据人物描写分析人物性格，得出安恩是一个"善解人意，富有仁爱之心"的老妇人的结论，然后再带领学生去探究这篇小说在情节上的波澜，形成结尾上的反转。然而，这位语文老师却给学生提出了一个道德判断题，要求学生对故事中安恩的行为从"应该"或"不应该"的角度给予明确的判断。"集市上都是待

---

① 倪敏. 论基于有效性教学的德育课教学评价 [J]. 职业技术, 2013（11）: 50.

卖待宰的牛，安恩的行为对奶牛构成了伤害""诚心买牛的人得不到好报，感到被人戏弄，安恩的行为对买牛人构成了伤害""安恩自己也遭到买牛人的斥责，最后尴尬地离开了集市"……当许多语文老师和学生还在讨论安恩的"勤劳、自尊"和"细腻丰富的心灵世界"时，这位老师已经开始有意识地培养学生的道德判断能力了。"我们读文本，理解叙事作品的思考过程，同时也是道德理解的过程，至少在大多数情况下，它会改造和澄清我们的道德信念和道德情感。"[①]随后，语文老师还通过小组讨论，以自评、互评的方式让大家谈谈现实生活中这种"安恩式"的好人，让"安恩"作为一个形象符号在孩子们心中激起了一次对社会道德的自我建构和评判。教学过程中，这位语文老师不断激励学生在自我评价中捕获对道德的独特情感体验，支持学生在评价他人的同时扩宽视野，关注自我，并将所获得的评判标准和认识放在自己身上，以尝试更多的自我评价。

值得注意的是，在对学科德育效果进行具体的教学评价时，学校也面临着一定的困难和挑战。因为，对学生"态度、习惯、兴趣、意志、品德及个性形成"等情感领域方面的评价远比"知识理解、技术掌握"等认知领域上的评价复杂，难以操作。而且，教学评价最终的归宿是要检验教学效果是否达到了当初设置的教学目标，而学科德育中所涉及的教学目标非常丰富，可以包括培养学生良好的生活习惯，形成科学的世界观、人生观、价值观，提高学生面向未来的关键能力和品质等。"而这些教学目标的实现不是一下子可以完成的，需要一个较长的连续不断的教育时期。教学目标实现的这种性质决定了教学评价也不是一个终结性的因素，而是一个发展性的因素。"[②]因此，在对学科中的德育进行教学评价的时候，要用发展的眼光看问题，以促进学生全面发展作为学科德育教学评价的最终归宿。教学评价更不能急功近利，而应当遵循教学评价的基本原则，从青少年成长和身心发展的规律出发，把握德育评价的特殊性，使其发挥最大的育德作用。

---

① 徐江.文本解读逻辑思维研究与教学对话[M].福州：福建教育出版社，2018：43.
② 高德胜.德育学科教学评价的特殊性和基本原则[J].首都师范大学学报（社会科学版），2000（1）：117—122.

第十章

家校共育的全景建构

家庭是人生的第一所学校,家长是孩子的第一任老师,要给孩子讲好"人生第一课",帮助扣好人生第一粒扣子。

——习近平

家长是孩子的第一任人生导师，家校共育是学校全景德育的重要内容。基于全景德育的家校共育不只是家长参与学校工作，也不只是学校对家长进行家庭教育指导，而是学校、家庭和社区共同承担学生教育责任，促进学生成长的过程。家校共育的存在和发展，从微观、个体走向宏观、系统，从本质上看，是突破学校围墙限制的大教育格局形成的必然结果。家校共育是一种教育生态和语境，也是从分外走向分内，从不稳定的跨界走向持续性的制度化的必由之路。学生的成长是复杂的，当前，愈发严重的学生成长问题让我们意识到，家校共育必须实现从目标、内容到方式的系统转变。其目标从传统的"家长参与学校教育"和"学校指导家庭教育"转变为家庭、学校和社区协同亲和，汇集力量，关注孩子全方位生活，促进学生的全人发展。故而，家校共育的内容，也从指导家长关注学生的学习、心理，转变为以社会为载体，围绕社会、学校、学生的复杂性，通过探讨社会热点事件和典型性问题，指导学生学会去看待复杂的社会、学校、老师、同伴和自己，学会处理自己和环境、自己和他人、自己和自己的关系。家校共育的方式，不再是学校和家庭之间单项传递，学生自身也是家校关系中重要的一员，应由单向传递到全景互动，即家庭、学校、学生之间通过社会交往活动，在彼此的平等对话中创造合作共同体。

一、现实：家校共育的全景缺失

目前，诸多调查显示，无论是社会、家庭，还是教育界，普遍都能认识到家校合作的重要性，并有意识地在某种程度上开展家校共育活动，但尚存在一些问题。

（一）认识不足，观念陈旧

从家庭方面看，家长缺乏参与学校教育的意识，认为家校合作很简单，主要就是两个方面：一是明确分工，各司其职。学校负责孩子的读书学习和品德养成，家长做好后勤保障工作。二是家长配合学校进行教育。学校提要求，家长按要求执行即可。很多家长把主要精力放在关心孩子的学习成绩上，在其他方面则抱着无所谓的态度，或对孩子百依百顺，放任自流。

从学校的角度看，有些教师认为家长不懂教育规律，不知道如何教育孩子，对学校教育工作无所助益。当家长走进校园，参与教育教学时，教师倾向于自我保护，担心自己的职业权威和高大形象受到威胁和挑战。部分教师认为家长介入学校事务，是监督，是挑毛病。这些都是对家校合作意义的狭隘认识，不利于家校共育目标的达成。

（二）活动单一，系统性不足

首先，形式单一，缺乏新颖性。说到家校共育，大多数人想到的就是家长会和家长开放日。在多数学校，家校共育基本上还停留在家长会、家长讲座等集会上，形式比较单一。家长习惯性地认为家长会就是听老师讲要求，分析成绩，或者是"请家长"说问题，所以对此形成了定势思维，没有太大的期待，参与性和积极性不够，效果往往也就不尽如人意。

其次，单方配合，缺乏互动性。家校共育应该是家庭与学校在共同活动中相互交流、支持互动的过程。但现实状况通常是家庭单方面配合学校。活动中往往是教师讲、家长听，单向交流过多，双向交流不够。比如在家长会上，即便教师选择部分家长做家庭教育经验交流，但多数家长还是在被动地听。家校之间、家长之间和家校生之间缺乏彼此交流、共同对话的机会。

最后，计划不足，缺乏连贯性。多数学校的家校合作活动并没有被正式纳入学校整体教学工作计划，没有规范的制度、固定的场所和常设机构，而是有事有需要就做，或者仅固定在一个学期的开头、期末、考试的前夕等时段，在时间上断断续续，活动的内容也无法前呼后应，因而家长无法找到活动规律，在活动中所获得的帮助也是零零碎碎、不够系统，无法从根本上形成一套相对完整的家庭教育观念和方法体系。

（三）关注面窄，自我封闭

家校共育应该是家庭、学校和社区共同营造的一个利于孩子成长与发展的生态系统。当下家校交流与沟通常常仅限于关注学生个体，把关注点放在封闭的个体身上，就问题解决问题，而忽略了问题背后是一个复杂的关系系统，这个系统不仅包括学生个体、家长、学校，还包括各方互动形成的环境场域。这种将学生作为单一个体，没有把学生放入社会体系中的观念和行为是缺乏全景家校共育理念的。教育中的"工地悲剧"便是因此而来的。每个家庭和学校，甚至社区都希望自己的学生能上重点高中、重点大学，但能上重点学校的人数是有限的，为了争得有限的资源，大家无视学生的成长与发展，无视孩子的心理需求，将目光盯着学生的学习成绩，将他们的时间安排得满满的，课后还要上各种辅导班，家校交流的内容也基本围绕学生的成绩。于是，有些孩子不明白为谁而学，也有些孩子产生了"生活无意义感"。

要解决传统家校共育的症结，需要基于全景德育的理念，实现几个转变：从个体走向关系；从问题点走向系统；从以学生成绩为中心转变为以学生发展为中心；从关注学生的学业发展转变为关注学生的全方位发展。

二、出路：家校全景共育的多维建构

家校共育既要发挥家庭和学校的作用，更要建立家校社共育的生态，在多维建构中寻找家校社共育的出路。

（一）盘活家庭育人资源

家庭是生命的摇篮，是孩子的第一所学校，家庭作为社会的基本细胞，是每个人与社会接触的起点。家庭教育、学校教育和社会教育是教育的三个有机组成部分。其中家庭教育是学校教育与社会教育的基础。家庭教育是对人的一生影响最深的一种教育，它直接或者间接地影响着一个人的人生方向和终身发展。其对成长的影响和作用是学校教育、社会教育不可代替的。

走向全景的家校共育，强调"全员参与，全程参与"，"人人"都是育人主体。重视家庭育人力量，盘活家庭育人资源，是家校共育的首要任务。

1. 重视家风建设，改变家庭教育理念

学生的成长和发展离不开良好的家庭教育。可以说，人的礼仪道德、人格特质、意志品质、人生理想等，首先是在家庭中获得启迪与熏陶的。古人云"父母耕读子孙贤""上梁不正下梁歪"。孩子的成长与发展始终与家庭小集体有着密切的联系。家庭对孩子的影响已融入家庭的日常生活、人际交往、劳动、学习和共同活动之中。著名教育学家苏霍姆林斯基曾把儿童比作一块大理石。他说，把这块大理石塑造成一座雕像需要六位雕塑家：① 家庭；② 学校；③ 儿童所在的集体；④ 儿童本人；⑤ 书籍；⑥ 偶然出现的因素。可见，居于首位的家庭在孩子成长的过程中起着关键作用。好父母胜过好老师，父母日常生活中言传身教的影响比老师上课40分钟的影响要大得多，只有父母才是孩子"永不退休"的班主任。因此，改变家庭教育理念，重视家庭育人功能，建设优良的家风是家庭的首要任务。

2. 增强合作意识，优化家庭教育方法

随着素质教育理念的普遍推广，社会普遍认识到家庭教育对孩子成长的重要性，家长的担忧和困惑也越来越多。但由于家长的教育能力、文化素养、教育方式等极大地影响家庭教育的成效，要想充分发挥家庭教育培养人的作用，学校有责任对家长给予科学的帮助和有效的指导。家校之间需要携手合作，加强交流与研究，在全景德育理念指导下，不断探索适合当下需求、切合未来发展的行之有效的教育方法，实现家校共育，使孩子们能接受到完整而一致的教育，发展成为德智体美劳和谐发展的全人。

3. 创新家庭参与角色和参与方式，构建共育生态系统

这是指要创新家庭在家校共育中的参与角色和参与方式，建构共育生态系统。生态系统理论是由发展心理学家尤里·布朗芬布伦纳提出的。其核心观点是个体的发展嵌套于相互影响的一系列环境系统之中，在这些系统中，系统与个体相互作用并影响着个体发展。

如下图所示，生态系统理论将这些环境划分为：① 微观系统 (microsystem)，由儿童生存的环境和直接接触的人构成，如家庭、学校等；② 中观系统 (mesosystem)，由微观系统的各组成成分之间的关系构成，如家庭与学校的双向沟通和交流；③ 外观系统 (exosystem)，指儿童未直接参与这些系统环境的互动，但是这些系统环境对儿童发展存在间接影响，如父母的受教育水平、家庭生活条件、社会媒体等；④ 宏观系统

(macrosystem)，指儿童所处的社会、文化背景，包括来自某种文化或亚文化的价值观念、宗教信仰、政治经济制度等，如中国文化价值观中的"尊师重教"等；⑤时间系统(chronosystem)，指儿童所生活的时代及其所发生的社会历史事件(车广吉，丁艳辉，徐明，2007；王晓琳，2008)。前四个系统以儿童为中心构成一个逐渐扩大的同心圆，在圆之外是时间变量，它们相互作用，共同构成了儿童发展的生态环境。

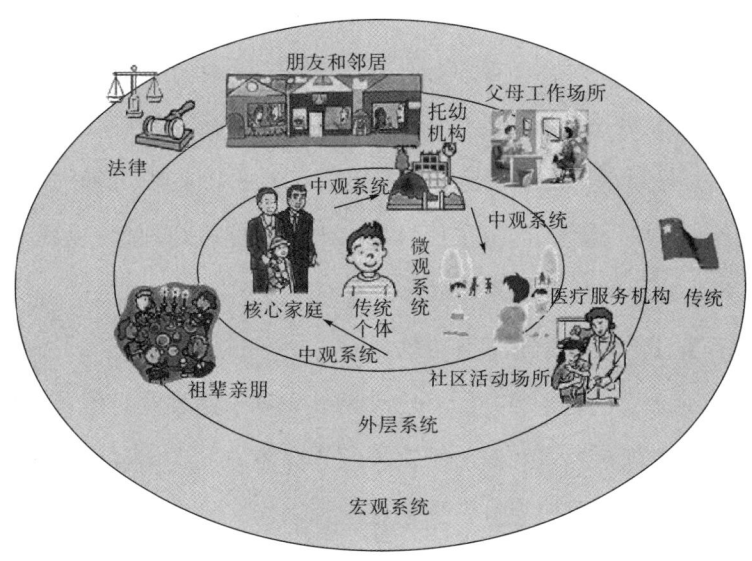

生态系统模型结构

生态系统理论是建构全景德育重要的理论依据，指导我们从大视角系统思考学生个体的发展，将学生放入社会系统中，从学生与周围世界的关系去看待、思考和解决问题。社会、学校、文化观念和父母的受教育程度与气质类型、家庭经济条件以及孩子的自身气质等是整个教育环境中影响家庭教育的重要因素。2014年"江西省中小学幼儿园家校合作跟踪研究"的大样本数据显示，在控制儿童智力水平、性别等变量的情况下，家庭所在的社区环境对儿童成长作用不显著，家庭经济资本中的"家庭所在地"、人力资本中的"父母学历"、社会资本中的"联系频率"，以及家校合作中的"当好家长""相互交流""在家学习"等变量对儿童成长有显著的正向影响，且"家校合作减弱家庭资本与儿童成长间的相关性"同样存在。由此得出弱势家庭可通过加强与学校的合作，在一定程度上提升儿童成长等级，促进儿童成功的结论。这种促进就是"家长参与的力量"。同时也证明，家校积极合作，尤其是家长积极参与和转变角色对学生成长有积极影响[①]。

全景德育背景下的家校共育对家长参与学生教育的方式也提出了新的要求，家长需从单纯的配合学校教育的执行者转变为教育的主动参与者与建设者。如对于经常不完成作业的孩子，在传统的家校共育中，通常是教师向家长反映问题，家长表示积极配合，回家后劈头盖脸地把孩子骂一通，威胁说"老师那么辛苦，你竟然连作业都不完成，再不交作业，别去上学了"，结果孩子第二天就真不上学了。同样的情况，我们尝试转变家校合作方式，如接到教师反馈，家长主动到校跟教师交换意见，讲述孩子小学时也发生过这样的情况。进一步比对观察，发现并不是态度问题，因为孩子很认真，对教师也非常尊重。深入探究发现，不完成作业的情况在时间上有一致性，大多数发生在夏季，那是否有特殊隐情呢？家长和教师一起协商，决定先不下结论，由家长坦诚跟孩子沟通。最后发现，孩子特别害怕闪电打雷，每遇到晚上闪电打雷，就什么都不敢做，也不敢告诉任何人，一直站在窗边观察外面。这种情况之前也有，但现在越来越严重。于是，家长和教师将关注的问题从孩子不完成作业转变到了孩子的心理成长。当寻求专业人员帮助解决了"惧怕雷电"的问题后，不完成作业的问题也就迎刃而解了。其中，我们不难发现，全景德育背景下的家校共育中，家长的角色由单纯的配合者和执行指令者，变成了分析问题的主动参与者和积极解决问题的建设者。家长角色转变，参与方式也随之发生变化，在参与分析、评估、决策和行动的过程中，每个参与者都实现了各自的成长，同时增强了家校之间的信任与协作。更重要的是，此过程充分尊重和体现了孩子在解决问题中的主体地位，最终不仅仅解决了孩子的作业和学业问题，更促进了孩子人格的自我完善和发展。

为此，我们认为家校共育应遵循三条路径。其一，将家校共育从私人领域转向公共领域，正视家庭教育向社会生活和公共生活敞开的事实。家长需要学会获取和选择，学会判断，学会反思，学会成长，并积极提供服务和支持。其二，帮助家长从追求个人利益转向追求公共利益，从对学生个体及当下发展的关注转向对学生群体及未来发展的支持。其三，指导家长从自发开展家庭教育转向群体自觉，让家长通过共同学习、主动思考和实践，掌握科学的教育方法，以稳定的情感、态度和价值观开展家庭教育，

---

① 吴重涵. 制度化家校合作与儿童成长的相关性研究[J]. 教育科学研究, 2018（10）: 92—96.

形成促进孩子终身发展的理念。

（二）树立协同亲和理念

有关家庭与学校在学生成长过程中的作用与相互关系，从社会分工、制度设定、生态系统到社会资本、文化资本等理论，国际国内曾经有过很多的研究和解释。其中美国家校合作联盟研究中心在深入研究中小学校、家庭和社区的关系后，提出了用"交叠影响域理论"作为家校合作的指导思想，有效地促进了家校社之间的新型伙伴合作，在实践中改善了教学质量和教育氛围。交叠影响域理论认为，家庭、学校和社区这三个影响学生成长的主体，实际上对学生以及这三者之间的关系发生了交互叠加的影响，即学校、家庭和社区单独或共同地影响着学生的学习和发展（艾普斯坦，2013）。艾普斯坦指出，学校、家庭和社区之间的合作关系并不能直接保证学生必然成功，相反，它们之间的关系可能吸引、指导、激励和激发学生自己去取得成功。正如我们在教育实践中看到的那样，当学生感到有人关爱他们，并鼓励他们努力学习，他们就会尽全力去学习，并坚持在学校里学习而不会辍学。

换句话说，家庭、学校和社区三者的力量和家校共育的关系，并不能保证学生一定会成功，但在这种目标一致的共育模式下，各种力量和资源汇聚，可以促进学生参与，让学生在各种力量的支持中取得成长和发展。

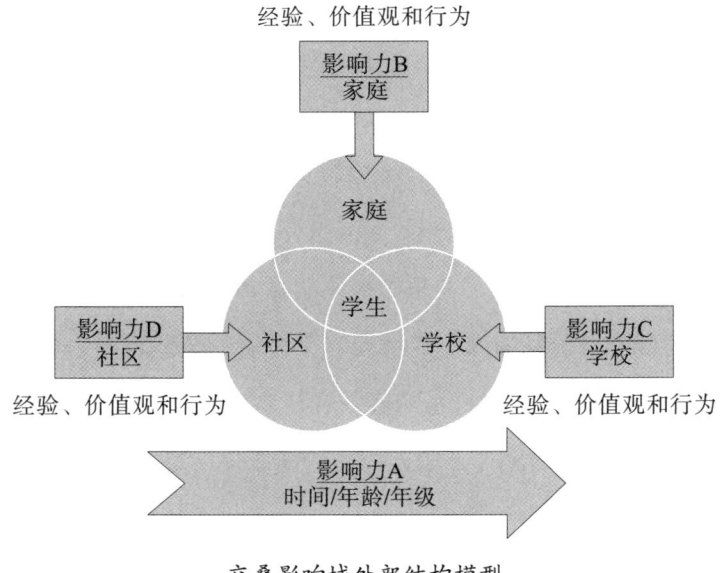

交叠影响域外部结构模型

上图显示，以学生为中心，存在家庭、学校和社区三个主体，他们的经验、价值观和行为既有独立的部分，也有共同的部分，既可相互结合，也可分离，从而对学生成长产生交互叠加的影响（艾普斯坦，2013）。分离区域是学校、家庭和社区单独（或不一致）的经验、价值观和行为，而结合区域是指三者间统一的认识与合作，它们共同影响孩子的学习和发展。针对时间变量，交叠影响域理论的解释是，彼此交叠面积的大小会随着适龄活动及学生参与其教育的交流及决策而发生变化。

从家校合作的实践来看，有些活动和行为应当是学校、家庭和社区分开进行的，因此要重视家庭、学校等个别机构对学生特有的影响力；而有些则必须家校社共同完成，三者之间交叠的影响将可能促进学生参与某项活动的条件、场地、机会或激励效果的形成。同时，上图也显示，学生处于交叠影响的中心，是教育中的主要角色，当学校、家庭和社区彼此交流并协同工作时，会产生相互作用。而处于中心地位的学生，其情绪、情感和价值观等与家庭、社区和学校有着紧密的联系。因此，家庭、学校甚至全社会都应注意其对学生的教育责任和影响力。同时，家庭、学校和社区三种环境的相互关系怎么建立，学校起着主导作用，因为只有学校是发挥影响力的制度化机构，学校更应关心三者彼此间的联系与合作，努力创建协同亲和的家校社共育机制，让力量汇聚，更大限度地发挥教育的影响力。

1. 汇聚的目标：全景的视野关注学生的全面生活

第一，盘活家长资源，包括家庭内部资源（家风熏陶、经济支持、结构支持、情感支持、健康管理、信息和教育）、家庭外部资源（社会资源、文化资源、经济资源、教育资源、医疗资源、环境资源）和家长群体资源（家长与家长之间的彼此能量感染和力量凝聚）。

第二，让家校的力量朝着一个目标迈进，家校形成共识。家、校、社、生在促进全人发展的目标、观念、行动等方面达成一致，形成合力，共同促进学生成长。

第三，家校社共同开发德育资源。家庭、学校联合社区，共同做强具有特色的校园德育专题网站；拓展德育资源内涵，实现学校德育课程精细化；打破学校教育的封闭性，树立德育的大课堂教育观，开发和利用地方德育资源库。

2. 汇聚的内容：形成家校社共育的力量

学生在学校、家庭、社区的交叠影响中处于中心地位，学校教育、家庭教育、社区教育三大工程之间的协同能有效促进学生的发展。因此，一方面，各方都要转变观念，形成合作共育的意识；另一方面，要以学生发展为目标，增强学校、家庭以及社区之间的合作行动。家校共育便是要汇聚家庭、学校、社区和学生的力量，家长"走进去"，学校"走出来"，尝试更多的跨界行动；学校积极地接纳家长，让家长同学校一起参与到教学与决策中，同时学校为家长提供家庭教育方面的指导，以提高家长教育子女的水平。此外，学校要积极地与社区、社会合作，深度挖掘、开发德育资源，在帮助学生成长的同时促进社区、社会的发展。

以初三学生暑假职业生涯体验方案的设计与实施为例。职业生涯体验活动是锦城一中学生六年发展指导之生涯指导中的重要组成部分，是在自我探索和职业探索基础之上的外部探索，既是学生亲身实践，走出校园，了解职业和社会的过程，也是学生进入高中分班选科，未来选择大学专业和职业发展的前奏。为了更好地达到活动目标，活动方案的设计经历了以下过程：学生发展指导中心提供课程设计初稿—方案前期讨论会（学生工作部、发展指导中心、年级家委会、学生代表、年级班主任共同组成）—发展指导中心出详细方案—拟订《告年级全体家长书》（附课程活动方案），广泛征集家长意见—根据反馈进一步调整方案—编写《职业体验手册》—课程活动说明会及家校交流会。

活动过程尤其重视对家长和社会资源的开发。家长根据孩子的兴趣、性格和意愿，帮助孩子联系职业体验的单位，并就此进行对话交流。手册设置了"实践体验单位的评价"和"家长评价建议"。实践后期测评（对学生和家长的测评）和总结研讨会由学校发起，即学校组织各班家委会代表、学生代表、班主任代表就活动的测评结果进行分析、讨论和总结。

活动从方案的制订、修改到实施和总结评估，广泛汇集了学校、学生、家庭和社区各方的意见，盘活了家庭教育资源、社会资源和家长群体资源。由于家校社的积极合作，学生不仅顺利完成了体验活动，增进了对社会、职业和自我的进一步了解，较好地实现了活动的目标，同时也促进了师生之间、亲子之间、社区与学生之间的了解和沟通，为家校社合作提供了可操作、可借鉴的有效经验。

关于开展"职业体验"研学活动告家长书见表10-1，家长协助工作一览表见表10-2。

表 10-1 关于开展"职业体验"研学活动告家长书

活动阶段	活动内容
准备阶段	1. 引导学生明确本次职业体验的目的及意义 2. 学生完成"自我评估与信息搜集",家长参与提供建设性意见,初步确定要体验的职业,做好规划部署 3. 家长积极寻找职业体验单位,家委会牵头挖掘家长、社会资源,进行资源共享,为孩子提供更多的职业体验选择
执行阶段	1. 模拟职业面试:自制应聘简历,体验入职 2. 职业体验活动:积极参与实践体验,填写职业体验日志,撰写职业体验报告 3. 职业人物访谈:访谈职业人物并按提示内容记录真实信息
汇报总结	1. 制作职业体验报告手册、成果展示 PPT/Keynote 2. 准备下期开学的汇报与展示

表 10-2 家长协助工作一览表

活动类型	所属环节	需要家长协助的工作
资源提供	前期准备	1. 协助选定并落实孩子计划体验的职业/岗位,并保障安全 2. 确定岗位,允许跟岗观察或适当参与实践 3~5 天
指导监督	信息搜集	3. 指导孩子提前查询所体验职业的相关信息
	模拟面试	4. 指导孩子制作职业求职简历 5. 协调安排一次模拟应聘面试
	人物访谈	6. 协助孩子选择该行业三位不同岗位的职业人物进行访谈
	记录日志	7. 指导孩子按照职业的工作要求,记录体验过程与感受,使职业体验具备真实的体验感
	成果展示	8. 督促孩子填写职业体验研学手册,制作实践报告、成果展示 PPT/Keynote,并按时提交
评价反馈	评估反馈	9. 评估、反馈孩子在职业体验活动中的变化和成长 10. 对职业体验研学活动的组织与实施予以反馈,提出建议

"职业体验"家校社讨论会　　　　　　　　"职业体验"家长说明会

3. 怎样汇聚：多维度形成育人合力

建校初期，锦城一中便将德育工作置于一个开放的体系中，积极构建家校社一体化的育人体系。主动邀请家长参与学校建设和管理，探索和发挥学校在提升家庭教育质量中的优势和积极作用，努力促使家庭教育与学校教育形成教育合力，共建教育大格局，共同促进学生的健康成长。

为更好地实施全景育人的目标，充分凝聚各界力量，学校首先对全体教师进行培训，组织教师学习全景德育"白皮书"，统一全景德育和家校共育理念，然后由学校牵头，通过构建家校共同体和加强对话等方式汇集合作力量。

近三年，锦城一中成立了家长学校，组建了"德育工作领导小组—校级家委会—年级家委会—班级家委会"四级组织管理体系；讨论制订了家长学校各项制度管理手册；编写了《陪孩子一起成长——锦城一中家长指导手册》；设立家庭教育指导中心、家庭辅导室和家长接待室，定期对家长开放；初步形成了家庭教育指导课程框架；分阶段、分层次、多渠道、多维度定期开展家庭教育研讨会、智慧父母课堂讲座、父母成长训练营、家庭教育分享会、读书交流会、成就孩子家长线上学习班、家校生共建活动和家庭个性化辅导等家校共育活动。这些措施和活动的开展，有意识地注重了家校双方的互动与对话，增进了家长与学校之间的了解、理解和支持，提高了家长"走进学校"参与教育的意识，调动了家长参与学生教育的积极性，帮助家长进一步读懂学生，有力地推动了家校共育的进程，一个观念一致、有力量、有方法的家校合作共同体正在逐渐形成。

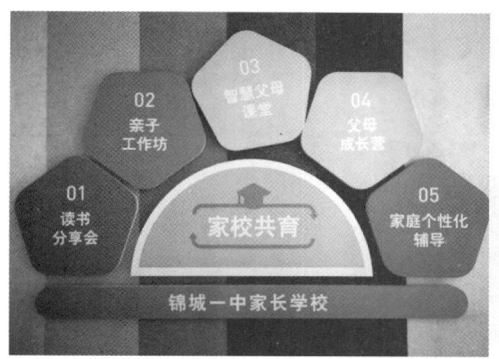
锦一家长学校结构

智慧父母课堂(讲座)

家庭教育工作坊

父母成长营

2020年春季,由于新冠肺炎疫情的影响,学生居家时间较长;线上学习和电子产品的使用,对于多数孩子和家庭来说都是新的挑战;随着疫情的发生和发展,很多家庭亲子关系面临严峻考验。班主任、科任老师和心理老师陆陆续续接到家长和学生的求助电话。为此,学生发展指导中心牵头,积极开展线上指导,分阶段分年级开展调研和指导活动。首先,与家长达成了如下共识:孩子居家线上学习期间,家长除了做好"后勤保障员",还需要加强和孩子的交流,关注孩子的健康成长;全家人利用共处时光,彼此加强了解和情感沟通,为孩子健康成长营造良好氛围。为了做好家长的指导工作,学生发展指导中心在假期和网课期间,通过"家校生线上班会课堂",与家长一起探讨"居家心理健康"和"亲子沟通"等话题;组织家庭开展"居家抗疫,用爱温暖家园——21天亲子幸福行动"活动;复课后开展了"成就孩子"家长线上课程、一对一家庭指导等序列活动。在对"21天亲子幸福行动活动"前、后两次亲子关系测评结果的分析中发现,活动不仅有效地缓解了因抗疫居家带来的亲子冲突,还帮助部分家庭提升了沟通度和幸福感。很多家长表示很感谢学校,希望能持续开展类似活动，指导和促进自己与孩子的持续改变。大多数家庭养成欣赏、感恩和感受幸福的思维习惯，让家庭更加和谐幸福。

理论和实践证明，德育，仅靠学校单方实施，虽然专业性、系统性较高，但力量却显得单薄。特别是如果家庭与学校的德育在方向、方法上产生了冲突，还会对学校的德育产生负面影响。所以，基于对学生德育有效性的考量，家庭和学校在德育的作用上需要形成合力。家校利用学校教育的系统性和专业性，加上家庭的有效性和多样性，为学生构建平台，协同合作，建立起整体感、立体化的全景德育模式，方能汇集力量，形成教育合力。

4. 汇聚的追求：形成亲和共育的氛围

全人发展这一德育目标的实现，最终需要由学生的成长来呈现。对学生来说，由于家庭教育和学校教育的侧重点不同，教育方法上也有差异，如果家庭与学校不

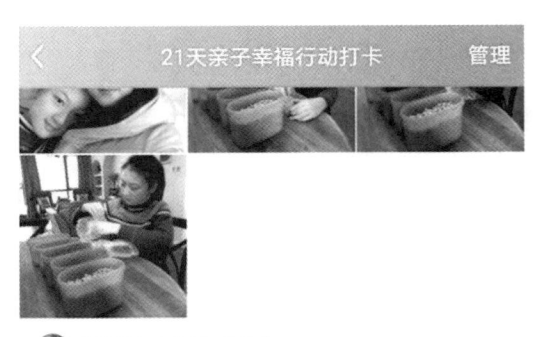

21天亲子幸福行动

相互沟通，统一观念和思想认识，那么学生在两种不同的教育理念和方式下，往往容易陷入不知所措的境地。

家校共育，亲和沟通，可以让学校和家庭达成一致的教育观念，明确一致的教育方向，营造良好的育人氛围，让学生在家庭和睦、校园和谐的环境中成长，更能让学生真正信任家长和教师对其实施的教育，提高德育的有效性。

2020年春夏抗疫期间，成就孩子家长线上课程实施效果显著，持续时间长达一个学期，并形成了家长自觉实践和分享的氛围。我们来看两段家长在此次活动中的成长分享：

16日开班到今天，19天的时间一晃而过，跟大家一起学习讨论、共同进步的日

子真的很开心。聆听大家的分享，也学到了很多东西。①活动中我的突破：我知道了我是属于以情绪型和分析型为主的类型，而女儿属于行动型、情绪型和分析型发展较为均衡的孩子。了解到不同风格的人的亮点和暗点之后，我对自己的情绪化、过度敏感以及因不确定而感到不安等暗点变得更容易接纳了。另外，我看问题的角度发生了转变，把问题、挑战看作一个支持和帮助孩子成长的机会，让我有点豁然开朗的感觉。我转变了自己的想法，进而带动了态度的改变，确定我是想要"帮助孩子"而不是"搞定孩子"……当我再次面对问题时，我会提醒自己这样去思考，于是我成了一个好的聆听者。②我做了什么：运用"聆听和谈论孩子感兴趣的话题"这两条原则。当我放下手中的一切，专注地望着她、面带微笑、认真地听她讲学校发生的趣事以及她喜欢的明星、参加的活动时，我做到了"停止评判，耐心地听她说完"。于是，我发现跟她的交流原来不是那么难。③我的愿景：在将来的某一天，我们吃完饭后，不再是把碗筷一放，各自霸占沙发一角低头玩手机，而是主动放下电子产品，一家人坐在一起，面带微笑，开心地分享着喜欢的书、想要去的远方和美好的未来……④我的建议：继续像上课期间一样分享"成就孩子，做好父母"课程所学，彼此提醒和激励。只要方向是对的，坚持做下去，一定会出现从量变到质变的时刻。我相信，用心去陪伴和无条件的爱，会让孩子越来越好，我们也能成为更好的自己。

——家长 A

上周五晚上，我去接女儿放学。她一上车就拿出了 iPad，我以为接下来她又会让我给她开热点上网。如果是以前，我可能会生气，念叨着让她少用电子产品，对眼睛不好之类的话。但周三我将学习卡内基家长班的成果报告发给女儿看了，她在少用电子产品这件事情上已经和我达成共识，但实现的过程还需要我们共同努力。我知道我需要的是用平和的心态面对这个问题，于是我平静地继续开车，结果我惊喜地发现她只是连了车载蓝牙，放起了她喜欢的音乐来听。我心情大好地跟她一起听歌，发现好几首歌都挺好听，其中一首还是陈奕迅的。当我跟她说这些歌都挺好听的，并好奇地问她："你还喜欢陈奕迅的歌啊？"她就开心地跟我聊起了她喜欢的歌甚至最喜欢的歌词……回家的路上充满欢歌笑语。我想这是卡内基建立信任与支持的九条原则之"不批评、不责备、不抱怨"和"讨论他人感兴趣的话题"给我带来的成长吧。当我去改变自己时，孩子的改变也就发生了。

——家长 B

从上面两位家长的分享，以及之后持续不断的家长互动分享中，我们发现，家长和孩子都实现了自身的成长。分析改变和成长的原因，可以提炼出值得推广的五点经验。第一，了解和满足需求是前提。课程内容要满足家长当下和未来的需要，让家长愿意主动学习和持续坚持。第二，坚持一种理念，并约定遵守和坚持一些基本原则。第三，营造开放、接纳、彼此欣赏和支持的氛围。在这个课堂里，每个人都是参与者，通过分享自己的故事、聆听他人的故事、彼此欣赏和发现他人的优势和行为等，让每个人感受到尊重、接纳和成就感，成功看见和激发自身的能量。第四，成就激发动机。这是指不断重复运用既定的原则，然后公开分享。他人的分享无形中成为自己学习的素材，从而激发持续改变的愿望与信心。第五，互动方式的改变引发周围人的改变。对他人的积极关注、聆听和欣赏，能更好地发现和调动群体的优势资源，激发他人和群体的潜在能量。

"成就孩子家长线上学习班"线上视频

"成就孩子家长线上学习班"学生开心互动

锦一的家校共育，不是让家庭变成学校，也不是让家长围着学校转。学校不断尝试引导家长了解学校的办学理念，明确学校的育人目标，理解学校的管理制度，尝试建立开放亲和的平等交流方式，赢得了孩子、家长、社会对学校全人发展理念的认同，进而愿意积极支持学校的各项工作，并在彼此尊重的沟通与合作中激发了各自的优势和力量。学校指导家长重视家庭教育，掌握正确的家庭教育方法，创造更有魅力的个性化的家庭氛围。学校在活动中注重学生积极心理品质的养成，培养他们勇于挑战、积极应对困难、努力进取的人生态度；营造开放、接纳、欣赏的氛围，使学生具有开放的思维，理解、包容不一样的想法和做法；让学生学会主动化解一切消极情绪，在学习与生活中形成体验和享受快乐的意识与能力。这些品质和能力随着时间推移，外化成为学生的习惯性行为，学生、教师、家长群体在彼此积极正向的德行滋养中成为更好的自己。

（三）完善家校共育的实践框架

家校共育不仅仅局限于沟通和合作，其最终的目的是要实现学生、家长和教师的共同成长。人的成长从其构成来看，包括生理、心理和社会性品质的发展。这三个层面的发展是在家庭、社会和学校中完成的，是遗传、环境、成熟和学习共同作用的结果。儿童的社会化是通过模仿和学习来实现的，父母和教师都是模仿的对象，当然，也包括社会环境中的人和事，这就是我们通常所说的父母与教师的言传身教和社会影响。多数家长并没有受过专业化的训练，是在养育孩子的过程中学习做父母，和孩子一起成长的。父母与孩子的共同成长，既包括父母因孩子成长而成长，也包括孩子因父母成长而成长。学校教师虽然在入职前受过专业训练，持证上岗，但是面对现代教育对象的复杂性，也必须与时俱进，持续学习和成长。教师和家长在各自成长的同时，还应该学习沟通和协作艺术。在实践中，锦城一中探索总结了一套家校共育的内容选择的策略。

1. 社会性思维

传统家校共育的内容比较单一，通常是遇到问题解决问题，而事实上一个看似简单的行为背后是复杂的家庭、学校和个人，以及他们之间错综复杂的关系。我们需要具备社会性思维，指导学生应对、解决本质核心的问题，而不是就问题看问题。

家庭治疗大师萨提亚在她的"冰山理论"中提出,一个人的"自我"就像一座冰山,我们能看到的只是表面很小的一部分——行为,而更大一部分的内在世界却藏在更深层次,不为人所见,那才是冰山的主体。它包括行为、应对、感受、观点、期待、渴望、自我七个层次。

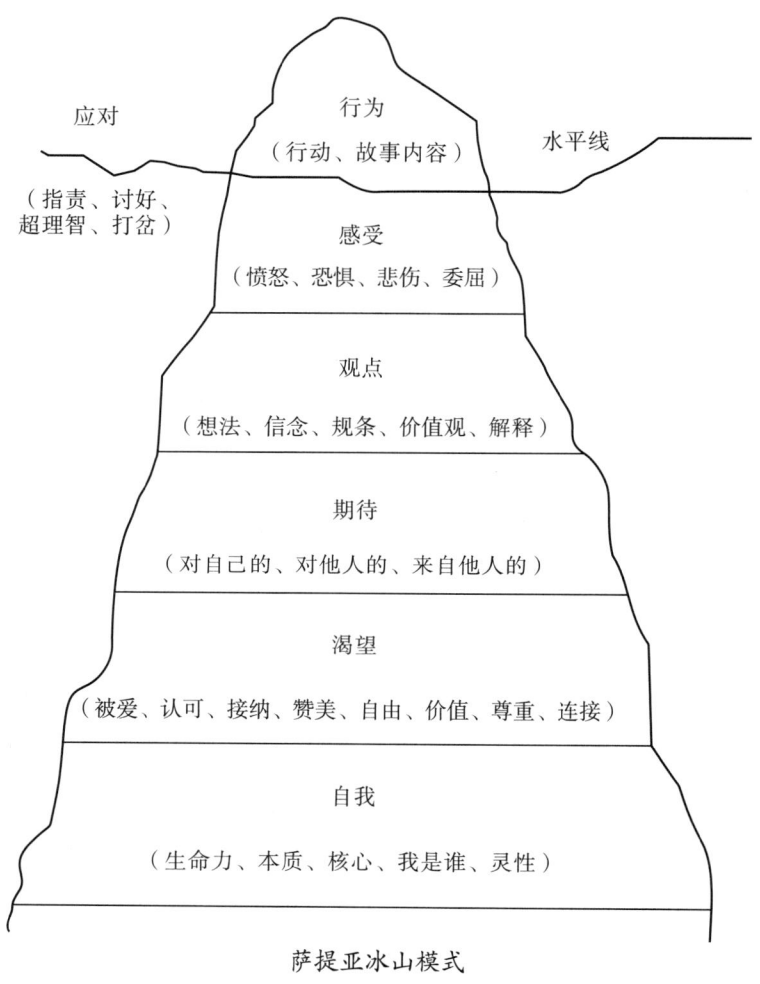

萨提亚冰山模式

下面以一个孩子不想上学为例进行说明。拒绝上学是他的行为,强制性把他送去上学是不能真正解决问题的,因为本质的问题在背后。我们相信,每一个问题症状背后,都有一个美好的诉求。当孩子内心成长需求/动机没有被满足时,往往会用问题症状表达出来。那么孩子的厌学情绪从哪儿来?通常有以下三种情况:①力不从心。学习,本身就是一件辛苦的事情,学业内容繁杂,时间紧张,孩子当下的学习能力尚不能满足当下学习任务的需要时,会产生畏难情绪,感觉自己能力不足,无法完成。

②果非所愿。孩子的成绩没有达到自己的期望时，产生失落感和挫败感，对自己产生怀疑。③他人的期望超越了孩子当下的表现。学习原本是孩子自己的事，该孩子自己去操心。但现阶段，很多孩子的问题源于成人用"近视眼"的眼光关注当下。家长用过度催促和管理替代了孩子对学习的自主选择和责任担当，对孩子的学业过分看重，对孩子的未来过分担忧，把孩子的学习和人生包揽了过来，让孩子感觉被控制，对自我和人生的意义产生怀疑，而家长进一步用焦虑和催促加剧了孩子对学习的厌恶。因此，要解决这一问题，从"个人"系统角度讲，家长和学校需要读懂孩子，尝试了解其行为背后的想法与感受，探索孩子内心深处的期待和渴望，帮助孩子建立正确的人生信念，激发学习内驱力。

社会是家庭和学校的基本连接点。家校共育促进学生发展，还需要把学生放在社会这个复杂的系统中。要探讨背后的根源性问题，放眼社会，根据社会热点问题来确定共育内容。

如表10-3所示，锦城一中从新时代中学生成长和发展需要出发，在国家相关政策指导下，结合社会典型问题与教育实际需求，系统构建家校共育课程及实施方式，实现全景指导、分层推进。首先，将学生放在全人发展的系统中思考，规划中学阶段家校共育的课程内容；其次，将共育课程放在学校教育大系统中，从全景德育超大视角，综合考虑家长、学生和学校各项教育教学工作的安排，统筹兼顾，全方位、多渠道开展不同形式的课程，满足不同家庭和个人的需要；最后，将家庭、学校、社会以共同的目标——促进学生成长——联系在一起，强调共同参与。

表10-3　金苹果锦城第一中学家长学校课程内容

课程门类	核心项目	实施载体	课程主题内容	时间
智慧父母课堂	共赏一堂讲座	年度家庭教育专家论坛 家庭教育系列讲座	家庭与家风	开学 期中 期末

表 10-3（续）

课程门类	核心项目	实施载体	课程主题内容	时间
智慧父母课堂	共赏一堂讲座	年度家庭教育专家论坛 家庭教育系列讲座	家庭教育功能与未来家庭建设	开学 期中 期末
			家庭教育中父母的角色	
			家庭教养方式	
			不同年段孩子的教育重点	
			中学生家庭教育的理念与原则	
			家校社合作	
			走进孩子的世界	
			青春期心理与危机干预	
父母成长课堂	共塑美好自我	家长自我成长课程	成就孩子、做好家长系列	每学期
			亲密关系系列	
			正念冥想系列	
			幸福 DNA 绘画系列	
			表达性艺术系列	
			拓展训练系列	
家校社互动沙龙	共创沟通平台	家庭教育工作坊 家长学校公众号 微信功能群 心灵伙伴云平台 家庭教育委员会	沟通连着你我他——平台建设与公约	每月
			关于抑郁那些事	
			升学指导	
			如何做中学生家长	
			学习习惯与性格培养	
			与青春期孩子沟通	
			职业生涯规划	
			认知规律与情绪调试	
			考试焦虑	

表 10-3（续）

课程门类	核心项目	实施载体	课程主题内容	时间
亲子共建活动	共建和谐家园	班级亲子活动日	班级家校生团队共建 亲子互动体验活动 心理素质拓展训练	节假日
班级家长会	共促全人发展	年级家长会 班级家长会 分层指导会	发展目标与规划 家校合作制度 阶段发展指导	入学 半期 期末
读书分享会	共读一本好书	锦一21天读书汇 "锦一有约"读书分享会	懂点心理学，让心境更平和 ——心理学类、教育类 读懂亲密关系，让家庭更和谐 ——婚姻家庭类 做好第二份事业——亲子教育类 活好自己的人生——职场生涯类 女人半边天——女性生活类 走遍天下是朋友——情商沟通类	每周
家庭个案辅导	共促一段成长	个性化家庭辅导	"N+1+1"私人订制发展指导	每天

"共赏一堂讲座"，通过专家引领，让家长形成重视家庭教育和家校共育的基本意识，掌握"家庭教育观念、角色、教养方式"等基本知识；"共塑美好自我"，通过个人成长工作坊，促进作为家庭成员的家长的人格完善和自我提升；"共创沟通平台"，倡导人人参与，时时、处处营造彼此协作的良好沟通氛围；"共建和谐家园"，以班级为单位，促进学生、家庭、教师之间的了解和融合；"共读一本书"，利用零碎时间，借助他人监督力量，共建魅力家庭；"共促一段成长"，满足不同家庭和学生成长需求，有效解决问题，促进学生个性化成长。

2. 阶段性选择主题

根据《全国家庭教育指导大纲（修订）》，家庭教育必须遵循"科学性原则"和"儿童为本原则"。在选择家校共育指导主题时，既要遵循家庭教育规律，更要尊重学生身心发展规律。中学时期是儿童从童年向成年过渡的时期。《全国家庭教育指导大纲（修订）》指出："儿童的生殖器官逐步发育，出现性冲动和性好奇；整体身体素质好；大脑发展迅速，抽象思维能力增强，记忆和观察水平不断提高；自尊心强，重视外表，建立自我同一性成为本阶段儿童最重要的任务；情绪波动大，敏感易怒，容易有挫折感，情感内隐；易和家长产生冲突；重视同伴交往及其评价，对父母依恋减少；责任心增强，自我控制能力有明显发展。"因此，锦城一中的家校共育结合学生阶段性成长规律和不同品德养成关键期的不同需求，从整体上进行布局，规划了中学六年的家校共育内容板块，分阶段、分年级确定主题。如表 10-4 所示。

表 10-4　2017—2020 年金苹果锦城第一中学家校社共育实施课程

课程门类	课程主题	主讲嘉宾	时间段
家庭教育论坛	家庭中的心理养育	李玫瑾	总论坛
	教育转型与孩子未来	张伟	
	好家庭、好家教、好家风	姚鸿昌	
	读懂青春期孩子的"焦虑"	陈玉芳	中学段
	青少年情商与领导力培养	孙卫军	
	家长的智慧	张皓	小学段
	从脑科学透视儿童情绪与脑智发育	秦绍正	
	如何培养儿童的学习品质	鄢超云	学前段
	儿童不同时期生长特点及干预措施	余涛	早教段
	关注学龄前孩子的情绪表达	周茹英	
	国际视野下的儿童科学养育理论与实践	童连	

表 10-4（续）

课程门类	课程主题	主讲嘉宾	时间段
智慧父母课堂	不忘初心，方得始终——陪孩子一起适应初中生活	陈玉芳	初一年级第 1 期
	青少年常见心理问题及应对策略	杨彦春	初一年级第 2 期
	成长中的心理营养	陈玉芳	初一年级第 3 期
	屏幕时代，家长如何与孩子沟通	何强	初一年级第 4 期
	家长如何和孩子谈性	谭洁	初一年级第 5 期
	夯实学生发展基础，促进学生"全人"发展	荣彬	初一年级第 6 期
	破解亲子沟通密码	刘丽萍	初二年级第 1 期
智慧父母课堂	青春期家庭性教育漫谈	马文燕	初二年级第 2 期
	如何做初中生家长	陈默	初二年级第 3 期
	责商育心，立德树人	谭焱心	初二年级第 4 期
	不吼不叫，与青春期孩子有效沟通	陈玉芳	初二年级第 5 期
	习惯，终身的名片	何刚	初二年级第 6 期
	职定方向，智领未来	龙洲	初三年级第 1 期
	陪孩子顺利走过初三	陈玉芳	初三年级第 2 期
	坚定目标，智慧选择	杨斌	初三年级第 3 期
	乘风破浪，共创辉煌	张新民	初三年级第 4 期
	如何为未来培养人	王东	高中第 1 期

表 10-4（续）

课程门类	课程主题	主讲嘉宾	时间段
父母成长工作坊	家，如何让爱看得见	初一年级家委会、陈玉芳	初一年级系列
	沟通，从倾听开始——如何听，孩子才会说	初二年级家委会、陈玉芳老师	初二年级系列
	与情绪共舞——妈妈好情绪，孩子好性格	初三年级家委会、陈玉芳	初三年级系列
家庭教育读书分享会	我与原生家庭——亲密关系	陈玉芳	锦一读书会第1期
	我与我的孩子——叛逆不是孩子的错	陈玉芳	锦一读书会第2期
	我的教育艺术——正面管教	陈玉芳	锦一读书会第3期
	我的沟通方式——不吼不叫，如何让孩子与你合作	陈玉芳	锦一读书会第4期
	与自己和解——重塑心灵	陈玉芳	锦一读书会第5期
共建沟通平台	家校携手，合作共建	黄悦、何刚	初一年级
	资源共享，一起成长	陈玉芳、黄林祥	初二年级
	协同亲和，凝心汇力	黄晓芳、唐阳	初三年级
	汇集力量，共促发展	罗勇、张宇	高中
班级亲子共建日	班级家校生团队共建 亲子互动体验活动 心理素质拓展训练	各班家委会	各年级各班
共同面对特殊时期	居家抗疫，积极成长——抗疫期间的心理关护	陈玉芳	居家抗疫第1期
	积极关注，抗疫成长——抗疫期间线上心理关护讲座	北大彭凯平团队	居家抗疫第2期
	居家抗疫，用爱温暖家园——21天亲子幸福行动	陈玉芳、初三年级班主任	居家抗疫第3期
	做好自己，成就孩子	天津卡内基团队	线上序列课程

2017—2020年已开展实施的家校社共育课程，其主题是根据《全国家庭教育指导大纲（修订）》的核心理念，结合中学阶段学生成长的需求、当前家庭教育与家校共育的现状，坚持"预防指导为主，问题解决为辅""思想性和科学性相结合""儿童为本与家长主体性相结合"的原则，针对中学各个阶段面临的典型问题和多数家庭需要提升的素养来确定的。在家长学校成立初期和每个年级开学初，学校都会针对家长展开问卷调查，根据调查结果，结合学生课堂团体辅导、课下个体辅导和家庭辅导中发现的问题和成长需求，梳理问题，并分类整理，确定和调整课程内容和形式。近三年的课程实施和实践反馈表明，对于青春期学生的教育，家长普遍重视度极高，家校共育意识很强，但缺乏科学的观念和方法。所以，当孩子成长遇到问题时，家长容易

"走进孩子的世界"——PAT家庭教育论坛

陷入紧张焦虑和不知所措中；或者简单粗暴地将问题归结于孩子"自私、固执、懒惰和畏难"，进行所谓的谈心和说教……学校开展的系列共育课程，帮助家长不断更新教育观念，注重家庭功能建设；引领家长走进孩子的世界，从孩子的视角思考问题，了解当下信息时代孩子的特征与需求，认识到家庭环境和成长经历对孩子的重要影响；激励家长主动参与实践，主动学习并改善家庭教养方式；促进家长自我成长，重视家风建设与言传身教，努力营造和谐的家庭环境；携手家庭，树立家校共育意识，协同亲和，与孩子一起不断成长。

3. 丰富共生的实践策略

策略一：从单向沟通走向互动对话。家校之间的互动和沟通是家庭和学校的共同愿望，是促进学生发展的平台和手段。但目前多数家校合作还处于家长单向支持配合学校的阶段，从家校沟通走向家校共育需要双方转变认识，加强对话，在沟通的基础上寻找有效的合作方式和途径，为学生的全面健康发展创造更好的教育环境。

首先，提升家校共育认识。家校共育已经成为世界各国教育改革的重要组成部分，在此过程中，学校应该担当主导责任，以更包容的环境和更融洽的气氛为家庭参与学校教育创造良好的条件；教师要能以一种更开放的心态迎接家长对学校教育的参与，以便双方的沟通进入更高的层次。其次，建立家校合作关系。有效家校合作关系的形成，需要家庭与学校之间有效互动。促进学生发展，是家校的共同责任，这不仅是一种责任意识，更是一种承诺和责任，家长与教师需要保持紧密联系、互相支援、互相协助，以共同履行教育学生的责任。最后，扩展对话途径。除了面对面沟通，还要善于利用自媒体时代的便捷方式，开发功能不同的沟通平台，如云平台、企业微信、微信群等。需要注意的是，在对话中需坚持"及时性、有效性、赋能性"的原则，以对话促进协作。

策略二：打造优质共同体。德育工作要取得实效，关键在人。全景德育强调全员参与。打造优质共同体，要从孩子发展和班级群体利益考虑问题。学校和家长围绕孩子的发展建立的是教育命运共同体，要抛弃狭隘的功利主义，遵循三个方面的原则。一是全体学生共享发展。共享发展不是少数人享用，而是所有学生。二是全面共享。全面保障学生在校期间平等获得教育资源，平等参与班集体活动，平等依据个人表现获得奖励。三是家校共建共享。共建的过程，也是共享的过程。学校要广泛吸纳家长参与学校建设，参与课程资源开发，参与学生发展指导，最终形成家长参与、人人尽力、人人都有成就感的良好局面。

　　人人都是"德育工作者"，它不仅仅限于学校德育管理人员、班主任，还包括学校的学科教师、后勤等所有工作人员，也包括家长、社会各界人士。要凝聚全员的力量，发挥众人的积极影响，让学生在与每一位成员的接触中汲取健康成长的养分。所以，学校在致力于打造以德育领导小组为指导，以班主任与学生发展指导中心为核心，所有人员共同参与的学校德育队伍的同时，还要积极组建家庭教育委员会，使具有更加广阔的社会背景的家长作为德育队伍重要的补充。家校联手，共同成为引领孩子心灵与德性生长的"摆渡人"。

　　策略三：建设共育课程。当前，我国家长的家庭教育观念和行为整体状况趋好，但也还存在一些突出的问题。比如，一部分父母过于关注孩子的学习成绩；母亲唱主角而父亲缺位；面临互联网发展的新挑战，不知道用什么方法教育孩子；部分家长表示"没有接受过家庭教育指导"。

　　不少研究表明，受到应试教育大环境的影响，优质教育资源相对不足，现有的教育均衡状况还难以满足大多数家长的需要，不少家长陷入升学焦虑而难以自拔，家庭教育变成了学校学科教学，突出表现在家长让孩子报各种补习班。我们需要立足家庭教育的主要需求和多样化需求，引领家长克服升学焦虑，建设多元化的家庭教育课程体系，加强家庭教育课程化建设。

　　家庭和学校是对孩子进行教育培养的两大重要场所。锦城一中自创办以来，就确立了"创办世界一流中学"的办学定位，确立了培养具有"中国脊梁、世界担当、生态人格、领袖潜质、品格全人"社会主义事业建设者和接班人的育人目标。家庭教育必须和学校教育相一致并能连贯起来，才能帮助孩子把受到的教育迅速内化，转变为自身行为。因此，立足学校全景德育和"品格全人"的育人目标，家长学校课程需要从自身的独特功能与助力育人的整体出发，形成具有学校特色的课程体系。

　　锦城一中确定了如下家长学校课程构建思路：首先，课程的规划要有系统性和科学性。课程体系建构以学生的全人发展为目标、为主线，整体规划中学六年的家长学校课程结构，针对不同阶段的重点，分年级构建课程。其次，课程的实施要全景指导，分层授课。课程实施途径的开发，从全景德育的视角，综合考虑家长、学生和学校各项教育教学工作的安排，统筹兼顾，注重实效。配合初二年级下期学生生涯规划教学和假期职业生涯体验研学活动，将家校课程设置为家庭教育中的生涯规划课程。最后，课程的开展方式多样化。课程共分为六大板块，即家庭教育论坛、智慧父母课堂（讲座）、父母成长课堂（工作坊）、家长互动沙龙、个案辅导讨论和读书分享会。通过网络授课和线下分享等方式，多渠道开展活动，实现线上线下共享、听课授课共促、课堂活动共建、分享读书共生。

策略四：搭建共育平台。家校共育是一项系统工程，必须成立专门的组织机构（家长学校），由专人负责，搭建共育的平台。新媒介时代，除了线下活动，还要注重开发线上平台。线上平台的建设和使用应遵循几个原则：① 区分公共平台、个性化平台和互动平台及其功能。公共平台用于发布消息、普遍性通知，提供指导；个性化平台用于满足家庭教育的特殊需求；互动平台则是用来调查、讨论和分享的。② 平台不是零件组合式的，而是以亲和融合的方式呈现出来的。如依托学校微信公众号、班级微信公众号加强德育工作信息的发布，并注意与外界微信平台互通信息，扩大信息受众面和影响力；同时通过班级微信工作群、QQ群等，就德育工作和相关部门、家长等人员开展线上互动学习、探讨和交流，促进彼此的沟通和了解。

策略五：建立协同合作的共育机制。家校共育要成为常态，必须要有相应的配套机制作为保障。锦城一中家长学校下设专门的职能部门——家校合作委员会（简称家委会），建立四级管理体系，分工合作，不仅解决共育机制从无到有的问题，更保障工作的常态化、持续化、科学化，防止搞形式主义，真正发挥出家校合作的积极力量，促进学生健康发展。

四级管理体系分为：学校德育工作领导小组、学校家校合作委员会、年级家校合作委员会、班级家校合作委员会。各组织职责明确，分工合作，合力推动工作开展。学校德育工作领导小组主要负责领导、指导和督促学校家校合作委员会工作，整合校内外各方面教育力量，进行责任分解。学校家校合作委员会作为核心力量，负责工作整体计划，制订长、中、短期计划，负责课程的研究开发与落实，指导年级家校合作委员会工作。年级家校合作委员会主要负责本年级工作的计划与实施，执行学校工作安排，组织该年级各类教育活动，监督学校家校合作委员会，为其提供反馈意见。班级家校合作委员会负责组织和落实本班家长学校课程，积极组织开展班级亲子活动。

在以"促进学生健康成长"为共同育人目标的前提下，学校重视各层级组织充分发挥作用,各部门之间保持定期沟通、层层汇报、共同研发、相互监督和共享资源;对工作责任进行分解,形成能保证落实各自职责、既分工明确又协同合作的工作体系。每学期,校家委会牵头组织两次工作会议。会议着重就家校活动开展、家委会建设进行研讨,对本学期工作进行部署,形成家校社共建联动态势,确保各项工作有序推进,提高德育工作的针对性和实效性。

家校社合作共育,不再仅仅是一种共同成长的理念,它将"形成一个强大的教育磁场,让所有参与者实现精神共振,产生潜移默化的'不教之教'的良好效果,更有着辐射社会并提升全民素养的重要功效。激活这样的教育磁场,有利于家庭增强教育功能,促进家庭、家教和家风建设;有利于学校建立现代学校制度,拓展教育教学资源,提升教育教学质量;也有利于师生、亲子和相关参与者共同成长"[①]。

---

① 朱永新. 家校社合作激活教育磁场[N]. 人民日报,2019-06-05(09).

第十一章
走向未来的全景德育

经过长期的投入与布局，未来百度大脑不仅将像百年以前的电力一样成为商业新能源，更将深入到生活中，将电影中的场景变为现实。

——林元庆

北京航空航天大学何立民认为，人工智能时代是人类历史上最伟大的时代，是人类的社会生产力从原始社会、农业社会、工业社会量变到人工智能质变的时代[①]。在这个时代，社会生产力结构、生产工具、劳动形式、知识结构、经济形态等都发生了根本性的改变。马冉冉指出，在未来几年内，人工智能给世界带来的影响将远超互联网在过去30年对世界造成的改变，人工智能的应用存在无限的可能性[②]。

一、未来全景的重要支撑——人工智能

"人工智能"一词最早出现于1956年达特茅斯学会上，它是科学家们用来讨论机器模拟人类智能时提出的，距今已经有60多年的历史[③]。今天，人工智能变成最热门的话题之一，是因为它已成为社会发展的动力，也成为人类未来发展最大的希望。

（一）什么是人工智能

有一种智能叫自然智能，即生物在自然进化中所形成的智能。人类智能是自然智能之一，是目前人类所知晓的最高级的自然智能。人工智能与自然智能相对应，是人类模仿自然智能所创造出来的智能，因此自然智能是人工智能的原生态。随着研究和技术的发展，人工智能水平越来越接近人类智能。在某些方面，人工智能还超过了人类智能。如果把人工智能发展后的应用具象化为机器人，未来机器人的智能水平一定会超过人类的智能。

德勤会计师事务所在《中国人工智能产业白皮书》中对人工智能给出了明确的定

---

① 何立民. 人工智能时代是什么时代？[J]. 单片机与嵌入式系统应用，2020，20（4）：87—89.
② 马冉冉. 百度：下一幕，因智而能[J]. 网络传播，2016（12）：36—37.
③ 袁云佳. 人工智能的发展与应用综述[J]. 科技风，2020（17）：25—26.

义：人工智能是一个很宽泛的概念，概括而言是对人的意识和思维过程的模拟，利用机器学习和数据分析方法赋予机器类人的能力。北京邮电大学计算机学院智能科学技术中心钟义信对人工智能也有定义。他认为人工智能是"为了不断提升生存发展的水平，人类利用知识去发现问题、定义问题（认识世界）和解决问题（改造世界）的能力"①。他把人类智能分为显性智能和隐性智能。发现问题和定义问题主要依赖于人类的目的、知识、直觉、临场感、理解力、想象力、灵感、顿悟和审美能力等内秉品质，因此称它们为"隐性智能"；解决问题的能力主要依赖于获取信息、提炼知识、创生策略和执行策略等外显能力，因此称它们为"显性智能"②。人类的显性智能容易被机器理解，也容易形成操作程序，因此智能机器最先实现人的显性智能。目前，人工智能在实现人类显性智能方面已经迈出了一大步，但人工智能机器难以再现人类的隐性智能。据此看来，人工智能超过人类智能有一定的难度，能否攻克这一难度，取决于科学技术的进一步发展水平。

阿里云研究中心提供的云栖报告《人工智能：未来制胜之道》（以下简称云栖报告）指出：人工智能是研究、开发用于模拟、延伸和扩展人类智能的理论、方法、技术及应用系统的一门新的科学。云栖报告从不同角度对人工智能进行了分类：根据人工智能的应用取向，可以分为专有人工智能、通用人工智能和超级人工智能；根据人工智能的内涵，可以分为类人行为（模拟行为结果）、类人思维（模拟大脑运作）、泛（不再局限于模拟人）智能。对于机器人，一般人能够想象的主要是类人行为和类人思维的机器人。

在人工智能时代，人与智能机器有着复杂的关系。从目前的设计来看，人工智能与人有机器主导、人主导和人机融合三种互动关系。从人工智能发展的趋势来看，目前人工智能已从专有人工智能向通用人工智能过渡，人工智能不再局限于模拟人的行为结果、模拟大脑运作，而正在向泛智能发展。因为人们对人工智能的诉求已经超出了预期的设计，人类的希望不再局限于发现问题、定义问题和解决一般性问题，而是追求更好地解决问题、创造性地解决问题、解决更复杂的问题。因此，在新人工智能时代，人的角色变得更加复杂，人与智能机器进行了充分的互动。在人机互动的过程中，

---

① 钟义信. 高等人工智能原理：观念·方法·模型·理论 [M]. 北京：科学出版社，2014：39—54.
② 钟义信. 人工智能：概念·方法·机遇 [J]. 科学通报，2017，62（22）：2473—2479.

人是主导者，人站在策略的上位；人是参与者，人对数据有决断和使用权；人是受益者，人接受人工智能服务。

综上所述，人工智能是对自然智能的模拟，主要是对人类智能的模拟。尽管如此，智能机器将会成为人类新的社会资本，人在社会资本的不断创造与互动中生存与发展。

（二）人工智能"能"在哪里

云栖报告指出，人工智能实现了学习、决策和行动的快速处理。计算机处理信息、沟通信息、并行计算和线性计算的速度都快于人类。计算机还能够不停迭代和优化"试验—验证—学习"的正循环。例如，某大学有在校生逾万人，有三个食堂供学生就餐，三个食堂之间相对距离较远。管理人员感到头痛的是难以掌控三个食堂学生的就餐量。一年四季、一日三餐、天晴下雨、运动场上有赛事，三个食堂学生就餐的人数、学生对菜品的选择、菜品的用量都有变化，因此造成个别食堂有浪费，有些学生还错过用餐。管理人员似乎能感觉到就餐的规律性，却又不能得出较为科学的数据，更难以进行科学的调配。当引入人工智能后，机器对天气变化、学校活动，以及因活动大小引起的数据变化进行深度分析，然后建立食堂就餐模型。把就餐模型应用于食堂餐饮设计后，发现三个食堂都少有浪费，且全校学生都能正常就餐。因此，人工智能不仅具备准确处理问题的能力，还有快速处理问题的能力。

人工智能可以更灵活地自主学习和管理知识，支持知识的"产生—存储—应用—更新"的体系化管理。例如人工智能应用于百度地图导航，只要说出"小度小度，我要去四川大学"，百度地图就会基于其背后的"AI交通大脑"去判断用户的提问，并能在毫秒级的时间快速给出查询结果并询问用户"导航去第几个"（因为有不同校区）。当用户确定导航去"第一个"之后，百度地图立即给出最优的推荐路线，并计算出到达目的地的路程和时间。也就是说，百度地图不仅能"听"用户的话，还能在"理解"的基础上给用户正确的判断和回答。百度地图与用户语言互动的过程，就是百度地图自主学习和管理知识的过程。再如，当我们的车停在了不常停留的位置时，华为智能手机总会提醒用户车现在停留的位置是否妥当；当我们早上出车的时候，手机会提示到达单位的时间，下午下班回家时，手机又会提示到家的时间。由此可见，人工智能有"自主学习"的能力，并能储存已经获取的知识。

人工智能之"能"是螺旋发展的。有研究者总结，人工智能经历了计算智能、感知智能和认知智能三个阶段[①]。（见下图）海量数据的存储能力、强大的运算力以及智能的处理算法是人工智能的三大核心要素[②]。计算智能是人工智能发展的初级阶段，它指计算机所具有的快速计算和海量存储能力；感知智能即让机器具有"能听、会说、会看"的能力，其研究范畴主要包括语音识别、语音合成、图像识别、人脸识别、手势识别、自然语言理解等技术[③]；认知智能即让机器具有"读懂语义、逻辑推理、学习判断"的能力。机器认知智能的两个核心是"理解"与"解释"[④]。目前，人工智能处于感知智能阶段。

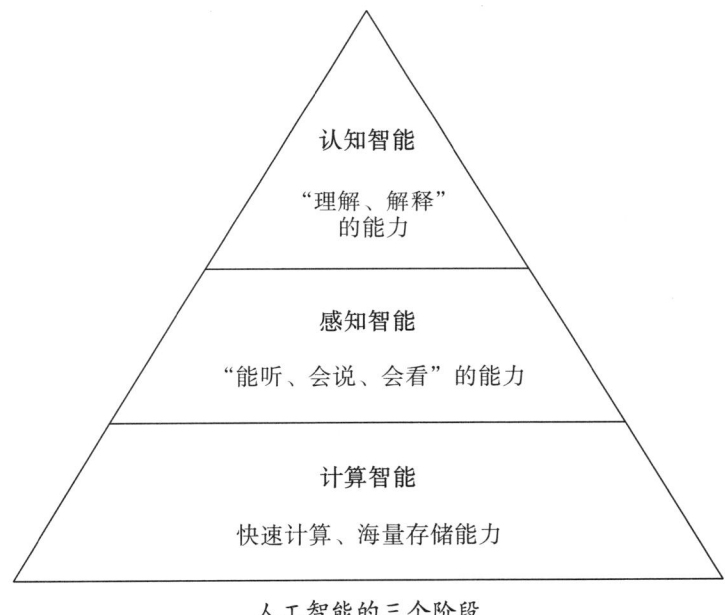

人工智能的三个阶段

---

① 李振，周东岱，王勇."人工智能+"视域下的教育知识图谱：内涵、技术框架与应用研究[J].远程教育杂志，2019，37（4）：42—53.
② 李振，周东岱，刘娜，等. 人工智能应用背景下的教育人工智能研究[J]. 现代教育技术，2018（9）：19—25.
③ 陈凯泉，沙俊宏，何瑶，等. 人工智能2.0重塑学习的技术路径与实践探索：兼论智能教学系统的功能升级[J]. 远程教育杂志，2017（5）：40—53.
④ 肖仰华. 知识图谱与认知智能[EB/OL].[2019–06–10].http://www.360doc.com/content/18/0413/16/22368478_745352422.shtml.

人工智能不同阶段的不同能力有着不同的应用。例如人脸识别已被应用于手机解锁和一些公共场所。机器不仅能识别简单图像，还能分析整个电磁波谱。在2020年疫情期间，即使一个人戴着帽子和口罩，人脸识别系统也能识别和准确判断这个人的身份。智能驾驶已经投入使用，人工智能通过机器视觉、各类传感器、制动器，结合高精度地图和环境信息进行感知、自主学习、快速判断、准确决策并实施千变万化的行动。

（三）人工智能对"未来全景德育"有何影响

人工智能、区块链、5G 移动技术正引发政治、经济、文化、教育的变革。这是一场触及灵魂的深层次变革，是波及各行各业的整体性变革。人工智能机器人正在走上不同的岗位。目前，一些低技能高强度的劳动已经被智能机器人替代，如机器人被用于高空作业；也有一些高技能的劳动正逐渐被人工智能机器人替代，如围棋机器人阿尔法对弈人类大师。许多人担心人工智能机器代替人类工作，将会造成许多人失业。那么，哪些工作将会被人工智能机器代替呢？《人工智能时代的未来职业报告》提出了"五秒钟准则"：如果人可以在 5 秒钟以内对工作中需要思考和决策的问题作出相应决定，那么，这项工作就有非常大的可能被人工智能技术全部或部分取代。有研究者认为，三类工作容易被人工智能代替：第一，无须天赋，经由训练即可掌握的技能；第二，大量的重复性劳动，每天上班无须过脑，但手熟尔；第三，工作空间狭小，坐在格子间里，不闻天下事。但另外三类工作却不容易被人工智能机器代替：第一，社交能力、协商能力以及人情练达的艺术；第二，同情心，以及对他人真心实意的扶助和关切；第三，创意和审美。

麦肯锡咨询公司预计，到 2030 年全球 8 亿人口的工作岗位将被机器取代[①]。经济合作与发展组织（OECD）发布的《2019 年就业展望报告》指出，在未来 15 到 20 年，全球 14% 的工作岗位面临完全被自动化技术替代的风险，还有 32% 的工作岗位会因自动化技术而发生质变。普华永道咨询公司 2018 年的报告指出，在未来 20 年，中国工农业、建筑业、服务业中可能有 26% 的工作岗位被人工智能取代。BBC（英国广播

---

① 经合组织. 自动化将在 20 年内"消灭"目前 14% 的工作岗位 [EB/OL].[2020-06-25].https：//dy.163.com/article/EDN0ME1T05198NMR.html.

公司）联合剑桥大学做了一份研究，分析了365份职业未来的"被淘汰概率"，发现被人工智能机器取代概率从大到小的职业顺序依次是：电话推销员、打字员、会计、保险业务员、银行职员、政府职员、接线员、前台、客服、人事、保安、房地产经纪人、工人、厨师、IT工程师、图书管理员、摄影师、演员（艺人）、化妆师、写手（翻译）、理发师、运动员、警察、程序员、记者、保姆、健身教练、艺术家（音乐家、科学家）、律师（法官）、牙医（理疗师）、建筑师、公关、心理医生、教师、酒店管理者。统计数据发现，摄影师及之前职业被淘汰的可能性超过50%；程序员及之后职业被淘汰的可能性小于10%；心理医生及之后职业被淘汰的可能性小于1%。可以认为，心理医生、教师、酒店管理者这些职业不可能被淘汰。因为，人工智能机器难以代替人做心理咨询，更难以做心理辅导或心理治疗；同样，教师培养的是人，人不仅是高智能的生物，还有着高级情感，有着丰富的内心世界，对人的教育还包括非智力因素的培养，因此，人工智能可能高于人的智商，却难以形成像人一样的情商。可以肯定地说，简单、重复、操作性强的职业会被人工智能代替；而那些有思想性、情感性，包含大量非智能因素才能完成的工作难以被人工智能代替。

人工智能机器改变的是工作岗位的结构和人类就业的形势，但并不是说人类就无事可做，让智能机器来养活自己。人工智能在代替部分职业之后，也会为人类创造新的工作岗位。普华永道咨询公司认为，人工智能可能为中国创造约12%的净增岗位[①]，零工经济、云劳动将会成为新的行业。目前仅是机器人发展的低水平时代，类人类智能机器人迟早会与我们同行。一般机器人时代显著的特征是机器人代替人类工作，类人类机器人时代最显著的特征是机器人可以像人类一样改造世界。人工智能的出现为人才发展提出了新的要求。

乌镇智库与德勤会计师事务所在调查研究中发现，全球用户对人工智能技术持积极态度：45%的用户对人工智能持积极的态度，他们普遍认为人工智能的发展对社会经济、教育、医疗水平、环保和社会公平都有积极作用。对比大众认为人工智能对个人影响的态度，52%的用户对人工智能持积极的态度，他们普遍认为人工智能的发展能够在代替危险的工作、提升效率、提高便捷度上有积极的作用。但有12%的中国用

---

① 普华永道.人工智能及相关技术在未来20年将取代中国现有约26%的工作岗位[EB/OL].[2020-06-25].https://www.yidianzixun.com/article/0L2qocWf？searchword=人工智能.

户对人工智能持消极态度，主要原因在于他们认为人工智能可能带来安全问题，例如恐怖袭击和极端组织问题等。

（四）人工智能的发展趋势

人工智能的发展主要源于计算能力、深度学习算法和大数据的发展。人工智能未来最可能替代掉的是重复性高、规则相对标准化的职业，比如客户服务人员、电话销售人员、速记员、驾驶员等。从"互联网+""大数据+"到"AI+"，人工智能化将会成为未来各行各业数字化转型的重要方向。AI技术会驱动人机交互的变革，让机器看懂物和人，从而深度影响零售、金融、交通、制造等行业。AI驱动创意革命时代到来：大型互联网平台进行人工智能生态布局，人工智能专用芯片研发加速，特定任务或垂直类应用驱动的AI而不是纯技术导向的AI更容易落地。

人工智能对人类的影响也许是我们难以想象的。云栖报告用三阶段发展场景来描述人工智能的未来趋势：未来3~5年，人工智能仍以服务为主，机器始终作为人的辅助，人工智能创造的价值不是呈线性增长而是呈指数增长；中长期来看，人工智能将会有显著性突破，如自然语言处理技术可以即时完全理解类人对话，在人工智能技术应用上将会向纵深拓展，人工智能在技术领域展现出巨大价值；长期来看，超级智能出现，人工智能技术实现显著突破，人工智能全面超越人类，人工智能颠覆各个行业和领域，创造极高的价值。到时，人类的生活、工作将会被彻底改变。

云栖报告把人工智能分为专有人工智能、通用人工智能和超级人工智能，它们代表人工智能发展的三个阶段。目前尚处于专有人工智能阶段，但已悄然起步向通用人工智能阶段过渡。专有人工智能以完成具体任务为主，通用人工智能则要完成复杂的任务。例如，"识别病灶医学图像并判断是否是肿瘤"为专有人工智能；"识别医学图像，并快速诊断疾病"为通用人工智能。再如，某公司研究的智能笔在学生书写时即录入答题状况，学生书写完成，答卷即录入完成，智能系统对答卷的评改也就完成。但前提是学生必须使用该公司提供的试卷，原因是研究人员已穷尽了该题的解法并录入了系统。因此，这一代的评卷系统应用的是专有智能技术。如果使用通用人工智能技术，评卷系统就不需要预设答案。中长期来看，人工智能将会发展到"抽象人工智能"，机器不仅有准确的认知，能建立知识结构，还能理解人的情感。例如，劝说沉迷于网络的学生改变上网的习惯，或者说服有肺病的人戒烟。在更远期，当人工智能发展为"超级人工智能"，机器人会创造更大的价值。例如，劝说意志薄弱的学生控制上网的时间以防产生网瘾。尽管今天还没有迈进通用人工智能阶段，但我们有理由相信，超级人工智能时代也会很快到来。

按云栖报告的预测，在服务智能情景下，数据可得性高的行业，人工智能将率先解决行业的痛点，引爆大量场景应用。医疗、金融、交通、教育、公共安全、零售、商业服务等行业数据电子化程度较高、数据较集中且数据质量较高，因此在这些行业将会率先涌现出大量的人工智能场景应用。

斯坦福大学 2016 年 9 月发布的《2030 年的人工智能与生活》对人工智能的未来的研究工作、热门领域提出了预测——

大规模机器学习：学习算法的设计，包括对当前算法进行优化，以适应大数据采集。

深度学习：一系列学习程序。深度学习已经推动了目标识别和活动识别的发展，还将在其他识别领域取得显著进展，如音频、语音和自然语言处理。

强化学习：强化学习是一个框架，将机器学习的重点从模式识别转向基于经验的顺序决策。它有潜力将人工智能应用发展到在现实世界中采取行动的程度。

机器人：目前的研究主要集中在如何训练机器人以通用型、预测性的方式与周围世界互动，如何在交互环境中方便地操控目标，如何与人类互动。

计算机视觉：计算机视觉是目前最主要的机器感知形式。它是人工智能的一个子领域。目前的研究主要集中在为图像和视频自动添加字幕。

自然语言处理：自然语言处理与自动语音识别一同被视为非常活跃的机器感知领域，它正在成为一种拥有大数据集的主流语言。

协同系统：对模型和算法进行研究，用以帮助开发能够与其他系统和人类协同工作的自主系统。

众包和人类计算：研究强化计算机系统的方法，主要通过自动调用人类经验来解决计算机自身无法单独解决的问题。

算法博弈理论与计算社会选择：这引发了人们对人工智能经济和社会计算规模的关注。

物联网：这方面的研究基于这样一个想法，那一系列设备，包括家电、汽车、建筑、相机和其他物体，可以相互连接以搜集和分享它们的感知信息。

神经形态计算：一套用来模拟生物神经网络的技术，用以提高硬件效率和整个系统的稳定性，通常用于取代计算机的传统计算模型。

二、人工智能背景下的教育图像

讨论未来教育不能离开三个哲学问题：培养什么样的人、为谁培养人、如何培养人。这是三个非常复杂，需要长期探索，难以在一个层面上回答的问题。但根据教育学原理、未来社会发展的特点、教育发展的趋势，还是可以给出答案的概貌：教育要在全面发展人的基础上，培养智能社会的建设者、创造者；教育就是为智能社会培养人才；我们要充分预测未来社会发展的趋势，了解人工智能时代人才的需求与特点，在战略层面上进行顶层设计，并推行教育转型与改革。因此，"人工智能+教育"是什么、如何发展、教育领域应该准备与启动什么就成为面向未来的教育研究内容。有一点必须明确：人工智能不仅给人类带来了新技术，还带来了新方法、新思想。因此，人工智能不完全是技术问题，还应该是战略问题，我们要充分考虑新技术、新方法、新思想的融合，从战略、战术层面分析未来教育的大变革。

（一）人工智能时代教育的可能变化

人工智能会给教育带来哪些变化呢？北京师范大学顾明远教授认为，人工智能时代教育有几"变"[①]。第一，教育概念的变化。以往的教育主要指学校教育，即使现在指的学校教育也有线上教育和线下教育，泛在学习将会成为学习的常态。第二，教育本质的变化。教育不再局限于知识学习和技能训练，教育的本质是提高人的生活质量和生命价值。第三，教育培养目的的变化。教育的目的不仅仅是培养知识的掌握者和应用者，还要培养学生的批判性、创造性、实践能力，使学生成为未来社会知识的创造者、未来社会的建设者，要培养立体的社会人。第四，课程内容的变化。未来的

---

① 顾明远.人工智能时代，未来教育的变与不变[EB/OL].[2020-08-09].https://www.sohu.com/a/382393583_565602.

课程可能不仅仅是教材中承载的那些内容，教师要基于未来社会的需求，遵循人的发展规律，制定新的课程标准和内容。例如，人的数字胜任力就必须通过新的课程来培养和实施。第五，学习条件的变化。信息技术在教学中的应用，可以使教师更好地根据学生的学习兴趣和爱好，为每个学生设计个性化的学习计划，这将促进课程和学习方式的多样化，增加学生选择的机会。第六，互联网改变了师生关系。教师不再是知识的传授者，而是教育生态的营造者，包括营造适合学生学习的智能生态。教师也可能是学生个性化学习的设计者。在人工智能时代，通过机器学习可以深度分析学生认知的水平、学习的全过程，基于大数据可以为学生制订个性化学习方案。

顾明远教授认为，人工智能时代的教育也有几"不变"。第一，教育的本质不会变。前面所谈到的教育本质变了，是基于已有教育现象与未来教育的对比而言。如果基于人类对教育的价值追求来看，教育的本质是不会变化的。教育就是要立德树人，要培养社会的人。正如联合国教科文组织2015年发布的报告《反思教育：向"全球共同利益"的理念转变？》所说的那样："教育应该以人文主义为基础，以尊重生命和人类尊严、权利平等、社会正义、文化多样化、国际团结和为可持续的未来共同承担责任。"从这一角度来思考，教育的性质是不会变的。第二，学校和教师不会消失。教育不是简单的劳动，教育传播人类文明，为人类文明创造新的高地。学校是教育最好的载体，是教育大数据的智能平台，是推动学生发展的课程开源地，是学生社会性发展的重要渠道。教师是课程的开发者，是学生的人生导师。因此，学校和教师在未来都是不会消失的。

（二）人工智能时代对人的素养要求

有研究者认为，人工智能商数（AIQ）在未来最重要。人工智能商数是一种相当于智商（IQ）、情商（EQ）的变量。在工业时代，需要处理好人与物的关系，智商重要；在信息化时代，在处理好人与物关系的同时，还需要处理好人与人的关系，情商与智商一样重要；在人工智能时代，需要处理好人与机器的关系，人除了应该具备智商和情商，还应该具备人工智能商数。人工智能商数高的人，理解能力强，善于抽象思维，能对数据进行深度分析，甚至对数据有具象的能力，当然有迅速适应环境的学习力。所以，人工智能商数是用来衡量人与人工智能协作与竞争的能力标准，在很大程度上决定人的未来发展。赵燕等研究者认为，人工智能商数包括创造力、数据力、沟通力、学习力四个维度①。创造力是产生新思想、发现新方法、创造新事物的能力。未来，那些需要创造力才能完成的工作，不会被人工智能机器替代。所以，创造力是人工智能商数的重要内容。

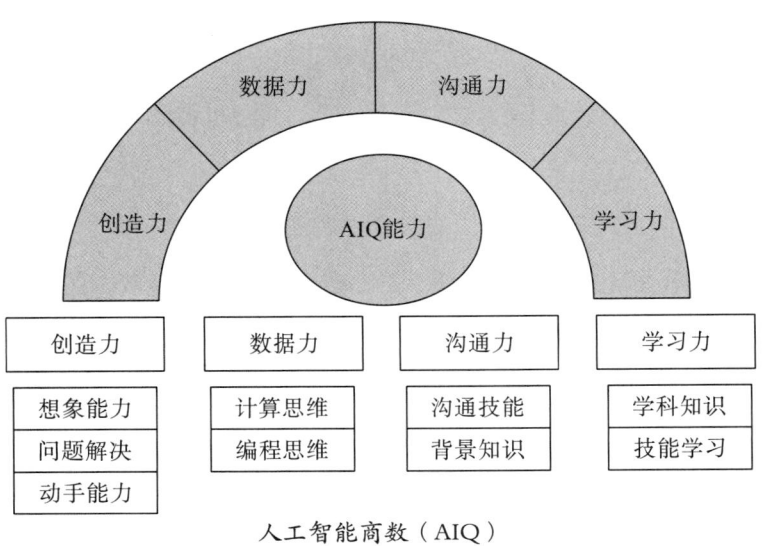

人工智能商数（AIQ）

数据力是人面向未来的关键能力。这一主张不仅基于人未来的职业取向，也基于人未来的学习取向。信息数字化是人工智能的基础。所谓信息数字化，就是把一些复杂的信息转变成数字、数据，再把这些数字、数据进行模型化及代码处理，使其成为可计算的对象；可以把智能理解为智慧与能力的总称，人工智能是指某一对象具有了感知与获取外部信息的能力，记忆与运用感知到的信息进行思维的能力，与外界发生作用并适应动态环境的能力，对外界刺激深度分析并进行决策的能力②。实现智能化，最基本的条件是实现信息的数字化。因此，未来社会需要有能对信息进行数字化处理的工作人员。世界经济论坛2018年发布了《忘掉智商吧，未来数字智能更重要》的研究报告，认为培养公民的"数字智能"是一项重要的任务。后来，"数字智能联盟"（包括经济合作与发展组织、IEEE标准协会、数字智商研究院、世界经济论坛）发布

---

① 赵燕，宛平，尹以晴，等. AI时代人工智能商数（AIQ）的内涵、能力框架与提升之策：基于高校"人工智能+教育"的认知调查分析[J]. 远程教育杂志，2020，38（4）：48—55.
② 刘卫国. 现代化、信息化、数字化、智能化及其相互关系[J]. 中国铁路，2011（1）：83—86.

了《数字智能全球通用框架》。该框架被世界多个国家采用[①]。祝智庭等认为，数字智能是面向未来的核心能力新要素。这里所说的数字智商，倾向于数据力，有研究者也称之为数字胜任力。我们可能会产生一种误解，认为社会发展仅对信息化或智能化工程师才有数据力要求。如果仅仅把人工智能产品当成工具，我们确实可以这样去考虑。但问题的关键是未来的工作、学习、生活需要数字化思维，否则我们将寸步难行。有研究表明，在过去的30年，网络流量增加了100万倍；处理器的运算能力、记忆体的储存能力、互联网的传输能力都成长了100万倍。保守估计，未来30年的人工智能比现在要聪明100万倍。别忘了我们生活中交往的对象、工作中的伙伴、学习中的导师，除了人还有万物互联的物联网（IOT）。如果我们不具备数据力，恐怕难以利用物联网的智慧资源，至少不能充分利用。

一个人数据力的形成可能有多条路径，但数据力基础的形成仍然离不开学校教育。沟通力是人工智能商数的重要指标之一。在信息化时代，沟通力的强弱取决于人的情商高低；在人工智能时代，沟通力所需的不仅是人与人合作与交流的情商，还有人的人工智能商数。因为人工智能时代的人不仅需要学会与人交往，形成良好的生活、学习共同体，还要学会与机器交往，成为机器人的协同者、合作者。机器人是未来社会的要素之一。

学习力是人工智能商数的核心指标。在人工智能时代，人们面临的是海量信息、大数据、复杂的智能环境，如果一个人没有强劲的学习力，很容易被社会淘汰。学习的内容不会局限于掌握知识，还包括创新知识，并用互联网思维应用知识；学生的视野不会囿于学校、家庭和社区，物联网会带着他们畅游世界；学生不仅仅要发展与人交往的社会性，还要学会与机器交流；学习者可能会修改半开放程序以提高学习效率，也可能编制自己的程序以实现个性化学习；等等。这一切说明了学习力的重要性。未来，泛在学习和终身学习将会更加突出、更显重要。

综上，人工智能时代对人素养的要求有新目标、新高度、新内容。这其中也包括人工智能商数，即人的创造力、沟通力、数据力、学习力等。

[①] 祝智庭，徐欢云，胡小勇.数字智能：面向未来的核心能力新要素：基于《2020儿童在线安全指数》的数据分析与建议[J].电化教育研究，2020（7）:11—20.

（三）大数据引发的教育革命

国双数据中心联合新东方发布了《2018年中国智能教育发展白皮书》。白皮书指出，教育大数据主要来源于两个层面：一是构造一个数字化教学环境；二是将已形成的巨量数字化信息数据化。目前我们还走在普及教育数字化和扁平化的道路上，未来5~10年将实现数据化甚至立体化的教育，让未来教育变得可分享、便捷、公平、智慧以及生动。

网络化·可分享的教育（2018年）：随着互联网的快速发展和普及应用，全国中小学互联网接入率达94%，多媒体教室普及率达83%，课堂用、经常用、普遍用的信息化教学新常态已初步形成，实现了线下课堂与线上学习的融合。

数字化·更便捷的教育（2020年）：利用互联网、人工智能等现代信息技术，实现从传统教室向智慧学习环境的转变。教育数字化包括课堂内传统教具、学情沟通被电子产品取代，课外教学资源被电子设备改变，如数字投影、互动白板、电子书籍、触控课桌。

扁平化·更公平的教育（2021年）：扁平化是创新的基石。教育扁平化可以打破时间、空间的壁垒，让学习收益变高，教育成本下降，从而不再以资源论高低，让教育变得更公平。

数据化·更智慧的教育（2023年）：智慧教育是信息化教育发展的高级阶段，它基于全过程教学大数据的采集、分析和应用，从经验性教学向基于证据的教学转变，促进学生个性化成长和智慧发展。应用场景：区块链信息化平台、自适应学习、智能助手等。

立体化·更生动的教育（2028年）：未来教育将实现从二维图片向三维立体的转变。在未来教室里，实时交互、视频教学、3D打印、虚拟现实环境等信息化的元素将无处不在。

大量的研究者对大数据时代教与学有了新的认识。罗生全等人认为，大数据表征一个信息化、数字化时代的到来，学校、教室等实体空间得到拓展，虚拟学习空间成为新形态，赋予学生充分的发展自由[①]；更多教学资源数字化，大量的教学资源平台

---

① 罗生全，赵佳丽.大数据引领教学变革的机遇、逻辑与行动[J].中国教育科学（中英文），2020，3（4）：35—43.

应运而生，学生学习资源的量、质及获得机会都变得更简单、更容易；对大数据的分析，可以了解学生更真实的学习需求、学习过程、学习效果，可以描述学生智力发展水平，甚至可以分析学生思想发展的状态，刻画出学生的情商，最终优化教育内容和行为。姜宇等人认为，大数据使教育过程变得容易，优质教育资源更容易普及，师生之间互动性增强[1]。也就是说，大数据给教育带来了更便捷、更优质的福利。

（四）教育机器人带来的教育变革

机器人技术是 20 世纪以来最具创造性的一项伟大发明。对于什么是机器人，学界并未达成共识。国际机器人协会（IFR）认为，机器人是一种有一定自制能力的可编程序驱动机制，根据实际情况和感知能力，在没有人工介入的情况下，在特定环境中执行安排好的任务。张剑平等人认为，教育机器人是面向教育领域专门研发的以培养学生分析能力、创造能力和实践能力为目标的机器人，具有教学适用性、开放性、可扩展性和友好的人机交互等特点[2]。彭绍东认为，教学机器人是指具有辅助教学、管理教学、处理教学事务乃至主持教学等功能的机器人。他认为教学机器人有教学性、人机友好性、高智能性、自主性、知识丰富性、多功能性、多形态性、专业性、安全性九大特征[3]。方健等认为，教育机器人是人工智能技术应用于教育领域，为达到教育目标，遵循教学理论，考虑教学对象特点，采用适当教学方法，适合专业或课程教学的机器人成品或系统[4]。

黄荣怀等研究发现，教育机器人分为机器人教育和教育机器人两类。机器人教育分为机器人组装（动力机械学习）、控制（智能操作）、竞赛（实战对抗）三种[5]。教育机器人属于专业服务机器人。研究表明，教育机器人作为一种学习工具有巨大的潜力[6]。方健却把教育机器人分为三类：通识教育机器人、专业教育机器人和辅助教学机器人。通识教育机器人是为提高学生综合能力、激发学生兴趣开发的机器人或机

---

[1] 姜宇, 孙萌. 大数据时代的教育管理模式变革研究 [J]. 课程教育研究, 2020（18）：20.
[2] 张剑平, 王益. 机器人教育：现状、问题与推进策略 [J]. 中国电化教育, 2006（12）：65—68.
[3] 彭绍东. 论机器人教育（上）[J]. 电化教育研究, 2002（6）：3—7.
[4] 方健, 王彬, 崔亚新. 教育机器人概念模型与关键技术 [J]. 吉林工程技术师范学院学报, 2019, 35（11）：103—106.
[5] 黄荣怀, 刘德建, 徐晶晶, 等. 教育机器人的发展现状与趋势 [J]. 现代教育技术, 2017, 27（1）：13—20.
[6] BENITTI F B V. Exploring the educational potential of robotics in schools: A systematic review[J]. Computers & Education, 2012（3）：978—988.

器人套件和散件，主要包括机器人机身、控制软件和教学课件等；专业教育机器人是为某一特定专业，应用教育学、心理学、人工智能、虚拟现实、计算机、机械制造的理论与技术，使机器人具有交互感知、机构设计、模式识别、智能控制等功能，辅助教师与学生，优化教学效果，更好实现专业教学目标而研发的一系列应用于多模态教育教学的机器人及智能学习终端；辅助教学机器人是在教学过程中，利用机器人辅助教师完成教学任务，应用人工智能技术，与学习者交流互动，实现个性化教学的目的，如监考、评卷、收发试卷、朗读课文等重复性、固定性高的工作任务[①]。

黄荣怀等人对十二类教育机器人产品的应用情况进行了分析，主要包括智能玩具、教育同伴、家庭智能助理、远程控制机器人、STEAM教具、特殊教育机器人、课堂机器人助教、机器人教师、工业制造培训、手术医疗培训、复健照护、安全教育机器人。这些机器人都有独特的功能。例如，教育同伴是针对0~12岁孩童设计的同伴机器人，在家庭中，主要陪伴儿童学习，达到寓教于乐的效果；机器人教师扮演教师角色，根据不同的教学情境，独自完成一门课程的教学，以达到教学效果；安全教育机器人通过角色扮演，传递安全教育的知识。教育机器人有着复杂的工作机理，例如，教育机器人的同理心与情绪侦测能力能够对学习者的情绪状态作出响应，将学习者的认知和情绪状态评估纳入其教学和学习动机策略中，从而促使学习者积极投入、增强自信，提升学习兴趣，优化学习效果[②]。有研究者提出教育机器人有五大功能，包括自主探究学习、拆卸拼装部件、程序调试调控、设计制作、团队互动协作。这五大功能都能发挥各自的作用：自主探究学习能提高学习者发现问题、分析与解决问题的能力；拆卸拼装部件是教育机器人学习中的一种，对于培养学习者的观察力、空间想象力、动手能力有帮助；程序调试调控能发展学习者的结构化思维和逻辑思维能力；设计制作能帮助学习者提升想象力和创造力；团队合作对于培养学习者的组织能力、协作能力、积极情绪、语言表述能力有重要的作用。

张鹏对智能机器人辅助教育模式进行了研究：模拟教育模式是利用教育机器人模拟自然科学或社会科学的某些规律，具体有演示模拟、操作模拟、过程模拟等；个别辅导模式发挥了机器人的并行处理与多样化设置的优势，使每一位学习者都能得到量

[①] 方健，王彬，崔亚新. 教育机器人概念模型与关键技术[J]. 吉林工程技术师范学院学报，2019, 35（11）：103—106.
[②] 黄荣怀，刘德建，徐晶晶，等. 教育机器人的发展现状与趋势[J]. 现代教育技术，2017, 27（1）：13—20.

身定制的学习指导；辅助训练模式采用教育机器人做操作示范，可以使教师从疲劳乏味的劳动中解放出来，提高工作效率；游戏教育模式可以创设一种富有趣味性和竞争性的教学环境；远程教育模式注重发挥机器人的通信、交互、并行处理与数据库功能。

总之，机器人被引入教育领域将会引发教育的重大变革。

三、人工智能背景下的全景德育

人工智能变革，不仅改变了教育工具、知识体系、教育模式，更重要的是改变了育人思想、人的发展观。泛在学习拓展了人的发展空间，使学校不再是学习的唯一场所。泛在学习拓展了人学习的空间，使人可以接纳更多个性化的知识；也为人的终身学习提供了可能，拓展了人学习的长度。人工智能时代，知识更新加快，不仅需要人不断地学习新的知识，也需要人不断地创造新的知识，人创造新知识将会成为常态。而学习知识是创造知识的前提条件。不仅如此，未来社会还需要人全面发展、全景发展、个性发展、和谐发展。人，要真正变成社会的人。在大社会、大景域中，人与人、人与社会、人与自然以及人与智能机器全面互动、深层互动。如果一个人不全面发展，不能全景发展，没有广阔的视野、立体化知识、多层与多元化技能，难以成为优秀的人。所以，人工智能时代解放了人的部分劳动，却对人的发展提出了更新、更高的要求，也对教育提出了更新、更高的要求。

（一）什么是全景教育

全景教育虽然滋生于历史长河，却是一个全新的概念，难以从文献中找到"全景教育"的解说，人们对全景教育的认识是模糊的。因此，一些学界的人认为全景教育的操作性不强，难以控制研究变量。笔者认为，分析大概念的全景教育可以有多个视角。从不同层面看，有宏观的教育全景（如中国教育、世界教育、中国当代教育等）、中观的教育全景（如一个区域的教育、一个时期的教育等）、微观的教育全景（一所学校的教育、一个人受到的教育等）；从教育思想的角度看，可以有教育价值、教育目标、教育内容、教育评价的全景；从时空的角度看，在纵向上可以检视教育历史全景，在横向上可以比对教育现实的全景。比如，我们可以从宏观上纵析中国教育发展史，也可以横观中外教育的文化、目标、思想差异；可以从微观上分析个体（一所学校或一个人）教育（或受教育）发展的历程，在横向上分析个体的个性发展成就。全景教育的时空观例析如表11-1所示。

表11-1　全景教育的时空观例析

对象示例	纵向全景	横向全景
学校发展	学校发展历程、办学业绩以及文化积淀、特色形成等思想史	学校的社会影响力、家校社互动状态、学校组织建设、社会资本运行
个人发展	个体终身发展的目标、理念、知识与能力准备、行为	个体泛在学习的理念、习惯、行为、实践的价值以及对个体的影响
教育价值	对教育短期、中期、长期的影响	对个体、区域、国家、世界的影响
教育目标	教育发展对目标的检验、目标的动态修订、目标的达成情况	对个体、区域、国家、世界的切实度、操作性及教育目标的当代价值

凡此种种都是从教育的角度来分析"全景"，有研究者从特质的角度分析"全景"。上海师范大学丁念金教授总结出个体全景发展的五个特征（见表11-2）：发展境界、发展高度、独特性、健康性和终身性。人全景发展的最高境界是全面地、完整地发展；人全景发展的最高高度是充分发展；人全景发展的独特性在于个体能够差异性、个性化、特色化发展；人全景发展的健康性追求个体的人格健康、道德健康、人性状态的健康，人向着健康的方向发展；人全景发展的终身性反映人的发展是整体性的、连续性的，但也是阶段性的、动态性的。丁念金教授还总结出人类总体发展的四个特征：人发展的广度、高度、素质分布、多元性。一是广度，人类总体全景发展的广度包括素质发展的数量及素质构成的范围；二是高度，即人类总体在各个方面的素质发展上能够达到怎样的高度；三是素质分布，即单个个人或局部群体在怎样的广度和高度上具备人类的素质，这影响到人类总体发展的公平性与和谐性；四是取向，主要包括人类总体发展的总体走向和个人特色、群体特色的凸显情况，尤其是后者，影响到人类总体发

展的多元性、丰富性①。

表 11-2 个体或总体发展的全景

个体发展		总体发展	
特征	内容	特征	内容
发展境界	全面发展、完整发展	广度	素质发展种类及构成范围
发展高度	充分发展	高度	整体素质发展的水平
独特性	差异性、个性化、特色化发展	素质分布	个体或群体在人类素质体系中的相对广度和高度
健康性	人格、道德、人性状态健康	多元性	总体发展走向和个人特色、群体特色的凸显
终身性	发展有阶段性和连续性		

笔者认为，从个体发展（指向人的发展）的角度看，全景教育主要有四个方面的内涵：全景教育的出发点是以人的全景发展为宗旨的；在纵向上人的发展是终身的且是动态的；在横向上人的发展是全面的且是充分的；在特征上人的发展是差异化、个性化、特色化、健康化的。同时，教育者要用多视角、多层面、多维度的资源、课程、方法、手段等去推动和保障人的全景发展。我们相信，全景教育的内涵是动态发展的！

（二）再次审视全景德育

在认识全景德育之前，我们先要对传统德育有一个理性的认识。传统德育，我们亦可称之为小数据德育。小数据，顾名思义，指规模较小的数据。在过去，由于科学工具与分析技术的限制，人们往往通过实验、观察、访谈、问卷等方法获取事物的少量数据，并以少量数据代表总体数据、以局部数据刻画事物全貌，以此发现和认识事物及其规律②。小数据德育背景下，教师对学生品德发展状况与需求采集到的数据小。小数据德育主要有以下六个特征：

第一，在纵向上，这些数据难以刻画学生道德发展的轨迹与趋势。因分学科划学

---

① 丁念金. 论全景教育的理念 [J]. 河北师范大学学报（教育科学版），2008（5）：16—20.
② 张姜坤，王夫艳. 大数据背景下学校道德教育的四维变革 [J]. 基础教育，2018，15（6）：39—45.

段教育，学科以知识教育为主，在不同的学段线索明确，德育在学科教学中被边缘化、碎片化，专门的德育课程被放到了学校教育中的次要位置。因此，难以实现德育的学科渗透、连续性监测评估、师生共时互动、随时性行为干预。德育成为时间轴线上的状态量，德育成为碎片化德育，因而教师所采集到的学生德育发展数据，对学生道德发展的轨迹难以完整刻画成像，对学生思想品德发展的趋势也难以推断预测。

第二，在横向上，这些数据难以厘定不同个体间的个性差异。教师所采集的数据涉及对象的普遍性，无个性化数据，难以说明某一个体或某一群体品德发展的整体性。而王佑美等人认为，个性化是道德教育的应有之义，尊重个性是道德教育的内在要求。因此小数据德育的不足是明显的。

第三，在数据采集范围上，用样本代替了总体，用校园生活代替了学生全部生活。因而，我们往往把片断认识当成了整体认识，以碎片化认识为基础进行整体性思维，并解决大样本、大事件中的大问题，锁定全面育人的大目标，其逻辑起点的根基显然是不够牢固的。

第四，在数据采集方法上，小数据德育主要以观察和他人的评价为主。而观察者和评价者往往带有主观的意图去观察与评价，难以做到真正的客观、公平与公正。

第五，在德育课程的建设与实施上，学校文化、学校管理、学科课程的育德功能偏弱、要素缺损，影响人思想品德发展的相关因素不清。学校偏向以统一的德育目标、内容、手段、路径、评价制订课程体系。教师是德育的设计者、教授者，学生是德育知识与情感的内化者、接受者、迁移者，教育形式学科化，无法实现德育的个性化需求。学校德育因家、校、社空间壁垒而难以实现情景迁移，学生育德的生命力减弱。

第六，在数据特征上，小数据德育以直接观察和他人评价为主，技术含量偏低。因采集的数据难以避免观察者和评价者的主观意识，因而数据的信度值得考察。因采集的数据以学校生活和样本观察为主，而学校在很大程度上是一个人为设计的环境，数据难以实现全面性和真实性，因此数据的效度偏低。同时，数据主要是静态的，更新较慢。

传统德育（小数据德育）与全景德育（大数据德育）的差异如表11-3所示。

表 11-3 传统德育与全景德育的特征分析

	传统德育（小数据德育）	全景德育（大数据德育）
数据特征	数据技术：直接观察、他人评价 数据信度：低，含观察者或评价者立场 数据效度：学校生活，样本观察 数据更新：静态数据，更新慢 数据张力：数据涉及对象的普遍性，无个性化数据，难以说明整体性	数据技术：物联网技术、穿戴技术 数据信度：高，观察与记录价值中立 数据效度：全时段，总体等于样本 数据更新：动态数据，更新快 数据张力：数据全程与全方位记录，掌握数据的个性特征
德育的连续性	学科划段教育，德育碎片化，难以实现连续性德育的学科渗透、监测评估、师生共时互动、行为干预。德育成为时间轴线上的状态量，形成碎片化德育	采集全时数据，为连续性德育的学科渗透、监测评估、师生共时互动、行为干预提供了可能。德育成为时间轴线上的过程量，形成全时德育
德育的空间性	学校德育因家、校、社空间壁垒而难以实现情景迁移，学生育德的生命力减弱	大数据实现家、校、社一体化，打破学生学校空间与生活空间的壁垒
师生角色	教师是道德教育的设计者、教授者，学生是道德教育知识与情感的内化者、接受者、迁移者	教师是道德教育的设计者、参与者和指导者，学生是道德素养形成的设计者、学习者、感知者、体验者、反思者
德育思维	学校文化、学校管理、学科课程的德育功能较弱，呈现片断化、碎片化思维。德育要素缺损，影响人思维品德发展的相关因素不清	整体性思维：实现全时段、全方位、全要素、整体化育人 相关性思维：充分挖掘德育要素及影响德育的相关因素
德育课程	偏向以统一的德育目标、内容、手段、路径、评价制订德育课程，为静态课程	可根据大数据制订个性化德育目标、内容、评价等课程要素，为动态课程
德育教育	在大课程背景下，学生在教师引导下学习，学习内容与需求有偏离	在分析自己数据的前提下自定学习目标、学习内容、学习路径，自主学习，并通过反馈信息调整自己的学习内容和路径
德育评价	以统一的德育目标与要求，价值主体主要是教师；评价标准浅层、单一、不易操作；以定性评价为主	实现家、校、社、本人多主体评价；评价标准多维分层建模，由智能机器采集基础数据，总数据由机器运算画像

因此，王佑美等人认为，由于小数据时代德育教育受制于教师自身精力、班级规模、学生发展的复杂性等，教师往往很难精确掌握每一个学生的道德发展情况，致使精准的个性化道德教育较难开展；且小数据时代的学校道德教育多为集体教学，往往诉诸统一的道德发展目标和实施路径，教师亦多采取无差别的教学内容、教学手段，无法针对学生个性开展道德教育[1]。随着时间的向前推移，小数据德育的弊端会更加凸显。

对于全景德育，现在还没有统一的认识。在成都金苹果锦城第一中学践行全景育人理念的背景下，课题组在理论建构、实践方式等方面进行了大量的探索。课题组认为，全景德育是"五育并举"校本化的凝结核心，是以促进"全人发展"为基本目的而建构的学校现代德育生态系统。把"全景"概念引入德育领域，其主要目的是突破"学校德育"的"象牙塔"困境，正视学校德育的现实性、复杂性与艰巨性，以"超大视角"建构学校的大德育体系，在大德育体系中优化锦一的现代德育生态，提高锦一德育的真实感、整体感和立体感，在生动鲜活的情境中提高学生的道德素养。无疑，全景德育根植于全景育人、促进学生全面发展的育人思想。到目前为止，全景德育在锦一得以顺利推进。但面向未来，在大数据、智能化时代，学校的全景德育需要实现转型或全面的提档升级。

未来的全景德育，我们称之为大数据德育。大数据德育表现出技术的全景，包括数据采集、分析、应用的全景，大数据背景下育人目标的全景、教育时空的全景、课程的全景、手段的全景、方法的全景、评价的全景；大数据德育也表现出本体发展的全景，包括受教育者的修改化发展、终身发展、全面发展；大数据德育还表现出社会资本运行的全景，包括家校社教育的联动、教育资源共建共享等。依据大数据优势，全景德育主要有以下特征：

第一，数据含金量高。采用物联网技术、穿戴技术进行数据采集，充分应用现代技术。机器人观察与记录可以保持价值中立，数据信度高。可以实现全时段、全方位采集数据，掌握数据的个性特征，总体等于样本，数据效度高。记录下来的是动态数据，数据更新快。

---

[1] 陆有铨."道德"是道德教育有效性的依据[J]. 中国德育，2008（10）：23—27.

第二，德育的连续性。全时采集数据，为连续性德育的学科渗透、德育课程的设置、学生行为的监测与评估、师生共时互动、行为干预提供了可能。德育成为时间轴线上的过程量，是全时德育、动态德育。

第三，德育的全面性。大数据的采集，充分挖掘德育要素及影响德育的相关因素，为全时段、全方位、全要素、整体化育人提供条件。

第四，德育的全时空性。大数据实现家、校、社一体化，打破学生学校空间与生活空间的壁垒。

第五，课程的个性化与动态化。可根据大数据制定个性化德育目标、内容、评价等课程要素。学生的德育学习可以实现主动学习，学生在分析自己的数据的前提下自定学习目标、学习内容、学习路径，自主学习，并通过反馈信息调整自己的学习内容和路径。

第六，对个体的评价可以实现家、校、社、生多元联动，评价标准多维分层建模，且可以实行动态化、个性化模型。智能机器人可以采集一些基础性数据，人工采集的数据与机器采集的总数据只能由机器来运算。因为，采集到的数据被置入多维多层模型之中，只能通过机器算法才能刻画出人的德育发展肖像，也才能预测人在思想品德上发展的趋势。

因此，未来的全景德育必须通过大数据来实现。

（三）大数据背景下全景德育实施的两大难点——个性化教育的视角

要在智能化背景下推进全景德育，其难点一定有很多。除了对全景德育本身的认识还缺乏深度，大数据思想的形成，大数据背景下全景德育方法体系的建立，大数据建构、采集与分析的技术也都是难点。

难点一：全景德育背景下个性化教育思想的建立。

大数据时代最难的是人的思维方式的转变。任虹燕认为，大数据蕴含大智慧，就是因为用数据可以分析学校德育中的各种现象，为制定德育政策提供科学依据，扩大德育工作者观察的视野，提升判断的准确性和可靠性，预测未来道德教育发展的趋势。进入大数据时代，德育思维至少有三种变化。第一种变化，从个体思维转向群体思维。大数据为人们深度和广度认识世界提供了可能，当然也为深度和广度认识学生提供了可能。有研究者认为，传统德育更关注教育个体，因为采集群体的数据有一定的难度。而在云计算时代，教育工作者可以通过各种途径获得最新的数据，利用各种模型分析数据变化，得出科学的评判依据，而不用再依赖于人工采集的样本，从而更加全面客观地认识德育规律。第二种变化，从模糊思维转向精准思维。在大数据时代，随着数据收集、存储、分析技术的突破性发展，教师不再因诸多限制，用估计、推测、经验来应对德育实践中拿不准的问题，而是用大数据德育辅助系统，全方位、立体化、系统性地解决德育问题。第三种变化，从顺向思维转向关联思维。在大数据时代，教育工作者可以通过云计算技术揭示事物之间内在的关联性，获得真知灼见，捕捉现在和预测未来德育的发展趋势，同时通过"非相关"以及"非线性"的关系，探寻未知领域[1]。德育工作者从经验思维转向大数据思维是一个难点。易连云等认为，在大数据时代，德育工作者的思维由经验式思维转向数据式思维。因大数据具有的相关性、开放性、个性化和前瞻性，可以帮助教师采集到有关学生品德发展的海量数据，通过数据挖掘和关联分析，就能够比较全面而准确地掌握学生的兴趣爱好、个性特征、思想动态、价值取向和行为趋势等重要信息[2]。

高效的德育教育是个性化教育，但班级授课制下难以实施个性化教育。笔者认为，大数据时代全景德育的最大难点是个性化教育。个性化教育有两个前提：潜在性和差异性。第一，每一个个体都有潜在的，一时未发现、未开发、未成熟的能力。这种潜在性隐喻人发展的多元性和不确定性，赋予人向上生长的力量。正如吴刚所说：未完成或未成熟就是指一种积极的能力——向前生长的力量[3]。第二，不同个体的潜在性是有差异的，具体表现在不同个体在同一个方面发展的差异，也表现在同一个体在不同方向发展的差异，还表现在不同个体具有不同的个性心理倾向。为什么存在这些差异性却是研究的难点。美国心理学家阿尔伯特认为，认知风格是个人典型的或习惯性的解决问题、思考、知觉、记忆等的模式[4]；美国著名心理学家罗伯特·斯腾

---

[1] 任虹燕. 思维·管理·价值：对大数据引发德育大变革的思考[J]. 中小学德育，2018（3）：9—12.
[2] 易连云，邹太龙. 大数据时代的教师德育胜任力及其转向与培养路径[J]. 湖南师范大学教育科学学报，2017，16（5）：64—68.
[3] 吴刚. 大数据时代的个性化教育：策略与实践[J]. 南京社会科学，2015（7）：104—110.
[4] ALLPORT G W. Personality: A Psychological Interpretation[M]. New York：Holt Co，1937：196.

伯格则将这种带有个体特征的偏好用"智力风格"(intellectual style)加以说明[①]。但无论是认知风格还是智力风格,似乎都难以触及差异化的本质。因为对什么是个性化缺少理性的认识,推行个性化教育就缺失清晰的方向。个性化教育是对同质化教育的挑战。班级授课制是工业化以来形成的最高效、最快速地批量生产人才的方式。值得肯定的是,班级授课制是社会发展与需求推动教育发展的结果。直至今日,它也是最高效的教学组织形式之一。班级授课制决定了教育标准、教育目标、教育内容、教育过程、教育要求的统一性。因此,班级授课制的特征是同质化教育,这其中包括思想教育的同质化。今天提出的个性化教育与同质化教育难以兼容,根本原因在于班级授课制中缺少个性化教育的保障机制与运行机制。个性化教育的成本较高。在目前的教育背景下,难以精准采集个体个性化特征的数据,因而个性化教育缺乏逻辑基础;同时,也难以开发大量的针对个性化教育的专门课程;还有,个性化教育中师生互动、生生互动的机制也难以形成。如果把个性化教育推行到德育中,其难度会更大。因为一个人的思想是隐性的,只能通过其行为来观察他们的思想状态与变化。影响学生思想变化的要素大多是隐性的,因此个性化教育的目标、内容以及教育机制都难以真正形成。那么,在智能化时代要实现德育的个性化,在借助人工智能和大数据的前提下,还必须打破班级授课的组织形式。至少,当下的班级授课制必须被彻底颠覆。

难点二:大数据背景下全景德育方法体系的建立。

传统的德育是小德育,不仅没有全景德育的视角,使用的也是小数据。小数据时代,学校德育所需要的数据,都是以群体性观察、局部性观察与分析为主,数据往往印记于教师或管理者的头脑。而且,教师或管理者的观察与分析都是先入为主的,往往在观察之前就对被观察者贴上了标签,观察的结果也被打上了观察者的烙印。因此,在数据归纳、概括、分析的过程中往往存在主观倾向,调研成果自然难以真实反映受调查者的真实情况。由于教师对学生研究的范围、要素、深度都是有限的,因此教师掌握的信息缺乏全面性、整体性,建立在此基础上的整个数据采集、处理的结论也无法准确、全面地反映学生真实的思想状况、心理状态、爱好与取向。这给教育带来一定的难度。同时,在小数据背景下,也难以真正地实施全景德育。全景德育需要

---

① LI F Z, STERNBERG R J. The Nature of Intellectual Styles[M]. Mahwah, NJ: Lawrence Erlbaum Associates, Inc., 2006: 3.

大数据作支撑。

大数据的发展以雷霆万钧之势改变了学校德育工作的对象、环境、方法，引起了德育思维方式和工作方式的革命性变化[1]。大数据时代，世界万物皆可表述为数据[2]。大数据不仅仅是一种技术，而且是一种价值观和方法论。借助智能化工具，可以对学生的整体状况作全面的、真实的了解。所谓全面性，从空间来说，是指大数据可以记录学生校内、校外以及在校内每一个角落的行为及表现；从时间来说，是指大数据可以记载一个个体在不同时间段的行为变化，甚至可以记录每一个个体终身的行为变化；从德育要素来看，是指大数据不仅仅记录下"一言一行"，还可以记录下一个人整体的言与行。所谓真实性，是指对学生数据的记录、存储、处理不带有任何主观倾向，数据记录早于调查、研究，也就是说在数据采集、存储时还不明确其具体用途，没有任何主观目的的干扰，具有客观性。在掌握了学生整体、全面的数据的基础上进行分析、归纳、概括后形成的调查研究结论显然才更具有客观性、代表性、科学性。

大数据为全景德育的个性化实施提供了可能。但大数据仅是一个概念，如何开发大数据、采集与分析大数据、应用大数据需要系列的方法来支撑。因此，必须建立大数据背景下全景德育的方法体系。米春桥等研究者提出的"基于大数据的个性化教育方法体系"对德育方法体系的建立也有一定的启示。比如，"基础学情大数据收集"项目提出"问卷调查、访谈等人工方式""数据集成、融合等半自动方式""智能可穿戴设备、环境传感器"等方法，目标分别指向"学生、教师、管理者的认知""学生人口学、学习行为状态""学生的情感状态"等内容。又如，"个性化学习资源建设"项目，用"信息化方法、按需定制机制建设方法"来支撑，目标指向"个性化学习资源、自主测验任务"等内容。米春桥等人提出的九个方面的具体方法体系有利于解决现代个性化教育一直面临的个性化与规模化、效果与效率难以平衡的问题，未来随着智能传感器、可穿戴设备、虚拟现实、人工智能等新兴技术在教育教学中的深度融合应用，可为现代个性化教育提供更细粒度的数据支撑、更精准的算法应用，将进一步促进大规模个性化智慧教育的实现[3]。基于大数据的个性化教育方法体系如表11-4所示。

---

[1] 朱晓晖. 浅论大数据对高校德育方法论的影响[J]. 长春教育学院学报，2018，34（7）：29—31.
[2] 黄欣荣. 大数据对思想政治教育方法论的变革[J]. 江西财经大学学报，2015（3）：94—101.
[3] 米春桥，邓青友，李晓梅，等. 基于大数据的个性化教育方法体系构建[J]. 计算机教育，2018（10）：129—131.

表 11-4　基于大数据的个性化教育方法体系[①]

应用项目	方法体系	目标指向
基础学情大数据收集	问卷调查、访谈等人工方式	学生、教师、管理者的认知
	数据集成、融合等半自动方式	学生人口学、学习行为状态
	智能可穿戴设备、环境传感器	学生的情感状态
学生个体特征认知	协同过滤、模式匹配等方法	学习目标与动机的认知
	聚类分析、离群挖掘等方法	对不同学习兴趣与偏好的认知
	概率统计、回归分析等方法	对学习过程行为风险的认知
	神经网络、深度学习等方法	对学习结果表现的认知
个性化学习资源建设	信息化方法、按需定制机制建设方法	个性化学习资源、自主测验任务
个性化学习资源推荐	基于学生个性特征与兴趣爱好	个性化学习资源初步筛选
	基于学习过程行为偏好及强弱项表现	个性化学习资源修正选择
	基于关联分析、聚类算法、协同过滤等数据挖掘方法	个性化学习资源精准定位
	系统提示、个性链接、微信消息等现代移动互联网技术	个性化学习资源及时呈送等
个性化学生指导	学习能力基值分析法、学习效益对比分析法、学习风险阈值提醒法	发现需要帮助的学生对象
	学习进度演变分析法、知识掌握情况累积分析法、学习薄弱环节离群分析法	准确定位需要帮助的主题内容及薄弱点

---

① 米春桥，邓青友，李晓梅，等.基于大数据的个性化教育方法体系构建[J].计算机教育，2018（10）：129—131.

表 11-4（续）

应用项目	方法体系	目标指向
精准化学情预警	概率统计、模糊分类等方法	学业基础风险预警
	变异系数、分位点等方法	学业环境风险预警
	特异值检测、离群分析等方法	学业质量风险预警
	模糊综合法、层次分析法等方法	综合学业质量评估与学情风险预警
多元化学习考评	基于学习过程数据采用教师点评的方法	对学生处理问题能力与动手实践能力的评价
	基于学习互动数据采用学生互评的方法	对学生交际能力与团队合作精神的评价
	基于学习结果数据采用系统自评的方法	对学生的平时表现与学科成绩的评价
	基于问卷调查与访谈记录数据采用学生自评与家长助评的方法	对学生的学习动机与身心素质进行评价
过程化教学管理	过程回溯法	对学生的学习笔记、学习疑惑、课程作业等学习过程的管理
	记录归档法	对教师的教学资源、教学进度、教学测评等教学过程的管理
	社交网络分析法	对师生互动、同学互动、人机互动等交互过程的管理
信息化服务系统建设	设计由用户层、环境层、应用层、算法层、数据层、理论层等组成的主体框架结构，采用机器学习、数据仓库、数据可视化等现代信息处理技术实现基于大数据的个性化教育方法体系，采用 JavaScript、CSS、HTML、Java、.NET、消息推送等程序语言与技术开发灵活便捷的服务终端等，以实现全面的信息化管理	

之所以说大数据背景下全景德育方法体系的建立是一个难点，是因为其任何一种方法体系的建立都必须有理论支撑，都必须有一定的思想基础。而且从基于大数据的个性化教育方法体系看，其中还需要信息化技术作支撑。例如，精准化学情预警中概率统计、模糊分类、特异值检测、离群分析、层次分析法等方法都是思想方法的实际

应用，也是一些技术手段的现实应用。对大多数教师而言，要形成这些思想、掌握这些技术都有一定的难度。

（四）智能化时代的德育管理：以区块链技术应用为例

区块链技术被视为继云计算、物联网、大数据之后的又一项颠覆性技术，受到各国政府、金融机构以及科技企业的高度关注。区块链技术在本质上是一种通过去中心化、高信任的方式集体维护一个可靠数据库的技术方案，其核心技术包括分布式账本技术、非对称加密算法以及智能合约等，具有去中心化、共识机制、可追溯性以及高度信任等特征。区块链技术不仅在金融领域有发展前景，在教育领域也有非常大的应用潜力，也是推动教育变革的核心技术之一。目前，教育领域的区块链主要有六大应用模式：建立个体学信大数据、打造智能化教育淘宝平台、开发学位证书系统、构建开放教育资源新生态、实现网络学习社区"自组织"运行以及开发去中心化教育系统[①]。

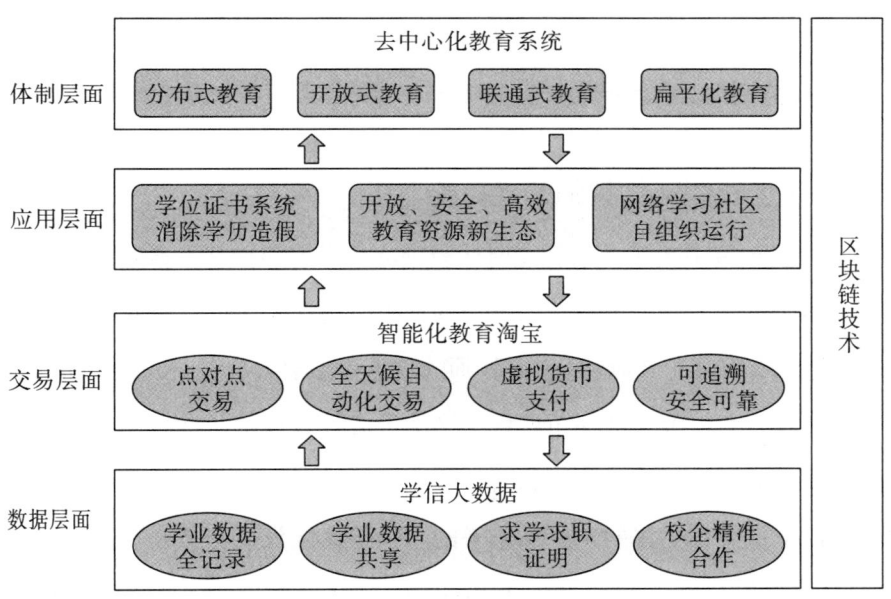

基于区块链技术的互联网+教育新生态

---

① 杨现民，李新，吴焕庆，等.区块链技术在教育领域的应用模式与现实挑战[J].现代远程教育研究，2017（2）：34—45.

具体而言，区块链技术在教育中有以下的一些应用：第一，在数据层面可以建立学信大数据。区块链具有高安全性和高可靠性的特点，利用这一特点可以在区块链上建立学业成绩、个人档案、学历证书、校企合作等重要信息，其价值就是建立起教育信用体系。第二，在交易层面可以建立智能教育淘宝。区块链有分布式账本技术，可以实现多机构、多地点、多节点的资源共享。在教育资源交易上，利用去中心化特性剔除交易中介平台，实现资源与用户点对点的对接，既保证了资源交易的安全性，又保证了资源交易的便捷性。第三，在体制层面可以建立去中心化教育系统，打破传统教育服务被学校或政府机构垄断的局面，使得任何具有教育资质的机构均可以开展教育服务并颁发有效的学历证书，实现正规教育与非正规教育的有效融合，推动全民参与教育体系的变革。第四，可以开发教育智能合约并构建教育资源运行新模式。区块链中的智能合约技术可以使交易过程中的人工及半人工验证和管理工作实现自动化、智能化。用智能合约技术开发的教育资源平台，可以实现资源上传、认证、流转、共享等工作的自动化执行，可以降低教育资源建设与共享的成本，极大地提高效率。

因此，可以应用区块链技术建立德育管理数据平台。比如，通过区块链建立德育大数据，建立德育资源运行新模式等。

（五）人工智能时代教师的德育能力

翌学平台的研究者提出人工智能时代教师需要发展四种基本素养：道德素养、情感素养、哲学与审美素养、批判性思维和创新思维的素养。也有研究者从智能时代教师角色变化趋势看教师的专业性。未来教师的角色将是学生的引路人、互动者、对话者、帮助者、陪伴者、分析师，这些角色将引导学生成长为自主、自立、自强的人，成为身心和谐发展、人格健全的人[①]。因此，未来教师将回归"人师"，承担育人的大任。这些主张仅仅是从德育本体的角度来思考的。余胜泉认为人类与人工智能的最大差别在于人可以发现问题但要由人工智能来解决问题，人工智能不具备主动的社会交往能力，人工智能也不具备心理属性。人工智能时代可以依靠机器人来教会学生大部分知识，但机器人难以实现真正意义上的"育人"，教师的核心价值就是"育人"，人文底蕴、

---

① 佚名. 人工智能时代，如何保持教师的"专业性"[EB/OL].[2020-08-29].http://www.jyb.cn/rmtzcg/xwy/wzxw/201907/t20190710_247194.html.

责任担当、国家认同、跨文化交往等核心素养需要人类教师来培养，学生的创造能力、审美能力、协作能力、知识的情境化运用能力也需要教师来培养①。伍海云等认为，人工智能替代了教师"教书"的部分职能，把教师从繁重的重复性劳动中解放出来，让教师能够更多地关注如何"育人"，让教师的"育人"价值更加凸显。因此，人工智能时代的中小学教师应以"育人"为重，包括育德、育心、育爱和育情，力求把学生培育成为品德高尚、心身健康、充满爱心、情感丰富的人②。这些成果需要从人工智能角度来思考，但对如何做却没有进一步论述。

人工智能时代教育环境以及教育工具都发生了天翻覆地的变化，像区块链技术在教育中的开发已成为学校最基础的信息技术。学校以信息技术教师为核心团队，借助社会资源可以建立系统的大数据平台。于晓雅认为，人工智能视域下，面对人、物理世界、智能机器、虚拟信息世界构成的四元世界，信息素养应以人工智能素养为核心，是人机共存且虚实并行的知识、能力、素养和人格的全方位综合素养③。在众多的素养中，数字力是最重要的也是最基本的能力。正如前面谈到的在智能化背景中，智能环境对教育最基本的要求是实现信息的数字化，未来社会需要有能对信息进行数字化处理的工作人员，这是智能化在教育应用中最基本的也是最前端的技术。信息不能数字化，人工智能就无从谈起。信息数字化就是要把一些复杂的信息转变成数字、数据，再把这些数字、数据进行模型化及代码处理，使其成为可计算的对象或内容。因此，德育数字化是未来教育的核心特质。

有人提出大数据时代教师德育胜任力的概念。易连云等认为，大数据时代教师德育胜任力是指每个教师能够成功实施德育工作需要具备的一系列显著的个体特征。这些特征既有德育本体的内容，也有智能化时代大数据对教师的要求，其中包括高尚的道德修养、先进的德育理念、丰富的专业知识、高超的德育能力和良好的数据素养④。从智能化的角度看，数字力是德育胜任力的核心内容。教师通过大数据可以了解学生思想品德发展的需求、过程、效果，分析学生思想品德的发展趋势，甚至可以刻画出学生的"德"

---

① 余胜泉.人机协作：人工智能时代教师角色与思维的转变[J].中小学数字化教学，2018（3）：24—26.
② 伍海云，范涌峰.变与不变：人工智能时代教师专业能力重构[J].教育评论，2020（2）：108—114.
③ 于晓雅.人工智能视域下教师信息素养内涵解析及提升策略研究[J].中国教育学刊，2019（8）：70—75.
④ 易连云，邹太龙.大数据时代的教师德育胜任力及其转向与培养路径[J].湖南师范大学教育科学学报，2017，16（5）：64—68.

商。可以这样说，在未来的德育中，离开了大数据，德育将难以实施。易连云等人所界定的德育胜任力描述出四大特征。第一，全员性。"教师即人师"，育人是教师最基本的功能。第二，相对独立。德育胜任力是教师相对独立的一种能力。第三，综合性。德育胜任力是由知识、态度、能力和价值观等多种因素构成的整体。第四，个性化。教师德育胜任力除有一些共性特征，还表现出与众不同的人格魅力[1]。

  但无论从哪个角度去思考，未来教师的重要功能与角色是"育人"，要实现育人，教师必须具备综合的素养。从人工智能的特质看，数字力是教师德育胜任力的基础能力。培养教师的全景德育胜任力可能有多种路径。易连云等人提出，要调整专业标准与资格证制度，变革德育培训模式与课程体系。教师的专业标准应该加入大数据的特征，新时代对教师应该有新的要求，教育行业应该有新的标准。要实现新的标准，就必须有新的培养模式和新的课程体系。各教研机构应该加大教师德育胜任力研究力度，研制适用的教师德育胜任力模型；各学校也可以在实践中探索教师德育胜任力的培养范式，通过实训提升教师的德育胜任力。数字力是教师德育胜任力的基础能力，不同学科教师要协同作战，多途径提升教师数据素养。同时，树立和强化"数据育德"意识，提高自身的慎独能力和道德修养[2]。

---

[1] 易连云，邹太龙. 大数据时代的教师德育胜任力及其转向与培养路径 [J]. 湖南师范大学教育科学学报，2017，16（5）：64—68.
[2] 易连云，邹太龙. 大数据时代的教师德育胜任力及其转向与培养路径 [J]. 湖南师范大学教育科学学报，2017，16（5）：64—68.

后 记

费德里科·马约尔曾言:"在朝向我们的生活的和行为的方式的根本变革而前进的过程中,在其最广泛意义上的教育起着一个决定性的作用。教育是'未来的力量',因为它是实现变革的最强有力的工具之一。我们要接受的一个最困难的挑战将是改变我们的思维方式,使之能够面对形成我们世界的特点的日益增长的复杂性、变化的迅速性和不可预见性。"[1] "最广泛意义上的教育",是一种全景式的教育,是一种需要具备整体思维与复杂思维的教育。在新时代,只有全景式教育才能面对日益复杂的时代要求与育人挑战。

在这样的背景下,成都金苹果锦城第一中学提出了全景德育的主张,并展开了全方位的德育改革实践,以期在建构学校全景德育体系的过程中,转变德育的思维方式,使学校德育更能适应日益增长的社会复杂性与不可预见性。近几年来,全体锦一人根据新时代的育人要求,不断建构和完善全景德育的实践框架,以此细化学校德育的内容与方式,积累了丰富的改革经验,取得了非常明显的成效。

---

[1] 埃德加·莫兰.复杂性理论与教育问题[M].陈一壮,译.北京:北京大学出版社,2004:序.

本书是全体锦一人用自己的行动书写出的新时代的学校全景德育的实践经验。第一章由杨斌、张伟执笔，第二章由何刚、何耀宏执笔，第三章由何刚、梁佳斌执笔，第四章由黄悦、李海燕执笔，第五章由唐杨、黄晓芳执笔，第六章由黄悦执笔，第七章由陈玉芳、龙洲执笔，第八章由何耀宏、李杰波执笔，第九章由朱莉、梁佳斌执笔，第十章由陈玉芳执笔，第十一章由杨斌执笔。全书由何刚、刘杰统稿、定稿。

在编写本书的过程中，我们援引和借鉴了锦一众多教师的改革智慧与有关学者的研究成果，对锦一全体师生的付出表示衷心感谢！对众多专家在德育领域的不懈探索表达由衷敬意！

焦尔当说："对于学习者而言，他从来不会获得一种文化，而是改变一种文化。"[①] 新时代对学校全景德育的探索，不是去获得一种现存的德育文化，而是力求改变不符合新时代要求的德育内容与方式，去创造一种与新时代高度匹配的全景德育文化。由于全景德育是一种新的德育样态，从总体上看还处于探索之中，我们对全景德育的认识与实践，还有许多疏漏与不足之处，敬请各位读者指正。在各位读者的关爱与呵护下，我们一定会在全景德育的道路上不断攀登，永远向前。

---

① 安德烈·焦尔当.学习的本质[M].杭零，译.上海：华东师范大学出版社，2015：29.